Ao Paulo, companheiro de ofício, um registro de nossa caminhada.

17/09/2008

COMPANHIA DO LATÃO 7 peças

COMPANHIA DO LATÃO

COSACNAIFY

7 peças

O nome do sujeito
A comédia do trabalho
Auto dos bons tratos
O mercado do gozo
Visões siamesas
Ensaio para Danton
Equívocos colecionados

Textos Sérgio de Carvalho, Márcio Marciano e colaboradores

Prefácio Iná Camargo Costa

SUMÁRIO

APRESENTAÇÃO

As peças aqui reunidas surgiram na sala de ensaio, num processo de escrita quase sempre coletivizado, em diálogo com os grupos de artistas que trabalhavam para dar forma ao espetáculo teatral. Sua relativa unidade literária resulta de um trabalho conjunto realizado por Márcio Marciano e por mim, produtiva parceria de anos, possível porque se deu como aprendizado comum. A arquitetura crítica das peças é, contudo, uma qualidade menor diante da profusão de imagens tortas, atos físicos inesperados e do vozerio impuro que as constitui. Sua origem gestual reforça ainda mais a exigência comum a todo texto teatral: a de ser lido como um roteiro em que acontecimentos, ritmos e relações antecedem as palavras, percurso que só pode ser invertido com a colaboração imaginária do leitor ou ator.

É também em outro sentido que consideramos essas peças ensaios. Surgidas nos "anos de aprendizagem" da Companhia do Latão, encontram-se nelas a herança de Büchner e Brecht, dramaturgos modelares em vários aspectos: pela capacidade de pôr em crise os padrões convencionais do drama, na disposição à experimentação formal, no interesse pela representação dos estragos da vida na sociedade capitalista. Foram, para nós, modelos para uma dialética aplicada ao teatro, utilizados de acordo com nossas condições e necessidades de luta, conforme nosso tempo e lugar. Todo o projeto está marcado pela cidade de São Paulo, laboratório avançado do capitalismo mundial. Afeito ao espírito modernista, pode ser considerado como uma produção de tentativas, pesquisas, experimentos sobre uma teatralidade em que os padrões ideológicos da representação são confrontados com as práticas materiais, com experiências vivas dos atores e dos espectadores a respeito das formas atuais da mercantilização e da luta de classes.

Escreveu José Antonio Pasta Jr. num dos primeiros programas do grupo: "É contra este estado de coisas que a Companhia do Latão ensaia: contra o fetiche do produto, mesmo suas peças mais acabadas se expõem como trabalhos, aproximações. Acho que nisso se exprime tanto sua vontade de reorientar a dramaturgia para as questões que

a COMPANHIA do
LATÃO
Apresenta ...
A
COMÉDIA
DO TRABALHO

de fato interessam, quanto a consciência de que esse objetivo, o mais simples e difícil de todos, é inimigo jurado das mistificações." A ele, que tanto colaborou para este projeto, quero agradecer especialmente. E também a Iná Camargo Costa, amiga combatente, Roberto Schwarz, Paulo Arantes, Francisco de Oliveira, cujas reflexões inspiram a perspectiva de uma dialética brasileira apontada em nosso trabalho.

Como é de se imaginar, as peças do grupo se modificaram muito após cada estréia. Algumas das versões, ao fim das temporadas, não chegaram a ser registradas. Só foi possível estabelecer o material aqui reunido graças ao esforço de muitos colaboradores, entre os quais João Pissarra, tão importante na condução do Projeto Companhia do Latão 10 anos e Lia Urbini que deslindou carinhosamente o novelo das muitas versões e participou da revisão. Sem eles, sem Ney Piacentini, companheiro de todos os processos, e sem a contribuição amorável da atriz Helena Albergaria, dramaturga das mais ativas na história do grupo, este livro não existiria.

Registro ainda agradecimentos a Diogo Noventa, Caetano Gotardo, Marco Dutra, Luciana Barone, Paulo Heise e Luiz Gustavo Cruz, cujos registros em vídeo permitiram que a memória de certas palavras e gestos não se perdesse. E a todos os artistas citados no livro.

Sérgio de Carvalho

PREFÁCIO

O nome do jogo

A Companhia do Latão nunca se enganou sobre as condições em que desenvolve seu trabalho nem sobre os seus limites, embora desde o início seja visível seu empenho em confrontá-los e, sempre que possível, ultrapassá-los.

Os mais claros registros críticos de suas percepções encontram-se nos números da revista *Vintém*, em programas de peças e no *site* da *internet*, onde se pode ver que, antes de mais nada, a Companhia não assume abstratamente uma função para o teatro. Ao contrário, reconhece com serenidade as que ele atualmente desempenha em caráter hegemônico: desde a assistencial e a humanitária, até a ideológica e a pedagógica. Dentre todas as possíveis, o Latão assume para si a tarefa de confrontar politicamente as demais e demarcar o seu terreno de atuação. E assim declara ser função do seu teatro colaborar com a ativação revolucionária num tempo em que isto não está num horizonte próximo e, para isso, reatualiza a palavra de ordem brechtiana de narrar o mundo como transformável.

As dificuldades para a realização deste projeto são muito visíveis, sobretudo quando se leva em consideração o tipo de público que tem acesso ao teatro em geral e ao de grupo em particular, que pode sem exagero ser delimitado como uma minoria dentro de uma minoria. Numa avaliação mais ampla do quadro ideológico pautado pelo neoliberalismo em que este público transita, o professor José Antonio Pasta Jr. afirma haver uma continuidade não explicitada entre a desmoralização do pensamento de esquerda, a criminalização dos movimentos populares, a cooptação de setores intelectuais inteiros, a vilanização da universidade, a promoção e autopromoção de cafajestes a grandes pensadores e a difamação de Brecht. O desprestígio do próprio pensamento enquanto tal é parte integrante deste estado de coisas.

A Companhia do Latão sabe muito bem disso e se contrapõe ao quadro afirmando, por exemplo, que a cena deve assumir que toda representação contém um ponto de vista sobre a realidade, pois o público, em sua maioria de classe média, ilustrado, beletrista, freqüentador de mostras, festivais, bienais etc., não se reconhece como parte de uma classe social, nem os antagonismos sociais como determinantes das relações sociais e, por isso, ao discutir os problemas nacionais, tende a uma revolta individual e a um conformismo piedoso. Mais ainda: os espectadores, mesmo os do seu teatro, não estão acostumados a desconfiar do que vêem. Mas não se trata de culpabilizá-los por suas expectativas. O Latão sabe que a mercantilização avassaladora da vida faz com que o espectador contemporâneo em alguma medida esteja impregnado de uma atitude de consumidor, a qual precede e conforma qualquer outra relação crítica que venha a estabelecer com uma obra de arte. O consumidor não tem o hábito de tratar com antagonismos, porque a própria relação de consumo é a da universalização e harmonização das diferenças.

Um prefácio às peças deste grupo precisa obviamente levar em consideração estes diagnósticos, na medida em que a sua publicação corresponde à parte ruminada da mesma tarefa atribuída aos espetáculos: oferecer material para o exercício do pensamento crítico. Assim, uma de suas primeiras tarefas consistirá em desentranhar das obras as relações nela contidas e relacioná-las com as que lhe são exteriores. Isto em alguma medida corresponde ao desafio de apresentar sínteses que permitam ao leitor criticar a obra e a própria crítica; estimular a disposição e o prazer da análise e da compreensão da matéria apresentada; mostrar a impotência de se representar o mundo pela perspectiva do indivíduo; ver que as vontades individuais se ligam a causas sociais mais amplas e a visões de classe que muitas vezes não se mostram como tais; desconfiar da narrativa que se utiliza dos recursos encantatórios da indústria cultural; estimular no leitor (espectador) a atitude dialética, isto é, a que se dispõe a pensar a contrapelo, a olhar na contra-mão, a enunciar pelo reverso, a observar a distância e às vezes a oposição entre intenção e gesto; e ainda verificar que toda cena contém um ponto de vista valorativo, que nenhuma representação é neutra, que a forma escolhida já contém juízos e que a escolha formal é política.

Além de tudo isso, que já não é pouco, é preciso lembrar que, para entender cada cena, é preciso ter uma noção do todo – do texto e do mundo a que ele se refere. E sabendo com isto que um dos objetivos estratégicos da Companhia é colocar em cena a desordem do mundo para tentar entendê-la e modificá-la, pois a conquista de mudanças passa pela reativação da luta de classes – que o teatro pode e deve apresentar como categoria poética, além de histórica e política. Este objetivo corresponde ainda a uma aposta: mostrar que o capital ainda é o inimigo da humanidade pode ser mais um meio na luta para superar a despolitização.

Na entrevista publicada na revista *Vintém* (nº 6, 2007), o professor Jorge Grespan observou que luta de classes não pode ser invocada apenas quando a classe operária, através de suas organizações, está na ofensiva. Também temos luta de classes quando a classe dominante barbariza. Luta de classes é a luta pela redistribuição da propriedade e de todos os recursos produzidos pela sociedade como um todo. Está sendo travada todos os dias, mas nos últimos tempos é a burguesia que vence a cada confronto. Os ideólogos dizem que ela foi neutralizada, mas isto é falso e esta falsificação faz parte da própria luta. Uma das artimanhas dos atuais vitoriosos é dizer que não há mais luta de classes. Um teatro que tem este conhecimento lança luz de preferência sobre os modos como a classe dominante exerce o seu poder de modo bárbaro.

A regra

Os conteúdos, temas e formas com que a Companhia do Latão fez os seus experimentos, na cena e na dramaturgia, acabam demandando alguma familiaridade com o pensamento dialético. E na situação em que nos encontramos não se pode supor que este esteja à mão, nem mesmo dos interessados. Por isso, a primeira operação didática deste prefácio precisa ser uma sumária apresentação do seu conceito fundamental, a contradição. As demais serão as sínteses comentadas das peças.

Todo mundo deveria saber que a lógica, por ser a expressão e o método da ideologia dominante (a guardiã da ordem), é a mais ferrenha inimiga da dialética. E não apenas porque não a entende nem tem condições de a entender, mas sobretudo porque seus cultores perceberam, desde a primeira metade do século XIX, que o pensamento dialético é uma ferramenta mortal nas mãos de seu inimigo de classe, o inimigo (e vítima) da ordem. Mas há razões internas, de método, para que os lógicos desfigurem e caricaturem a dialética, que vão além da estratégia de desmoralizar a contradição. Eles sabem que a contradição, como conceito e, como demonstrou Hegel, como motor do movimento do pensamento, pode ser considerada a própria essência da dialética.

Uma razão interna é o caráter dogmático do campo da lógica: ela opera por definições, estabelece princípios, regras, etc. sem nunca submeter seus próprios termos e operações a qualquer tipo de exame crítico. Assim é que, para um lógico, a oposição entre verdadeiro e falso é evidente por si mesma e dispensa explicações. Digamos que esta operação demarca o terreno do que interessa para um lógico: atribuir (ou calcular, no caso da lógica simbólica) os valores de verdade ou falsidade das proposições ou enunciados. Mas, para chegar aí, é preciso percorrer o caminho que vai dos conceitos à construção das proposições. Só então aparece a contradição, como um tipo especial de oposição entre enunciados categóricos (proposições que afirmam ou negam algum predicado de algum sujeito). São quatro os tipos de oposição: a contradição, a contrariedade, a subcontrariedade e a subalternidade. Só os dois primeiros interessam agora.

Como as proposições categóricas podem ser universais ou particulares e afirmativas ou negativas, a contradição só pode ocorrer entre as universais e as particulares nas quais uma nega o que a outra afirma. Um exemplo de contradição lógica legítima: se for verdade que "todo ator estuda a obra de Stanislavski", é falso dizer que "algum ator não a estuda". E vice-versa: se a primeira for falsa, a segunda é verdadeira. A mesma oposição pode ser formulada a partir da negativa: "nenhum ator estuda a obra de Stanislavski" por contradição com "algum ator estuda". Temos contradição, então, quando a verdade de uma proposição assegura a falsidade da outra. Para esta exigência ficar clara, do ponto de vista dialético, seria útil acrescentar que a oposição entre as contrárias, ambas universais ("todos estudam"... "nenhum estuda"...), pode resultar em duas proposições igualmente falsas e por isso enunciados contrários não configuram uma contradição.

Para Hegel, que leu Aristóteles com mais cuidado que os escolásticos e os lógicos modernos e tem interesse no movimento do pensamento, ou em ver como, ao pensar, nós passamos de um conceito para outro (como acabamos de fazer para tornar clara a contradição lógica), nem mesmo a oposição entre conceitos como verdadeiro e falso é imediatamente evidente. Já existe contradição aqui mesmo. Não é preciso esperar chegar à oposição entre proposições para se deparar com ela. Não satisfeito em demonstrar isto a respeito de cada um dos conceitos de que se ocupa a lógica, o filósofo alemão ainda mostra que para conhecer o verdadeiro é preciso conhecer também o falso, isto é, ele demonstra que, além de não destruir o seu oposto, o termo que o contradiz é necessário ao seu conhecimento. Não basta identificar, simplesmente, o verdadeiro e a ele opor o falso. Enquanto não soubermos o que é o falso que se opõe ao verdadeiro, não saberemos que o verdadeiro é verdadeiro, e muito menos por quê etc. Por isso o verdadeiro conhecimento do verdadeiro inclui em si o conhecimento do falso e é assim que o pensamento se move. Isto vale para qualquer conceito e é, para ficar só num exemplo, o que está pressuposto na operação da divisão dos conceitos, tão importante para o pensamento lógico. Nem seria preciso dizer que este tipo de argumentação deu nó na cabeça de todos os lógicos que se aventuraram a ler as obras que Hegel dedica ao tema.

Há um choque (contradição!) ainda mais interessante entre as convicções dos lógicos e a dialética. Nos tratados de lógica, a contradição reaparece mais adiante, já promovida a "lei do pensamento". Para a nossa sorte, as principais "leis do pensamento", que Hegel rebaixa a meras leis do entendimento abstrato, são apenas três: o princípio de identidade ("se um enunciado é verdadeiro, então ele é verdadeiro"); o princípio de contradição ("nenhum enunciado pode ser verdadeiro e falso") e o princípio do terceiro excluído ("um enunciado é verdadeiro ou falso"). Detalhe: os próprios lógicos classificam estes enunciados como tautologias, da família dos argumentos falaciosos ou defeituosos. Ao examiná-los, Hegel se pergunta se eles não têm vergonha de elevar à condição de princípios enunciados equivalentes a dizer que "um livro é um livro" (princípio de identidade), que "um livro não pode ser livro e não-livro" (contradição), ou que "isto é um livro ou não é um livro" (terceiro excluído), todos eles enunciados que nem crianças de cinco anos aceitam como válidos. Quem duvida, deve fazer o teste.

Ao contrário do que pensam os lógicos, Hegel não revoga o princípio de identidade nem os demais, pois sabe que, formulados por Aristóteles, correspondem a um acontecimento histórico, um momento essencial do pensamento e contêm uma verdade essencial, ou seja, a demonstração, ao contrário do que afirmam os dogmáticos – que são indemonstráveis –, está no livro III da *Metafísica* e por isso não aparece nos tratados de lógica, o *Organon*, o que levou os lógicos a acreditarem no absurdo de que um princípio é indemonstrável, ou pior, que é evidente, ou óbvio e por isso dispensa demonstração.

Na dialética, o princípio de identidade não só não é revogado como ainda é reconhecido como necessário à progressão das categorias e conceitos, à medida que as contradições vão sendo ultrapassadas e incorporadas ao conhecimento de cada um deles. O que a dialética recusa é a aplicação unilateral da categoria isolada – pois isto significa evitar, negligenciar e assim tornar insolúveis as contradições.

A identidade é apenas o primeiro termo, o simples, o imediato, o ponto de partida. Seu conhecimento só é alcançado através da mediação que implica diferença, oposição e contradição. A ideologia lógica simplesmente justapõe a semelhança e a diferença e, sem compreender a transição de uma determinação para outra, conserva-se na tautologia vazia. Nos casos mais avançados, ela no máximo chega até aos "por um lado... por outro" e aos "na medida em que", sem se dar conta da inseparabilidade dos termos.

O argumento abaixo, oferecido por um lógico para desqualificar o uso dialético da contradição, é útil em dois sentidos. Primeiro, por mostrar candidamente a adesão política de seu autor ao estado de coisas (o capitalismo) e, segundo, por deixar claro que os marxistas usam a contradição num sentido que os lógicos não entendem ou procuram evitar: "O proprietário privado de uma grande fábrica, que requer milhares de operários que trabalham em conjunto para o seu funcionamento, pode opor-se ao sindicato e ser, por seu turno, combatido por este, o qual jamais se teria organizado se seus filiados não tivessem sido reunidos para trabalhar na fábrica; mas nem o proprietário, nem o sindicato são a negação ou o contraditório um do outro".

Hegel, que tinha mais paciência que esta prefaciadora, demonstraria nos próprios termos deste professor de lógica que, entre outras coisas, já existe contradição *conceitual* entre patrão e não-patrão, ou trabalhador, tal como enunciado pelo princípio de identidade. Mais que isso, com base numa das sessões mais esclarecedoras da *Ciência da lógica*, demonstraria por A + B que, entre patrão e sindicato, o que existe, mais que simples diferença (ou contradição simples entre patrão e empregado, na qual a luta de classes apenas começa), é *oposição organizada*, isto é: a *contradição dialética*, ou a *contradição viva* que eleva as relações humanas ao plano político. Nós, marxistas que gostamos de Hegel, também chamamos a esta contradição *luta de classes* ainda que num nível elementar.

Para não abandonar Hegel sem mais, e a propósito deste tema, gostaria de lembrar de pelo menos duas demonstrações dialéticas fulminantes na obra *Princípios da filosofia do direito*. Na primeira, ele deixa claro que a sociedade civil (criada por e para a burguesia) é o campo de batalha dos interesses individuais de todos contra todos e, na segunda (§§ 243 e 244), observa como a burguesia sem freios produz miséria e que, quando um grande número cai na miséria, assiste-se a uma maior facilidade para concentrar em poucas mãos as riquezas que não são distribuídas. Talvez seja também por essa falta de observância dos bons modos e do decoro recomendados pelos lógicos que o pensamento de Hegel tem sido tão maltratado pela academia nos últimos cento e cinqüenta anos.

Algumas partidas

Neste volume a Companhia do Latão publica os textos que resultaram em espetáculos baseados em sua forma peculiar de trabalho coletivo. Por isso, mesmo quando são assinados pelos dramaturgos Sérgio de Carvalho e Márcio Marciano, continuam com a marca de obras coletivas, razão pela qual continuaremos nos referindo a eles como textos do Latão. Uma outra opção foi a de não seguir a ordem adotada pelo livro, mas a da cronologia estabelecida pelo conteúdo de cada trabalho.

Por este critério, a primeira peça é *Ensaio para Danton*. Um motivo adicional para esta escolha é que o texto de Büchner, *A morte de Danton* de 1835, em mais de um sentido é contemporâneo de Hegel (morto em 1831), mas o que aqui nos interessa é o vivo interesse de ambos, filósofo e dramaturgo, pela Revolução Francesa. Não vamos, evidentemente, tratar das inúmeras reflexões de Hegel sobre o tema mas, no caso de Büchner, já o título sugere que a obra trata do caso com interesse particular em Danton. Explicando a inferência: se Büchner tivesse mais simpatia pelos girondinos, que estavam à direita dos jacobinos, poderia ter escrito sobre qualquer um deles ou, se tivesse preferência pelos jacobinos mais radicais, poderia ter escrito sobre a morte de Hébert, fato que aliás demarca o início desta peça. Ou ainda: poderia ter escolhido contar a mesma história *segundo o ponto de vista* de Robespierre e, desde o título, indicar o seu interesse pelo Incorruptível. Avançando um pouco mais, é ainda possível, após uma primeira leitura, notar que o conteúdo Revolução, por si só, colocou ao dramaturgo inúmeras contradições, que ele basicamente configurou como paradoxos.

Ao se interessar por este assunto, em fins dos anos 90 do século passado, o Latão percebeu e incorporou ao texto inúmeros pontos, dos quais destacaremos os principais. Estava e continua em andamento a militância ideológica anti-revolucionária, em pleno desfrute dos mistérios gloriosos após o fim da União Soviética, principalmente em sua vertente de língua francesa, liderada por François Furet, o ex-stalinista que forjou (na verdade, atualizou) a teoria de que comunismo e nazismo são totalitarismos equivalentes. Tratava-se, para todos os seus apóstolos, de mostrar, pela figura interposta da Revolução Francesa, os males já presentes na própria idéia de revolução. A mensagem destes evangelhos é clara: desde 1789 a história mostrou que a revolução, como um certo deus da mitologia grega, devora seus próprios filhos e, elas por elas, resulta no seu contrário, como se vê exatamente no momento que contrapôs os aliados Danton e Robespierre, já em plena vigência do Terror etc. Os interessados podem ler, como fez o Latão, qualquer obra de Furet ou de seus discípulos sobre o assunto, mas se preferirem a versão original devem procurar autores católicos e monarquistas desde o século XVIII. Além disso, o Latão entendia que uma encenação do texto de Büchner que não adotasse uma clara posição política em relação a ele mesmo e à apologética do estado de coisas do presente (por ser vigorosamente anti-revolucionária, contra qualquer revolução) poderia simplesmente jogar mais água neste mesmo moinho.

Das estratégias adotadas pelo espetáculo e formalizadas em *Ensaio para Danton*, vamos nos deter sobre duas, que dependeram do interesse do Latão pelas contradições reais da Revolução Francesa e cuja descoberta dependeu de amplos estudos sobre aquele processo histórico. A mais importante, porque enquadra o espetáculo como um todo e, ao fazê-lo, explicita o ponto de vista adotado pelo Latão, foi abrir e fechar o espetáculo com a palavra dos que foram excluídos das conquistas revolucionárias:

o povo pobre de Paris, palco principal dos acontecimentos, na figura de uma prostituta e seu companheiro de saques e demais providências cabíveis quando se trata de matar a fome. Esta decisão acrescentou a possibilidade de dar mais um passo no final da peça: as mesmas figuras que na abertura narraram a execução de seu último aliado, Hébert, no final narram, saudando a República (a Revolução), a execução de Robespierre, ao qual a peça ainda permite lembrar o último artigo da declaração de 1793, que trata do legítimo direito dos povos de se rebelar quando o governo viola os seus direitos.

No âmbito deste enquadramento, faz todo o sentido a outra cena criada pelo Latão, que expõe limpidamente a contradição principal da própria Revolução Francesa segundo o ponto de vista acima referido. Trata-se da cena 8, em que no Clube dos Jacobinos um burguês reivindica a liberação dos preços para resolver o problema do desabastecimento com o seguinte argumento mortal: "A humanidade levou séculos para entender que o lucro é uma das mais elevadas expressões do espírito" (o humor fica por conta da inspiração de corte machadiano). Saint-Just reage indignado ao discurso do companheiro de armas, argumentando que a República foi feita pelos direitos de igualdade, liberdade e propriedade. Legendre, então, toma a palavra e expõe a real contradição: "Vamos falar às claras, senhores, se cada cidadão francês fosse reclamar seu direito à propriedade, aonde iríamos chegar? A França inteira seria retalhada. Se cada filho de mulher do povo fosse exigir seu direito à igualdade, o que iríamos fazer? Passar o dia contando feijões para evitar que uns comessem mais que os outros. O que está ao nosso alcance é garantir um alimento mais vital que o pão, uma riqueza mais fértil que a terra. Eu falo do direito à liberdade."

Estas duas intervenções sobre o texto de Büchner permitiram ao Latão, além de mostrar sua adesão ao ponto-de-vista da Revolução, desmascarar a contradição pressuposta no discurso burguês sobre os direitos. Os jacobinos entenderam que do ponto-de-vista burguês não pode haver um *direito* à igualdade e à propriedade, já que o primeiro implica racionamento e o segundo é uma contradição em si mesma. Aliás, foi da crítica a estas contradições da revolução burguesa que Marx extraiu a sua definição de ideologia: ela não é falsa por aquilo que promete, mas quando afirma ter-se cumprido.

O próximo texto trata do primeiro capítulo da contradição da liberdade no Brasil. Estamos, é claro, nos referindo a *Auto dos bons tratos*, trabalho que resultou de estudos sobre a obra de Sérgio Buarque de Holanda e de especialistas nas figuras da escravidão no Brasil, como Luiz Felipe de Alencastro. À parte a exposição sem complacência da impossibilidade material de se falar em liberdade em qualquer de suas figuras na chamada época colonial, ou época de ouro do empreendimento-Brasil (Pero do Campo Tourinho, a figura emblemática da peça, é tutelado pela Coroa e pela Igreja), o Latão examina principalmente a contradição mais fértil: aquela que opôs igreja e empreendedores na disputa pela mão-de-obra dos nativos escravizados. No caso específico de Tourinho, o empreendedor que se imaginava livre leva a pior por não se dar conta da capilaridade do poder da Igreja (as redes, inclusive de intriga) e é entregue, após um julgamento preliminar, aos tribunais europeus. Ironia final: quando de seu embarque, são anunciados tempos de paz entre escravizadores, pois os africanos começam a ser embarcados para o Brasil. Estas contradições dão régua e compasso a todas as demais, até as mais sutis, como a transformação de um nativo em ator num auto de Anchieta, falando em latim, ou a filha de Tourinho ser mais fluente em tupi do que em português. Como os acontecimentos são expostos na forma dos autos do processo instaurado contra Tourinho, o Latão encontrou material para ficcionalizar uma das figuras ainda correntes de trabalhador intelectual entre nós: Camelo ao mesmo tempo é o escrivão do processo que, formalmente, responde por parte da narrativa e, nas horas vagas, contratado por Tourinho, prepara um poema épico sobre seus feitos.

O nome do sujeito, também de olho nas contradições e suas continuidades em nossa história social, de saída opõe o artista popular, de rua, ao teatro em recinto fechado, destinado aos que o podem pagar, e contraria a expectativa criada *pelo artista popular*: dentro do teatro estamos no escuro e esta situação é pacientemente explicada ao público pelo administrador da casa. Situada no Recife do século XIX, a peça incorpora a visita do Imperador, o anúncio de empréstimos internacionais ao país, a vida popular na feira e, principalmente, expõe a fáustica trajetória do intelectual a favor, que nem ao menos se dá conta da contradição entre ser humanista e ter escravos, sem falar na quantidade de serviços sujos que presta a seu grão-senhor que, em decisão política do texto, não comparece em pessoa à cena, configurando pela ausência uma de suas maiores verdades. O herói das nossas letras (ou da burocracia, tanto faz) compra escravos, arregimenta jovens para serem exploradas sexualmente, compra o silêncio da testemunha do crime do Barão e assim por diante. Ao final, cuida ainda de sua sucessão, ao aliciar o trabalhador português, que começou a entender melhor a regra do jogo quando vendeu o seu silêncio, para trabalhos de maior responsabilidade, como promover incêndios que podem beneficiar a causa da especulação imobiliária aliada à limpeza ético-étnica. A trajetória deste trabalhador, de semi-escravo do comerciante a assecla do Barão, por sua vez, serve ao Latão para iluminar, tanto no sentido próprio (da cena), quanto no figurado, uma face até hoje pouco explorada da constituição da classe trabalhadora brasileira e a necessidade de se recorrer às melhores técnicas de iluminação, tanto do nosso passado quanto do nosso presente, se o objetivo for mostrar o mundo como transformável.

A descoberta de amplo material iconográfico sobre a greve operária derrotada em São Paulo em 1917 permitiu ao Latão, em *O mercado do gozo*, demonstrar com extremo rigor a constituição do terreno sobre o qual germina a matéria-prima da prostituição e de sua exploração em escala industrial, isto é, a indústria cultural, aqui exposta em sua componente cinematográfica. A peça expõe os mecanismos de composição da imagem industrializada e seu equivalente na produção de bens de consumo de massa, que se alimentam do repertório do melodrama.

Na condição de figurantes de um filme e da história como um todo, os espectadores acompanham a difícil construção de uma figura de herdeiro burguês, muito recalcitrante, que aprende, a golpes de drogas, experimentos eróticos e bons exemplos de outros empreendedores, a tomar conta dos seus interesses. Quanto ao filme, no qual atuamos como figurantes, este conta a história da prostituta que, ao tentar escapar do controle de seu proprietário, acabou desfigurada e entregue à luta pela sobrevivência na rua. A mensagem do filme, legítimo produto da indústria cultural, é clara: no mundo da mercadoria, o pior que pode acontecer a alguém é não ser mercadoria.

Equívocos colecionados tem, por assim dizer, um ponto de partida histórico e três culturais. Historicamente, o Brasil passou a integrar oficialmente a era da contra-revolução com o golpe militar de 1964. Depois de vinte anos de contra-revolução armada e, assegurada a fidelidade civil à ordem capitalista, entramos na era, ainda vigente, da contra-revolução civilizada. Quanto às referências culturais, a brasileira é o filme *Terra em transe*, de Glauber Rocha, e as alemãs são Heiner Müller e a peça didática de Brecht, em especial *A decisão*. De olho no pântano sociológico da pequena burguesia, a matéria-prima retirada do nosso clássico da autocrítica do intelectual, do artista e do sindicalista que fazem política de costas para as reivindicações da classe trabalhadora, é processada através de recursos formais forjados por Brecht e explorados por Heiner Müller. A peça instala um tribunal em que as figuras acima, mais a de um estudante engajado, todos definidos como cadáveres, ou espectros que continuam nos assombrando, são submetidos a um curioso processo: na ausência do promotor e do advogado de defesa, eles apresentam seus próprios argumentos apologéticos. Na ausência de uma acusação formalizada, os espectros oferecem as mais variadas justificativas por terem sonhado o que sonharam, por terem aceito as regras do jogo e, inconscientes de sua condição de espectros, continuam reivindicando o seu direito a um lugar num mundo onde parece não haver lugar para eles, sem se dar conta de que estão completamente integrados. A coreografia e o bate-boca vão se intensificando até culminarem em violenta troca de acusações quando, instado a se pronunciar, o Juiz (uma suspeita mistura de Brecht e Chaplin) prefere suspender o juízo, remetendo a sentença para os espectadores, aos quais ainda pede empatia. Nesta peça, é particularmente relevante a dialética do ser e do nada, pois a ausência de acusação formal explica o caráter auto-referido dos temas e justificativas e o empenho de cada um em se defender.

Na *Comédia do trabalho*, o Latão radicalizou o ponto de vista da luta de classes. Para começar, definiu como estratégia que o objeto de riso seriam os representantes da classe dominante e seus emissários políticos e ideológicos e que a classe trabalhadora, em estágio terminal de desagregação, mas ainda assim responsável pelo maior pesadelo dos dominantes (a Revolução), formularia os grandes problemas verdadeiramente humanos da peça, como a tentativa de suicídio do desempregado, a reivindicação reprimida através de violência cidadã, a violência que se instala nas famílias sem renda, a busca desesperada por qualquer tipo de qualificação para o trabalho, e assim por diante. A classe dominante, na figura dos gêmeos banqueiros, por sua vez, barbariza promovendo demissões a torto e a direito, patrocinando empreendimentos de auto-ajuda, como o genial grupo de "reconstituição do universo simbólico" e, sobretudo, tomando as providências cabíveis para socializar seus prejuízos financeiros, isto é, obrigando o Estado a facilitar a venda do banquinho ao grande capital. Como nas comédias o final feliz é uma exigência, esta se encerra com a festa promovida pelos ex-banqueiros que agora vão se dedicar ao financiamento de empreendimentos culturais.

A peça mais recente, *Visões siamesas*, produção contemporânea de *Equívocos colecionados*, em muitos aspectos dá continuidade às reflexões críticas de *A comédia do trabalho* e de *O mercado do gozo*. Em parte porque, tudo somado, a temática geral dos trabalhos do Latão é recorrente. Digamos que o objeto enfocado é que varia. Como esta peça começou a ser ruminada a partir de uma reflexão sobre a obra de Machado de Assis no clima em que se desenvolveram as pesquisas de *Equívocos colecionados*, foi quase por atração temática que se estabeleceu o interesse pelo conto machadiano *As academias de Sião*. Constatando nesta obra o alto desapreço do escritor pelos intelectuais (o poder descobre que, como categoria, os intelectuais se consideram a luz do mundo e, individualmente, acham que todos os demais são imbecis), o Latão, em sintonia com os tempos que correm, em que ninguém mais se preocupa com o que eles possam ter a declarar, resolveu dedicar a estes sacerdotes da ideologia apenas o tempo indispensável para ridicularizar o seu discurso abertamente adesista e confiná-los no templo onde ficarão adorando o deus-capital. E, interessado na esquizofrenia que move a classe trabalhadora identificada com o discurso hegemônico, aproveitou a deixa do conto sobre o intercâmbio das almas para apresentá-la em suas desesperadas tentativas de evadir-se da miséria. Como a saída é individual, o resultado é apenas o acúmulo de miséria, sofrimento e morte. Temos então uma síntese da história da classe trabalhadora brasileira, que entra em cena quando sai o latifundiário deixando os camponeses ao Deus-dará. Forçada a migrar para a cidade, submete-se aos mais variados tipos de exploração, sempre movida pelo sonho do sucesso (no caso, cifrado na operação da troca de alma com o rei). Vai cumprindo a curva descendente, sempre apostando em melhores dias, até passar pela miséria máxima, literalmente no lixo e, como última tentativa, a emigração que tem como desfecho a morte no deserto.

Se é assim, o conjunto das peças do Latão expõe uma outra contradição em andamento, que pode ser resumida numa pergunta: por que tanta insistência em desqualificar Revolução e revolucionários se, até segunda ordem, a classe trabalhadora, a única que pode acabar com esta desordem a que chamam ordem, ainda não se colocou o desafio de fazê-lo?

Iná Camargo Costa

1. IMAGENS DO BRASIL

O nome do sujeito

Texto
Sérgio de Carvalho e Márcio Marciano

Colaboradores
Ney Piacentini, Maria Tendlau, Georgette Fadel,
Otávio Martins, Edgar Castro e Gustavo Bayer

O nome do sujeito estreou no Teatro de Arena Eugênio Kusnet, São Paulo, em 9 de outubro de 1998, pela Companhia do Latão, com direção de Sérgio de Carvalho e Márcio Marciano, direção musical de Lincoln Antonio, cenografia e figurinos de Márcio Medina, iluminação de Paulo Heise e Wagner Pinto, cenotecnia de Francisco Bruno, preparação vocal de Sandra Ximenez, colaboração teórica de Uta Atzpodien, sendo os papéis desempenhados pelos seguintes atores: Edgar Castro, Georgette Fadel, Gustavo Bayer, Maria Tendlau, Ney Piacentini e Otávio Martins. Na remontagem de 2007, participou o ator Luís Mármora.

PERSONAGENS

Bonequeiro da rua
Wagner, encarregado do Barão
Antônio Lyra, imigrante português
Ludwigo, boneco articulado
Regente do teatro
Carneiro, comerciante português
Graça, escrava do Barão
Charlatão de feira
Irmã de Misericórdia
Padre
Vendedor de escravos
Atendente de Misericórdia
Margarida
Velha Branca
Firmino, mendigo ex-boiadeiro
Giacomo Papardelle, ventríloquo
Daguerreotipista
Vendedores de rua

A companhia parecia estar pronta para um ensaio. Um ator segurava um vestido como quem o passasse a ferro. Uma atriz remendava alguma coisa junto aos bastidores. Os outros estavam reunidos em torno de uma pequena mesa no palco. Um deles – o regente, provavelmente, – descreveu-nos de modo trágico a miséria do teatro.

Diário íntimo do engenheiro Louis L. Vauthier,
15 de outubro de 1840

Prólogo na rua

No saguão do teatro. Um bonequeiro se mistura ao público com seu boneco num carrinho.

BONEQUEIRO Distinto público, muito boa noite. Um minuto da vossa atenção enquanto aguardam o espetáculo. Sou artista popular de três gerações passadas: meu pai, o pai de meu pai, o pai do pai de meu pai. Deles herdei a tradição do teatro, sem respeito dos governantes, sem apoio dos endinheirados, sigo adiante por teimosia, e com ajuda dos que agrado.

LUDWIGO Esse aí não sabe cantar nada.

BONEQUEIRO Ora, vejam só quem apareceu. Fique calado, Ludwigo, que o palco agora é meu.

LUDWIGO Palco? Você está na rua, homem, e ninguém quer te escutar.

BONEQUEIRO Meus senhores, esse teatro uma vez já pegou fogo, quem garante que não pega de novo? Por isso, desistam de entrar e fiquem aqui fora me ouvindo cantar.

LUDWIGO E eu, imbecil? E eu? Não vai me exibir para esta cambada?

BONEQUEIRO Não ofenda a sensibilidade do público, cabeça de pau.

LUDWIGO Se o teatro dependesse do público já tinha acabado. Veja aquela senhora ali, ela não veio para ver, mas para ser vista. E aquele outro, está olhando o relógio desde agora, só quer saber a que horas termina. E aquele lá? Vai dormir durante a peça mas vai sair cheio de opiniões. Você precisa fazer um número de interesse universal, que fale de coisa mais importante para essa gente.

BONEQUEIRO Ah é? E do quê, por exemplo?

LUDWIGO De dinheiro, eis um tema grandioso. [*Grita e se remexe.*] Dinheiro!

BONEQUEIRO Meus senhores, não dêem importância à alma angustiada deste homúnculo de pau. Também gostaria de entrar para assistir ao espetáculo. Mas como não posso me contento em correr o chapéu.

LUDWIGO E BONEQUEIRO [*Cantam.*]

Quem é bom já nasce feito
Quem quer se fazer não pode
Mais que queira dar um jeito
Boi é boi e bode é bode.[1]

REGENTE [*Interrompendo o número.*] Ei, chega. Senhores espectadores, o espetáculo é aqui dentro. E já está para começar. Vamos, entrem, entrem!

BONEQUEIRO Não se esqueçam de mim.

REGENTE [*Já dentro do teatro, com pouquíssimas luzes acesas, ao público que entra.*] Boa noite, senhores. Não estranhem nada, está tudo sob controle, não estranhem nada, é assim mesmo, não estranhem nada.

1. O terceiro verso pode ser também cantado sem a elipse: "Por mais que queira dar um jeito".

Prólogo no teatro

No escuro total. Surge o regente com uma lamparina.

REGENTE Senhoras, senhores, venho lhes trazer uma notícia que seus olhos já percebem: estamos no escuro, sem luz, no breu. O fluxo de eletricidade de nossa casa artística foi bruscamente interrompido, de maneira que se torna impossível reproduzir no palco os tantos efeitos assombrosos e os artifícios teatrais comoventes preparados pelos artistas com tanto zelo. [*Pausa.*] Nesta situação obscura, observem o estado dos atores. [*Aproxima-se com a lanterna e ilumina o rosto de um ator.*] Observem a desolação estampada no rosto deste. E esta outra, assim tão triste, e este... É realmente lamentável. Até onde sei, eles iam representar uma história antiga, sobre um homem muito acima do comum, um espírito tão elevado que nunca se preocupou com coisas banais, como conferir o troco ou reclamar dos juros do crediário. Uma história de quando as cidades cresciam e o mundo já não podia ser o mesmo. Mas estamos no escuro: o que fazer?

CORO [*Canta.*][2] Quem vier a Pernambuco
Traga contas de rezar
Pernambuco é purgatório
Onde as almas vão penar.

1. No armazém de Carneiro o mascate Antônio tem notícia do real valor das coisas

ANTÔNIO [*Escreve uma carta à luz de lamparina e cita a frase final.*] "Do Brasil, seu saudoso filho, Antônio."

2. Na montagem da Companhia do Latão, esta canção era executada por um único ator.

Entra a iluminação teatral.

CARNEIRO [*Entra.*] Pareces uma assombração.

ANTÔNIO Sr. Carneiro.

CARNEIRO Perdeste o sono, rapaz?

ANTÔNIO Estava a escrever uma carta a meus parentes em Portugal. E isso me fez pensar...

CARNEIRO Não penses, não penses tanto, está tarde para isso. [*Toma a carta das mãos de Antônio e a lê.*]

ANTÔNIO [*Justifica-se.*] É que hoje completa um ano que cheguei cá no Recife. Já não sou aquele mesmo que era antes e tampouco me tornei o outro que pretendia ser quando cá desembarquei. Compreendes?

CARNEIRO [*Espantado.*] Falas mal de mim nesta carta?

ANTÔNIO É como se alguma coisa me faltasse. Tudo tão cheio de possibilidades, mas perdi até o nome. Cá no Brasil não sou mais do que um "ei, português." Com o sr. aconteceu o mesmo?

CARNEIRO Vou te contar como o meu nome se fez. Com dinheiro! Foi assim que escrevi Carneiro na placa aí fora. Agora tu, o que fazes tu para atrair a afeição da fortuna, para te tornares alguém? Queres um conselho, meu rapaz? Vai te deitar para poderes mais tarde levantar.

ANTÔNIO Pois hoje saí às ruas como o sr. mandou. Tudo tudo assim como. No mesmo calor de novo com o baú de flandres nas costas – eu não reclamo por o sr. não me emprestar escravos – subi escadarias, visitei a clientela, entreguei a estatueta da velha cega.

CARNEIRO Dona Branca? Ainda não me deste o dinheiro do menino Jesus.

ANTÔNIO [*Dá o dinheiro.*] Que Deus me perdoe, sr. Carneiro, a velha, cega como era, nem pôde avaliar a feiúra daquele menino Jesus de louça. Uma senhora sem luz, tão isolada das coisas.

CARNEIRO Não tenhas pena, que Deus reparte.

ANTÔNIO E cá entre nós, com a quantia que pagou, ela comprava vinte desses jesusinhos na cidade do Porto. O sr. bem sabe, não é o valor real da mercadoria.

CARNEIRO [*Irritado.*] Fizeste a felicidade de uma cega avarenta. E felicidade custa. Não vais nunca te aclimatar ao Brasil com esse sentimentalismo vago. Assim tu te tornas um nada, uma vala, uma ausência, um buraco vazio sem fundo no meio da noite. Me deves uma travessia marítima de dinheiro, e te atreves a pensar no "real valor das coisas." Escuta rapaz, tu ainda não existes. És uma aparência, uma triste aparência. E pagar o que me deves é o teu purgatório.

Ouvem-se tambores.

2. No mercado clandestino de escravos, uma mulher tem suas partes examinadas pelo encarregado do Barão

Vozes vindas de fora. A cena mostra o interior de uma tenda ou casa precária. Uma escrava está deitada em primeiro plano num pequeno quarto, com seus membros amarrados a um pedaço de pau.

VOZ DO VENDEDOR [*Falando de alguém que não se vê.*] Tem braço forte, o sr. pode ver, é peça para qualquer serviço.

VOZ DE WAGNER Trata-se do Barão, homem, já ouviu falar?

VOZ DO VENDEDOR O dono disse qualquer coisa.

VOZ DE WAGNER É um homem erudito, erudito, eu vou te explicar. Ele passa o tempo metido com livros. Ele escreve, pensa muito e se entristece com as coisas do mundo. Não posso comprar um escravo qualquer para fazer companhia a um espírito tão elevado.

VOZ DO VENDEDOR O dono só tem negro sadio.

VOZ DE WAGNER A criatura é grosseira, tem os pés deformados.

VOZ DO VENDEDOR Não tem vermes. É seco de corpo, mas ligeiro de idéia.

VOZ DE WAGNER Pensa que sou parvo? Estes olhos não se enganam.

Entram em cena. É um vendedor rústico em roupas de trabalho. Wagner, em trajes refinados para a situação, entra no quarto e se aproxima da escrava.

WAGNER E esta?

VENDEDOR O dono reserva para uso próprio.

WAGNER Mercadoria interessante, de bela figura.

VENDEDOR Não aconselho, tem muita bicheira, engolidora de terra.

WAGNER [*Passa as mãos pelo seu corpo para ver se tem óleo na pele.*] Costura de ferida antiga.

VENDEDOR De briga, gênio ruim.

WAGNER A parte posterior do crânio é desenvolvida, mais que a anterior, sinal de inteligência. As maçãs são saltadas como todos esses africanos. [*Cita uma frase decorada.*] "São primitivos, mas de uma riqueza antropológica fantástica."

VENDEDOR Mandingueira, e come terra. Eu tenho outras.

WAGNER O Barão vai me felicitar por isso, não é peça ordinária.

VENDEDOR Não sei se o dono vai pôr à venda.

WAGNER Para o Barão ele vai. [*A ela.*] Ei preta, você vem comigo. Vai falar língua de gente e receber um nome. Mas não se aflija: no sobrado do Barão os escravos são quase da família.

3. Num quintal da rua dos Aflitos, Margarida aprende a matar galinha

Uma moça ajuda a velha cega a caminhar. Ampara-a para que se sente num banco posto no meio do terreiro. No percurso, a moça espanta com os pés algumas galinhas. A velha Branca carrega uma caixa que contém uma estatueta do menino Jesus.

BRANCA [*Canta.*] Ó meu menino Jesus
Ó meu menino tão belo
Logo viestes nascer
Na noite do caramelo.

BRANCA [*Interrompe o canto.*] Descreve para mim.

MARGARIDA [*Arruma o banco.*] Já descrevi, tia.

BRANCA De novo.

MARGARIDA É um menino Jesus de louça como todos.

BRANCA [*Ríspida.*] Descreve!

MARGARIDA Tem os olhinhos azuis e o cabelinho é pintado.

BRANCA [*Anima-se.*] E tem também uma piroquinha. Eu não me conformo com a piroquinha do meu menino.

MARGARIDA Assim está bom?

BRANCA Meu menino Jesus vai tomar sol.

MARGARIDA [*Olha as galinhas do quintal.*] Tia, eu não quero fazer isso. Vou chamar a Mãe Preta.

BRANCA Não! Você tem que aprender. Pegue a mais gorda, ouviu? Para celebrar a chegada do meu menino. [*Ordena.*] Vai! [*Volta a cantar.*]
Ó meu menino Jesus
Ó meu menino tão belo
Logo viestes nascer
Na noite do caramelo.

Margarida tenta agarrar uma das galinhas enquanto sua tia continua a falar.

BRANCA [*Alisa o boneco.*] Eu vou pregar nele os cabelinhos dourados do meu bisavô, eu guardei os cachinhos, eu vou pregar. A testinha é lisa de escorregar, o narizinho... Os olhinhos são azuis, não são, Margarida?

MARGARIDA [*Após tentativa frustrada.*] Ela não pára quieta, tia!

BRANCA Deve ser rosadinha. Ele chegou, meu menino Jesus chegou e está cá comigo. "Todo seu corpo brilha, brilha mais do que sol, mais do que o sol brilha." Ele tem até umbigo, Margarida, tem também uma piroquinha.

MARGARIDA [*Agarra uma galinha.*] Peguei.

BRANCA Deve ser rosadinha.

MARGARIDA Peguei, tia. E agora?

BRANCA Pegou a mais gorda para celebrar a chegada do meu menino?

MARGARIDA O que eu faço?

BRANCA Agarra pelos pés e vira de cabeça para baixo, assim o pescoço já vai enchendo de sangue, fica uma delícia.

MARGARIDA Ela não pára quieta.

BRANCA Segura o pescoço e estica. Esticou?

MARGARIDA [*Mente para a cega.*] Estiquei.

BRANCA Agora quebra.

MARGARIDA Não posso.

BRANCA Não pode ter pena, senão não morre.

MARGARIDA [*Aproxima a galinha da velha.*] Mostra a senhora.

BRANCA [*Grita.*] Quebra! Quebra!

MARGARIDA [*Torce o pescoço e vê a galinha se debater.*] Ela não morreu, tia.

BRANCA Vai morrer. Daqui a pouco morre.

4. Carneiro ensina a Wagner e a Antônio uma nova forma de ver o mundo

Num empório no centro do Recife, o comerciante Carneiro pega um binóculo na prateleira ao fundo. É uma encomenda para um cliente importante, o Barão. Carneiro é abordado por seu empregado Antônio Lyra, que traz um caderno de notas e um lápis. A cena se desenvolverá em dois planos: os fundos e a frente do armazém.

ANTÔNIO Sr. Carneiro, poderia me explicar? Não entendo bem a diferença, as contas não estão muito casadinhas. Talvez eu esteja enganado, mas este valor...

CARNEIRO [*Livra-se de Antônio com um gesto brusco e vai ao balcão situado na parte da frente do armazém, onde o encarregado do Barão o espera.*] Caríssimo sr. Wagner, aqui está a vossa encomenda. Vais ficar maravilhado. [*Recita a frase como se fosse um poema.*] O pequeno fica grande, o longe fica perto. É oriundo dos Países Baixos.

WAGNER Baixos?

CARNEIRO Baixos.

WAGNER Confia na procedência?

CARNEIRO Cristais flamengos. Podes levar que o Barão saberá apreciar. [*Malicioso.*] As cômicas vão ficar ao alcance das mãos.

WAGNER [*Assume ares de culto.*] É para a ópera, Carneiro. [*Cita outra frase do Barão.*] "O canto lírico, o mundo clássico." E usaremos na função desta noite.

CARNEIRO Então já passeias na companhia do Barão?

WAGNER Ele insistiu, não pude recusar.

CARNEIRO Muito bem.

WAGNER Vou lhe confiar uma intimidade: Faz alguns dias que tomo notas. Tudo o que o Barão diz, escrevo numa caderneta. Frases grandiosas, como: "o homem aspira ao Absoluto".

ANTÔNIO [*Que refazia contas no fundo do armazém, expressa em voz alta sua inquietação.*] Onde está o erro?

WAGNER Não é excelente?

CARNEIRO [*Com as narinas.*] Aspira. Se vais à ópera, por que não levas uma essência? Podes ir cheiroso, tenho águas de flores magníficas.

WAGNER Acha que cai bem?

CARNEIRO O cheiro é tudo num homem.

WAGNER Digo... não depõe contra a virilidade?

CARNEIRO Sr. Wagner, irás cheiroso à ópera. Um instante apenas.

No fundo do armazém.

ANTÔNIO [*Mostra o caderno.*] Sr. Carneiro, refiz todas as contas, e com o último salário estou livre da dívida.

CARNEIRO O que dizes? Ainda teimas no assunto?

ANTÔNIO Somei todos os salários do ano, subtraí o que o sr. me dava para o dia a dia, e a diferença cá está, é o valor exato da dívida. Não é possível que eu ainda lhe deva.

CARNEIRO Senta-te.

ANTÔNIO Onde?

CARNEIRO Aqui.

WAGNER [*De longe.*] Espantoso!

CARNEIRO O que entendes de finanças para andares a fazer contas desta maneira?

ANTÔNIO [*Indica as contas.*] O sr. pode ver com os próprios olhos.

CARNEIRO [*Agarra irritado o dedo indicador de Antônio, que apontava a caderneta, e o utiliza como exemplo.*] Isso é o tanto que eu paguei ao capitão do navio quando desembarcaste aqui. É o valor exato da dívida que contraíste comigo na ocasião, quando imploraste para vir trabalhar no Brasil. Mas esqueceste isto. [*Segura agora dois dedos de Antônio.*]

ANTÔNIO O que é isto?

WAGNER [*De longe.*] É assombroso!

CARNEIRO É o trabalho do meu dinheiro, ou achas que eu te emprestei dinheiro de graça? No primeiro mês, porque no segundo já me devias isto e mais isto. [*Agarra outro dedo.*]

WAGNER [*De longe.*] Como aumenta!

CARNEIRO E no terceiro isto e mais isto e mais isto... [*Agarra a mão toda e depois dá um tapa no chapéu de Antônio.*]

WAGNER [*Chama do balcão.*] Carneiro...

CARNEIRO Já vai.

WAGNER ...é uma nova forma de ver o mundo.

CARNEIRO [*Vai à prateleira, pega um vidro de perfume qualquer e volta ao balcão.*] Um perfuminho para o braço direito do Barão. Sente a delicadeza da fragrância? É de um mestre perfumista austríaco. Vais ficar até mais belo.

ANTÔNIO [*Para si.*] O trabalho do dinheiro!

WAGNER [*Cheira.*] Não! Quero algo mais insinuante. Algo que traduza melhor minha personalidade.

CARNEIRO Tenho uma água de Colônia – produzida em Portugal – mas de alma prussiana. Vou mostrar.

WAGNER A melhor! Apenas a melhor.

ANTÔNIO [*A Carneiro, já no fundo do armazém.*] Quando tratamos a viagem, o sr. não me falou em juros.

CARNEIRO Nem de juros, nem de alíquotas bancárias, demandas tributárias, diferenças cambiais, porque são coisas inalcançáveis para um sujeito simplório como tu. Me deves dinheiro e pagarás.

ANTÔNIO [*Com todas as suas forças.*] Pois estou decidido a não trabalhar mais para o senhor.

CARNEIRO [*Com desprezo.*] O quê? Tu não és livre para decidir nada.

WAGNER [*De longe.*] Algo que transpire elevação.

CARNEIRO Claro. Claro.

WAGNER Fluidez, evanescência...

CARNEIRO [*A Antônio.*] Quanto tempo eu demorei a depositar na mão do capitão do navio o dinheiro da tua passagem?

ANTÔNIO Pouco tempo.

CARNEIRO Pois bem. O que conseguiste de mim em pouco tempo levarás uma eternidade para pagar. Não tens escolha, fizeste um acordo e vais cumpri-lo.

5. O Padre convence o mendigo Firmino a deixar livre a porta da igreja

Na escadaria da igreja, em frente a uma praça não distante do mar, um mendigo em uma velha roupa de couro canta um aboio.

CORO [*Canta.*][3] Ê, liliriô, boi tungão
Boi do maiorá, boi tungão
Não era bonito o boi
Como era o aboiar
Chamava ele e vinha
Pintadinho venha cá.

MENDIGO [*Dá ordens a um subordinado imaginário, como se ainda fosse um boiadeiro.*] Pangaré, pangaré, eu já lhe disse para só trazer cavalo castanho escuro, pisa no mole, pisa no duro, carrega seu dono seguro – ouviu? Vai, vai que meu garrote está me esperando, eu tenho que aboiar, vai.

Vê o padre e muda de atitude: comporta-se agora como um pobre pedinte.

PADRE Firmino, eu não disse que hoje você tem que sair daqui?

MENDIGO Padre, Padre.

PADRE Não foi o que tratamos?

MENDIGO Padre, sabe como a gente chama o diabo lá na Bahia? A gente não chama não, senão ele vem. [*Ri.*]

PADRE Está bêbedo, homem.

MENDIGO Não, não.

PADRE Bêbedo.

MENDIGO Não, não.

3. Na montagem da Companhia do Latão o aboio do mendigo Firmino era respondido pelo coro.

PADRE Firmino, você é um homem livre, conhece um ofício, já conduziu boiada. Vá trabalhar.

MENDIGO Não conduzo mais boiada.

PADRE Vou repetir o que lhe disse: liberdade quer dizer não se entregar aos prazeres que nos acorrentam. Só o homem livre é capaz de mudar a própria vida.

MENDIGO Mas eu sou livre. Olhe aqui, minha carta de "alforia." [*Procura um papel pelo corpo.*]

PADRE Eu já li. Agora pegue suas coisas e vá embora.

MENDIGO [*Chora e tomba no chão.*] Padre, eu, as pessoas gostam de mim, gostam de me ouvir cantar. [*Canta outro aboio.*] "Oooh."

PADRE [*Interrompe.*] Firmino, está vendo como a praça está enfeitada? Reparou como está bonita hoje?

MENDIGO Reparei.

PADRE É que no porto tem um grande vapor ancorado. E lá, a essa hora, desembarca um homem de barba espessa, cabeça coroada, um homem que vem até nós para ver de perto os abusos cometidos nesta terra. E ele vai atravessar a multidão, subir a escadaria, entrar na igreja e ouvir a missa. [*Com os olhos vidrados.*] A minha missa. E o meu sermão vai despertar os ouvidos imperiais para o choro da gente desamparada como você.

MENDIGO Quem?

PADRE [*Fica impaciente e tira uma moeda da bolsa.*] Vê essa moeda? É sua se for embora.

MENDIGO [*Observa a quantia e recusa.*] Nnnnh!

PADRE [*Oferece mais moedas.*] Toma.

MENDIGO [*Pega as moedas e se ergue.*] Eu vou até lá, ter uma conversa com o Imperador.

6. Na festa do Imperador, Margarida passeia em meio à multidão

Luz intensa.

A. Na praça enfeitada para o beija-mão do Imperador, ouvem-se pregões de ambulantes

Multidão em dia de festa.

SOLISTA [*Canta.*] Vamos meu amor
Pra beira do mar...
CORO [*Canta.*] Vapor já está no porto
Já está para chegar.
Minha mãe me deu
Com machucador.
Bateu-me na cabeça
Mas não magoou.

Vozerio de ambulantes no meio da feira. Os pregões são cantados.

VENDEDOR DE MACAXEIRA Olha a macaxeira rosa.
É boa, especiá, cozinha com duas frevura,
A água freveu tá cozinhada.
E se deixar de moio, ah
Fica espapaçada...
MOLEQUE DO MUNGUNZÁ Eee, mungunzá.
Tá quentinho o mungunzá...
SORVETEIRO Sorvete.
É de coco verde...

VENDEDOR DE LÃ Eu tenho lã de barriguda
Pra travesseiro...
BATATEIRO Olha a batata, batata rainha.
Olha a batata...
FRUTEIRO Chora menino
Pra comprar pitomba...

Do meio da multidão surge a menina Margarida, sobrinha da velha Branca, maravilhada com o movimento da cidade.

MARGARIDA Ei, moleque quanto custa o mungunzá?
MOLEQUE É dois.
MARGARIDA Está quentinho mesmo?
MOLEQUE Quente de pelar.
MARGARIDA [*Examina sua bolsinha e vê que não tem dinheiro.*] De que lado fica o beija-mão do Imperador?

B. O mendigo Firmino mostra o sabiá a Margarida

MENDIGO [*Aproxima-se de Margarida.*] Pintadinha, venha cá que eu te viro no chão e o mocotó vai passar com as carnes dando pinote. [*Agarra a própria genitália. Margarida foge.*] O meu sabiá vai piar no teu lombo. Venha cá.

Antônio Lyra, carregando uma caixa de mascate, vê o mendigo caído dando gargalhadas.

ANTÔNIO Alegria por quê, ó miserável? Até parece que o Imperador decretou um feriado de mil anos. Eu não posso me acostumar.
MENDIGO Dê uma esmolinha, dê.
ANTÔNIO É uma gente que só acha o que ninguém perde.

C. Em frente à barraca de um ilusionista de feira, Margarida menciona a palavra "moral"

CHARLATÃO [*Aos passantes, com um gongo nas mãos.*] Senhoras e senhores, venham ver, artistas de toda sorte, reunidos para a histórica celebração: mágicos, adivinhos e uma ou outra aberração da natureza. Todos aqui, reunidos para divertir as imperiais cabeças que aportaram na cidade do Recife. Venham ver! Atrações locais e estrangeiras como Ludwigo, o boneco articulado, considerado a pior praga de Veneza. E muito mais. É o maior espetáculo dos mundos conhecidos.

MARGARIDA Ei, o que pode ter aí de tão grande, maior do que aqui fora existe?

CHARLATÃO Tudo o que não cabe no dia.

MARGARIDA Coisa que ofenda a moral?

CHARLATÃO Moral? Estamos na época das luzes, mas fazia tempo que eu não ouvia a palavra. Vou dizer, eu não sei muita coisa sobre isso. Mas pague e verá. [*Bate no gongo e grita para todos.*] Pague e verá!

MARGARIDA Ei! Tenho mais curiosidade que moedas.

CHARLATÃO Curiosa e sem dinheiro, isso não leva a bom termo. Mas que os anjos cantem a sua passagem. [*Abre a cortina da tenda.*]

D. No interior da tenda, um número do vate do Vêneto

Vemos, diante de um fundo teatral, o ventríloquo Papardelle e seu boneco Ludwigo, o mesmo do Prólogo na rua.

PAPARDELLE Estimado público, *io sono* Giacomo Papardelle: trovador, encomiasta, epitalamista e crítico literário. Requisito sua atenção para juntos enaltecermos a magna figura do Imperador Petrus Secondo, de passagem pela ensolarada terra pernambucana. Para tanto, contaremos com a sensibilidade do vate do Vêneto [*Descortina o boneco.*], o sereníssimo Ludwigo Vincenzo. [*Ao boneco.*] Como vai, Ludwigo?

LUDWIGO Muito bem.

PAPARDELLE O que está achando da festa?

LUDWIGO Odeio festas.

PAPARDELLE [*Sempre melodramático.*] Ah, não seja estraga-prazeres e só abra a boca quando eu mandar.

LUDWIGO Sim.

PAPARDELLE Hoje declamarei a ode intitulada "O mundo moderno." *Ecco.* [*Sentam-se.*] Ludwigo, um fundo musical.

LUDWIGO [*Martela com a voz.*] Pam, pam-pam...

PAPARDELLE *Escusati, carissimo,* algo *più piano, più sublime...*

LUDWIGO [*Melódico.*] Aaaah, aaaah...

PAPARDELLE *Così. Meglio così.* [*Declama.*]

Lá fora, os filhos do novo tempo:
Liberdade como convém.
Brilha a luz em todo o império.
Só se vê gente de bem...

LUDWIGO De tanto ver sem-vergonha, fiquei sem-vergonha também.

PAPARDELLE [*Com ares de profundamente abalado.*] Ludwigo, o que é isso? Educação, educação! Não quero mais ouvi-lo, você está endemoninhado. Esvaneceu a poesia, estou confuso...

Papardelle depõe a cabeça do boneco, que permanece desanimado. O charlatão que assiste à cena e participa do número, toca o gongo três vezes e chama a atenção de Papardelle para a presença de Margarida.

PAPARDELLE Mas quem sabe essa bela jovem que se encontra à minha frente poderia me dar um mote para que a poesia volte. Diga-me seu nome, jovem donzela.

CHARLATÃO [*Diante do constrangimento da moça.*] Diga o seu nome, o seu nome!

MARGARIDA Margarida!

PAPARDELLE Ah, Margarida, Margarida. Como lhe parece esse nome, Ludwigo?

LUDWIGO Um belo nome.

PAPARDELLE Então, vou lhe dar mais uma chance. [*Reaviva o boneco e recita.*] Neste nome Margarida
Vejo mesmo uma flor
Mal aberta para a vida.
Nada sabe do amor.
Floração tão delicada...

LUDWIGO [*Grita*] Vai ser logo deflorada.

PAPARDELLE Ludwigo! [*A ela.*] *Escusati*, senhorita.

O charlatão fecha a cortina do pequeno teatro dentro da tenda.

MARGARIDA Como ele faz isso?

CHARLATÃO A senhorita não tem mesmo nenhum dinheiro?

CORO [*Canta.*] Sua Alteza, a quem Deus guarde,
Aviso mandou ao mar.
Sua Alteza, a quem Deus guarde,
Aviso mandou ao mar.
Que se aparelhasse o Conde
Tin dorê, dorê, dorô.
Para de manhã largar.

7. Um banquete no teatro

Sobre a platéia do Teatro Santa Isabel foi montada uma grande plataforma que abriga um banquete em honra do Imperador. Wagner e o Padre estão sentados a uma mesa de canto, distantes dos acontecimentos mais importantes da festa. Saboreiam a sobremesa. Wagner não tira os olhos da mesa do Imperador, que não é vista pelo público. Os atores estão de costas para a platéia, de modo a realçar o seu esforço em participar da imagem ausente.

WAGNER Veja, Padre, o Imperador está rindo. Não é uma beleza? Contaram-me que a colher na mão dele é ouro maciço.

PADRE [*Já cansado dos comentários de seu companheiro de mesa.*] Confesso que não enxergo bem dessa distância.

WAGNER Que bela idéia, um banquete no teatro. Bem que o Barão me disse: "o novo tempo começa hoje." [*Repentinamente.*] Veja, Padre, o soberano está dizendo alguma coisa ao ouvido do Barão. Desde a recepção na alfândega eles não param de trocar confidências. Aah, quanta inveja isso vai causar.

PADRE Então houve uma recepção na alfândega?

WAGNER Sabe o que disse o Imperador ao desembarcar no cais?

PADRE "Pernambuco é um céu aberto."

WAGNER Como sabe, Padre?

PADRE O senhor me contou há pouco. Por que tantos estrangeiros naquela mesa?

WAGNER É uma delegação. O grande acordo foi selado. [*Volta a olhar para a mesa do Imperador.*] Santo Deus, como ele está bem disposto. Que apetite, como mastiga. Com que prazer degusta a ameixa do manjar. Que diferença dos outros senhores de engenho.

PADRE O sr. também esteve presente a essa recepção?

WAGNER Mas é claro, até tomei notas. Ele nem precisou de tradutor, dominava a conversação com um inglês fluentíssimo.

PADRE Dinheiro estrangeiro. Espero que com ele venham novas idéias.

WAGNER [*Cobiçando o prato alheio.*] Não lhe agrada a sobremesa?

PADRE Açúcar em demasia.

WAGNER O senhor me permite? [*Pega uma ameixa do prato do Padre.*] Eu também adoro frutas em calda. E os talheres de prata tornam o gosto ainda melhor.

PADRE É o seu primeiro banquete, sr. Wagner?

WAGNER [*Fala com o caroço da ameixa na boca.*] A propósito, Padre, ia me esquecendo... [*Cospe o caroço da ameixa na colher; em seguida, joga-o no chão e o chuta para debaixo da mesa.*] O Barão precisa de sua ajuda.

PADRE O que ele quer comigo?

WAGNER Uma ajuda sentimental. Ele está enamorado.

PADRE [*Com olhar perturbado.*] A escrava está sendo bem tratada?

WAGNER Quem?

PADRE A mucama que batizei outro dia. Ainda come terra?

WAGNER O Barão não perde tempo com escravas. Hoje de manhã ele me ordenou, secretamente, que lhe pedisse um favor pelo qual ficará muito grato. Comentou inclusive: "o latim desse Padre é ouro, Wagner".

PADRE Que favor?

WAGNER O nome de uma meninota que estava na festa, e o senhor deve conhecer.

8. Num quintal da rua dos Aflitos, Margarida aceita um presente enviado pelo Barão

No mesmo quintal da casa da velha Branca, a cena acontece próxima a um varal com lençóis e roupas brancas estendidas.

MARGARIDA [*Enquanto canta, tenta colher uma goiaba com uma vara de bambu.*] Os meus olhos e os teus
São quatro a quererem bem.
Os meus adoram os teus
Mas os teus, não sei a quem.

WAGNER [*Ao público.*] Sentem o cheiro da goiaba? [*A Margarida.*] Vim trazer-lhe um presente.

MARGARIDA [*Assustada.*] Quem é você?

WAGNER Estava na festa, não estava? Foi ao beija-mão do Imperador.

MARGARIDA Nunca saio de casa sem Mãe Preta.

WAGNER Foi vista, do alto de uma sacada.

MARGARIDA Acho que me toma por outra.

WAGNER No meio da multidão, você tentava se erguer para enxergar por sobre os chapéus e da sacada o meu senhor a acompanhava com os olhos.

MARGARIDA O que está aqui fazendo?

WAGNER É um homem sensível, senhorita. Encantou-se.

Oferece-lhe um pequeno estojo.

MARGARIDA O que é?

WAGNER Pediu-me que lhe entregasse.

MARGARIDA Quem é ele?

WAGNER Aceite.

MARGARIDA Nem me conhece.

WAGNER É um Barão, e quer lhe mostrar o mundo. Mas como são perfumadas essas goiabas. Aceite.

MARGARIDA O que ele quer comigo?

WAGNER Sente que a senhorita é um espírito livre. Já foi ao teatro?

MARGARIDA Teatro.

WAGNER É uma maravilha, senhorita.

MARGARIDA O que tem lá?

WAGNER Lugares e mais lugares.

MARGARIDA Tem bonecos articulados?

WAGNER Abra a caixa.

MARGARIDA Eu vi um boneco.

WAGNER É uma jóia.

MARGARIDA Era muito engraçado.

WAGNER Aceite.

MARGARIDA Como é?

WAGNER Um broche delicado. Numa haste de prata, uma flor de pequenos rubis.

Ela pega o estojo.

MARGARIDA O Barão é velho?

WAGNER Diga "sim" e ele virá a seu encontro.

MARGARIDA Aqui?

WAGNER Onde quiser.

MARGARIDA O que é um espírito livre?

BRANCA [*Grita de fora.*] Margarida!

MARGARIDA Agora não, tia. Estou com Mãe Preta. Tirando a roupa. [*A Wagner.*] No teatro?

CORO [*Canta.*] Quero me acabar no sumidouro.
Quero me acabar.
Lamba de vinte dias
Êeh lamba...

9. O desejo do Padre por entre grades do sobrado

Som de tambores. A ação se passa no jardim da casa do Barão. Através das grades, o Padre avista a escrava Graça. Durante a cena, ela permanece de costas para ele.

PADRE [*Alterado.*] Graça, sou eu, olha para cá, eu lhe dei o batismo. [*A escrava come terra.*] Não faça isso. Cospe essa terra, Graça, tua vida, teus olhos vão esbugalhar e teu corpo vai secar. Sabe o que tem aí, embaixo do jardim? Um corpo de escravo, negro da Costa como você, aí foi enterrado, embaixo da roseira, e por isso dizem que nessa casa dança o Maldito. História de gente solitária e ignorante. Eu vejo, Graça, as novas idéias farão avançar o tempo, os que hão de vir conhecerão uma sociedade de homens iguais, você me entende? Eu passo todos os dias aqui na frente e nunca uma roseira pareceu tão viçosa. Me dá um beijo, Graça, dá um beijo, vem preta, só um, vem, um beijo.

Intensificam-se os tambores.

10. Margarida é advertida de que homem não presta

Na sala da casa da velha Branca. Noite.

BRANCA [*Mastiga uma goiaba que escorre pelos cantos da boca.*] Chegou, Margarida?

MARGARIDA Cheguei, tia.

BRANCA Vai buscar o meu menino Jesus, eu quero lhe mostrar uma coisa. [*Entrega um molho de chaves para Margarida e canta.*] "Ó, meu menino Jesus..." [*Pára de cantar quando Margarida volta com a caixa do menino.*] Dá. Eu quero lhe mostrar, Margarida, os novos enfeites que ele ganhou. [*Mostra os objetos que adornam a estátua.*] Uma pulseira finíssima, um cordão de ouro, ah, este aqui é o mais lindo, um broche. Tem o formato de uma flor. Vem ver, Margarida, vem ver. A escrava achou na rua. Um presente largado na rua. Eu disse para ela não arruar. Mas ela é teimosa.

Margarida tenta apanhar o broche, a velha a impede com alguma violência e fecha a caixa.

BRANCA É do meu menino. Hoje ela teve sorte, mas amanhã ela vai se perder. Homem não presta. Não é bonito?

MARGARIDA É lindo.

BRANCA Eu sei, é do meu menino.

MARGARIDA Pena que a senhora não possa ver. Tão bonito. A cidade do Recife toda iluminada. O dia nunca acaba debaixo de tanta lamparina a gás. Pena mesmo que não possa ver.

BRANCA É mesmo, é?

MARGARIDA É lindo.

BRANCA [*Exige de volta.*] Minha chave.

Margarida joga as chaves no chão.

SOLISTA [*Canta.*] Homem que não tem cavalo
Pra que diabo compra peia?
A menina sem ter brinco,
Pra que cão fura as oreia?

CORO [*Canta.*] Não posso me acostumar
Com o vento açoitando o mar.
E as onda beijando areia.

11. A primeira cavalgada do Barão pelos ermos e brenhas

Na escuridão, com as luzes das lamparinas em movimento.

A. Escolha do cavalo no estábulo

Uma cocheira na propriedade do Barão. O coro faz ruídos de cavalos.

WAGNER [*Dá ordens na penumbra.*] Um cavalo, um cavalo! Ponha sela no castanho-escuro! Não! Naquele com o sinal encoberto, é melhor montaria. O Barão quer sair, vai dar um passeio pela noite.

Ele agora não pode mais ficar parado. Empenho, sem nenhum descanso. O Barão quer sair. Levem o cavalo para ele.

B. A mucama prepara água com essência de alecrim para o retorno do Barão

Num quarto do casarão, vê-se a escrava Graça preparando uma bacia de água. Ela murmura a canção Ai Codo.

C. Lembrança de Margarida sobre as três noites de escuro

Escuro. Ouvem-se batidas de sino. Margarida em seu quarto.

VOZ Era criança quando ouvi pela primeira vez notícias sobre as três noites de escuro. Um dia o sol não nasceria e a terra mergulharia nas trevas, e seria tanta a escuridão que as galinhas dos quintais voltariam aos poleiros. Era fato consumado que os amancebados, ladrões, assassinos, mulheres sem pudor...

MARGARIDA Mulheres sem pudor...

VOZ Se transformariam em lobisomens, bestas-feras, zumbis. E esses bichos-homens suplicariam aos que ainda guardassem feição de gente. Imitariam a voz das crianças a fim de que as pessoas sentissem pena e abrissem as portas. Caso o fizessem, os bichos-homens devorariam os moradores antes que morressem de fome. Deus mandava o castigo para a humanidade pagar os seus pecados. Mas quem conseguisse prevalecer encontraria um mundo maravilhoso.

MARGARIDA [*Pega o molho de chaves.*] Um mundo maravilhoso.

VOZ E o sol nasceria com Deus descendo à terra, abençoando os vitoriosos, os mais fortes, ricos e violentos dentre os homens.

12. Na igreja, o Padre aponta o canto escuro

O Padre põe uma rosa num vaso de flores próximo a um altar lateral. Por trás de uma coluna surge Wagner.

PADRE O que faz na igreja a estas horas?

WAGNER Vim trazer-lhe um reconhecimento pelo seu trabalho. [*Deposita um saco de dinheiro na mão do Padre.*] Hoje me sinto transtornado, a cabeça dói deste lado. [*Mostra.*]

PADRE Como vai o sr. Barão?

WAGNER Mandou-lhe pela qualidade de seu latim. O sr. tem sido útil, muito útil à grande obra.

PADRE Eu prego a minha confiança de que o progresso acolherá a todos.

WAGNER Como?

PADRE De que as alianças do Barão não vão excluir ninguém. Nem pobres, nem pretos.

WAGNER [*Cínico.*] Claro, o banquete dará para todos. Começando pelos grandes, naturalmente. [*Sente uma pontada.*] Dói aqui também. O senhor como está?

PADRE E os restos, sr. Wagner, vão chegar para os pequenos?

WAGNER Toda vez que sinto dores, me pergunto se não dói nos outros também, a cabeça humana é um pequeno céu, dias nublados, dias abertos. [*Pega o daguerreótipo do bolso.*] Aqui, por exemplo, eu estava tão disposto. Veja.

PADRE No dia da festa?

WAGNER O registro do grande acordo. A imagem de uma nova nação.

PADRE [*Ainda olha a imagem.*] O Imperador, os senhores de engenho, o Barão. Não coube mais ninguém?

WAGNER Todos os notáveis de Pernambuco.

PADRE A velha tradição se une aos estrangeiros. Todos muito elegantes.

WAGNER Esse de branco sou eu.

PADRE Onde?

WAGNER No canto. Foi um dia muito animado. Chegaram a cifras inalcançáveis.

PADRE Sr. Wagner...

WAGNER Considera a dor um mal?

PADRE O prazer também.

WAGNER Não. O homem aspira ao prazer. É isso que o leva a agir. Andei pensando nisso. Veja o Barão, a mesma volúpia em cheirar as partes de uma meninota se mostra no desejo de liderar as reformas do país. O senhor mesmo, Padre, ou vai negar que se delicia com a roseira do jardim? O prazer nos move.

PADRE O que o senhor quer de mim?

WAGNER Não estranhe a pergunta, mas acredita nessa história de que um homem possa vender a alma ao diabo?

PADRE Sabe o que tinha no lugar daquela lamparina? [*Aponta.*]

WAGNER No canto escuro?

PADRE Ali tinha um anjo.

WAGNER E o que aconteceu com ele?

PADRE Quebraram.

WAGNER Desastrados.

Antes de sair, Wagner recolhe a rosa do vaso, quebra o caule e põe o botão na lapela.

13. Sob uma lamparina a gás, Antônio vislumbra a feição da honestidade[4]

Noite. Numa ruela do Recife, Antônio avista uma moeda deixada no chão, jogada ao lado do mendigo que dorme. Pega a moeda e a põe no bolso. Quando começa a sair, o mendigo acorda de um sonho.

MENDIGO [*Ainda tomado pelas imagens do sono.*] Foge não, meu garrotinho, foge não, fica aí, que eu vou pegar meu cavalo castanho-escuro e vou cavalgar, te atentar e, quando alcançar, tombar pelo rabo, eu vou. [*Tenta se erguer e cai.*]

ANTÔNIO Que coisa triste, meu Deus. Ei, mulo, tu não podes desistir assim dos dias, ergue-te homem, tu és um mulato forte. Assim tu te tornas uma vala, um vazio. [*Ergue o mendigo.*] Devias ter ficado com o teu sr., ao menos terias o que comer.

MENDIGO Eu sou livre.

ANTÔNIO Ninguém é livre nesta terra.

MENDIGO Eu sou.

ANTÔNIO És?

MENDIGO Eu me herdei.

ANTÔNIO Espera. Eu vou te favorecer, só porque tens feição de sujeito honesto. Toma, compra uma sela para o teu cavalo. [*Entrega a moeda que tinha roubado há pouco.*]

MENDIGO [*Aproxima o rosto para poder ver a moeda.*] É o Imperador, ele quer ter uma conversa comigo.

4. Na encenação de 2007, Antônio Lyra leu o seguinte texto antes do início da cena: "Fiz o juramento de Aníbal: hei de chicotear e esporear tanto a vida que ela acabará por me carregar, como uma montaria amestrada. Mas é preciso que eu ganhe algum dinheiro conservando-me honesto. Com o suor de meu rosto, não com o suor de minha consciência". O fragmento foi extraído do *Diário íntimo do engenheiro Vauthier: 1840-1846*.

CORO [*Canta.*] Ando roto e esfarrapado.
É meu gosto andar assim
Para gastar com as mulatinhas.
Ninguém tenha dó de mim
Todos tenham, ninguém tenha,
Só Deus tenha dó de mim.

14. Na rua dos Sete Pecados Mortais, Margarida faz o caminho das cômicas

Noite. Uma rua de casario pobre, mas colorido e iluminado.

CARNEIRO [*Canta.*] Ninguém tenha.
Todos tenham
Só Deus tenha dó de mim.

CARNEIRO [*A Margarida.*] Boa noite, senhorita.

MARGARIDA Boa noite, senhor. Sabe me dizer o nome desta rua?

CARNEIRO Se eu tivesse uma filha, ela não estaria me fazendo tal pergunta a tal hora.

MARGARIDA Disseram-me para cruzar a ponte, e indagar o lado de Santo Antônio.

CARNEIRO Ó menina, se já não estás perdida, estás bem próxima disso.

MARGARIDA Pensei que fosse logo aqui. [*Ameaça sair.*]

CARNEIRO Ei, aonde vais, no meio da noite?

MARGARIDA Ao Teatro Santa Isabel. Conhece?

CARNEIRO Se desejas te tornar uma cômica, escolheste o melhor trajeto.

MARGARIDA Então estou perto?

CARNEIRO Estás na rua dos Sete Pecados Mortais. [*Mostra o casario.*]

MARGARIDA Aquelas na janela são cômicas!?

CARNEIRO [*Sorri.*] Sete casas do mesmo lado. Todas, mulheres fadistas.

MARGARIDA Tocam música ali. O que estão fazendo?

CARNEIRO Meu Deus! Comerciam, como eu.

15. A segunda cavalgada do Barão, quando caem o mendigo e a menina Margarida

Na escuridão, com luz de lamparinas.

A. No estábulo, Wagner procura um cavalo seguidor

O coro faz ruídos de cavalos na cocheira. Os tambores simulam um cavalo a galope.

WAGNER [*Como que possuído.*] Onde está o seguidor do Barão? Aquele de cinco alentos nas ventas e sinal encoberto? Diabos! Sele então um cavalo qualquer. Eu vou atrás porque eu quero ver isso. Mande a mucama preparar a água com essência de alecrim para o meu retorno. Eu quero ver onde se dá o encontro. Traga logo esse cavalo!

B. A última cavalgada de um ex-boiadeiro

O mendigo caminha bêbedo pela rua, murmura Boi tungão.

C. Deixa feder

Som de sinos de igreja.

ATRIZ QUE REPRESENTA MARGARIDA [*Narra.*] Margarida espera na praia próxima ao teatro.
Escravos merdeiros à noite carregam baldes.
Tigres de rastro fedorento
Levam dejetos para despejar no Capibaribe.

Fede.
Ele me beija. Ouço o sino e digo:
São horas, devo ir.
Me impede:
"Deixa feder, deixa feder."

D. O mendigo é atropelado

MENDIGO Galopa meu cavalo castanho-escuro, que eu vou mostrar a esse garrote minha arte.

O tropel cresce até o atropelamento. O mendigo cai.

ANTÔNIO [*Grita por socorro.*] Acudam, meu Deus, acudam! [*Para si.*] Este homem no meu caminho de novo. [*Volta a gritar.*] Tem um homem atropelado na rua. Acudam!

MENDIGO Eu quero o meu laço de fita. [*Geme.*]

ANTÔNIO Acudam, ele foi atropelado. Acudam, por favor. [*Percebe a aproximação de alguém.*] Senhor, ele foi atropelado, um cavalo à toda brida. O cavaleiro atravessou sem atenção aos viandantes, desembestadamente. Ajude-me a carregá-lo.

WAGNER [*Sai do escuro.*] Você viu quem foi?

ANTÔNIO Vi. Foi o Barão.

WAGNER O que está dizendo?

O mendigo continua a gemer.

ANTÔNIO Foi o Barão, eu vi.

WAGNER Como pode afirmar?

ANTÔNIO Ele estava debaixo do poste, debaixo da lamparina.

WAGNER Conhece bem o Barão para jurar o que viu?

ANTÔNIO Segure as pernas dele, ajude-me a levá-lo.

WAGNER Ninguém pode confiar nos sentidos, o olho engana. [*Mostra o saco de moedas.*] Vê isto?

ANTÔNIO O que é?

WAGNER Isto é nada, uma ilusão, noturna. [*Joga-lhe o saco de moedas.*]

ANTÔNIO Senhor!

WAGNER E o cavaleiro que passou por aqui também é nada. Desconfia do teu olho, ele é enganoso e as lamparinas a gás serão logo trocadas.

ANTÔNIO Quem é o senhor?

WAGNER Homem, não ponha em risco tua vida. Vê? [*Mostra o mendigo.*] Esse monte de carne escura também é nada!

CORO [*Canta.*] De quatro coisa no mundo
Já gostei.
Não gosto mais
De cavalo galopeiro
De lamparina de gás
Calça com bolso na bunda
Paletó lascado atrás.

16. Antônio leva o atropelado à Casa de Misericórdia

Num pátio da Casa de Misericórdia, uma freira e um atendente observam o corpo do mendigo agonizante.

ANTÔNIO Um cavaleiro a todo galope passou-lhe por cima, a cabeça entrou na pedra.

ATENDENTE [*Mais distante, à freira.*] Irmã, pergunte o nome.

IRMÃ Senhor, o nome dele, por favor.

ANTÔNIO Já deitou muito sangue. [*Ao mendigo.*] Você não vai morrer, mulo. Teu garrote está te esperando. [*A ela.*] Veja, senhora, ainda sangra.

ATENDENTE Se é escravo fugido, nós temos que comunicar ao dono.

IRMÃ Precisamos do nome dele, senhor.

ANTÔNIO Ei, mulo, diz teu nome para essa gente.

IRMÃ [*Ao mendigo.*] O que aconteceu? Quem fez isso com você?

MENDIGO Mocotó passou, Mocotó passou.

IRMÃ Não é o mendigo devoto da porta da Matriz?

ANTÔNIO Quanto querem para atendê-lo? Eu tenho dinheiro, digam. Eu pago o que for preciso.

ATENDENTE Parece que está morto.

Pausa. Antônio certifica-se da morte do mendigo.

IRMÃ Têm morrido muitos homens pretos ultimamente. Que Deus o leve.

ATENDENTE Senhor, onde foi o acidente?

ANTÔNIO Eu não o conhecia, encontrei na rua.

IRMÃ Mas o senhor não viu o cavaleiro?

ANTÔNIO Não. Estava escuro. Não vi nada.

DUO [*Canta.*] Tava tudo encorrentado
Pelos laço do maldito.
E Satanás ensinando
Bebê, matá, dizê dito
Pra nos levá pro inferno
E condená o nosso esprito.

17. Margarida leva um doce de jaca mole ao casarão do Barão

WAGNER [*Fala através das grades do portão do jardim.*] É como eu disse, ele não pode vê-la agora. Nem pude insistir, está ocupadíssimo, era um homem de letras, agora lida com cifras. Tem o mundo todo no gabinete.

MARGARIDA Mas você disse que era importante? Disse que eu trouxe um presente?

WAGNER Não insista, menina, isso perturba o Barão, não pode vê-la, é tudo.

MARGARIDA Disse que eu trazia uma notícia, disse a palavra?

WAGNER Deixe que eu entrego o presente.

MARGARIDA [*Delirante.*] Ele disse: somos iguais, também se sentia inquieto, unir as almas eram as palavras dele, "espírito livre", debaixo das alturas, o céu tão escuro, falava em sentimentos que não importava o nome, chamassem como fossem, "vapores os nomes."

WAGNER [*Também delirante.*] A natureza. Veja ao seu redor, geração e corrupção, o tempo todo, não cansam de se unir e se destruir, os felinos nas florestas, os galináceos ciscando nos escombros. Vapores. É a pura verdade.

MARGARIDA Não, não é isso, dizia que era tudo, o sentimento. Essas as palavras dele, e que nem Deus, nem Deus – eu perguntei se ele acreditava –, nem os negros que iam ao rio jogar os dejetos, era um fedor horrível, "deixa feder", ele dizia, "deixa feder" – só importava o que sentia dentro.

WAGNER O Barão inaugura o futuro. Sabe o que é isso?

MARGARIDA Mas agora preciso lhe dar a notícia.

As falas de ambos se sobrepõem.

WAGNER Sabe o que virá com a delegação? Não, você não sabe. Virá o que é moderno, o vapor, a eletricidade, as novas idéias, virá o capital. Ele está à frente de um processo de transformação possível para o Estado, o único. Mas talvez seja injustiça exigir que uma alma simplória perceba a dimensão do que está por vir.

MARGARIDA Eu tenho certeza, eu estava na praia, ele veio a galope, a roupa molhada, arrancou minha roupa... não importava nada, nem Deus, nem os negros que vinham jogar os dejetos, era um fedor horrível, ele dizia "deixa feder, deixa feder", só importava o que sentia dentro, agora eu preciso contar a ele, saber o que vai acontecer, o meu corpo não é mais o mesmo. [*A próxima frase ecoa com nitidez.*] O meu corpo incha, a minha barriga incha.

Pausa.

MARGARIDA Diga-lhe que vim porque estou doente.
WAGNER É um doce?
MARGARIDA É.
WAGNER [*Aspira.*] Jaca mole, inconfundível. Deixe que eu entrego seu presente. [*Ela lhe dá o pote.*] Mas ao Barão só apraz o bolo inglês e agora só toma chá, prefere o *english tea.*
CORO [*Canta.*] Tava tudo encorrentado
Pelos laço do maldito.
E Satanás ensinando
Bebê, matá, dizê dito.
Pra nos levá para o inferno
E condená o nosso esprito.

18. A visão do bode vermelho

Na sala da casa da velha Branca, Margarida aparece em cena com uma grande barriga de grávida. O Padre a interroga. A velha chora num canto.

PADRE Onde foi?
MARGARIDA Não sei.
PADRE Ela não disse?
MARGARIDA Gritou e perdeu a fala.
PADRE Como ela viu?
MARGARIDA Viu sem enxergar.

PADRE Alguém mais viu?

MARGARIDA Eu não acredito.

PADRE Disse o nome do que viu?

MARGARIDA Disse "bode".

BRANCA Nhaca.

O Padre joga água benta na velha, que reage com tremores.

MARGARIDA Disse "bode vermelho".

PADRE Sentiu algum cheiro?

MARGARIDA Nada.

PADRE Fedor de enxofre?

MARGARIDA Isso não existe, "bode vermelho".

BRANCA Nhaca.

O Padre joga mais água benta. Margarida mata uma mosca. Limpa a mão na barriga.

PADRE Sente-se bem?

MARGARIDA Disse que estava banhado de sangue, era todo escarlate.

PADRE [*Espanta-se ao perceber a barriga de Margarida grávida.*] O que foi isso?

MARGARIDA O menino de louça está trancado à chave.

PADRE Eu vou rezar por esta casa.

MARGARIDA Não serve para nada.

CORO [*Canta.*] Ai codó, ai codó, ai codó,
Eu sou filho de codó.

19. Wagner celebra sua noite de Walpurgis na senzala

Os escravos tocam tambores na senzala. Graça conduz a cerimônia, interrompida pela entrada de Wagner, bêbedo, em roupa elegante com os botões abertos.

WAGNER [*Aos escravos.*] Eu fui nomeado pelo Barão, nomeado, Graça, sabe o que é isso? Nomeado. Agora, todos temos o que celebrar. Por que pararam de tocar? Toquem. Toquem. [*Ele próprio bate nos tambores.*] Vai ser tudo diferente, eu agora faço parte do novo tempo, sou um homem acima do comum, um indivíduo singular. [*Vê a escrava descalça.*] Descalça! Você não pode entrar no novo tempo sem sapatos, Graça, eu vou lhe ajudar. [*Tenta arrancar o próprio sapato e cai.*] Com este sapato você vai andar até Boa Viagem e abrir os braços à maré, a grande maré que virá. E o Barão é o farol de fogo no alto do Recife, anunciando a onda do dinheiro que vai arrebentar na praia e arrastar a todos. Riqueza, acumulação, luz... pegue, você vai comigo à posse, e depois eu vou cheirar as tuas partes, como faz o Barão com as meninotas. Eu fui nomeado. Nomeado pelo Barão.

GRAÇA Que morra seco, do pior padecimento, o bacaiau te rasga as costas, a sola do pé furada, o corpo todo aberto pra lambida das varejeira.[5]

WAGNER Ninguém pode ir contra. Foi o Barão quem disse. É a vaga universalizadora. [*Canta.*] *Signor Abate, io sono.*

CORO [*Canta.*] *Signor Abate*
Io sono, io sono, io sono ammalato
Santo padre viene
E datemi
La benedizione
La benedizione.
Hol Sie der Teufel
Wenn Sie nicht kommen.

5. Este texto pode ser substituído por uma praga em iorubá ou outra língua africana.

WAGNER [*Grita durante a canção.*] É o vento liberal, os banqueiros estão do nosso lado. A missão estrangeira traz o mundo até Pernambuco. Ninguém pode ir contra. Foi o Barão quem disse. Ainda seremos uma grande nação.

20. Margarida entrega o bebê ao Padre

O Padre reza na sacristia da igreja. Margarida entra com uma criança morta no colo.

MARGARIDA Ele tinha uma pelinha clara em volta, um véu. Veio vestido, sinal de uma sorte danada. Mas escorregava, estava gosmento, babado de sangue. Era difícil segurar. Caiu. Nem abriu o olho. Caiu. Aí eu torci o pescoço dele, para não ser pior depois. Não pode ter pena, Padre, senão não morre. Entrega a alminha dele ao céu, batiza para virar anjo.

PADRE Ele não abandonaria um filho seu. Não descuidaria de quem amou. [*Ela sorri e sai. Ele olha para o vazio.*] Você está aí? Não está? Eu sinto o seu cheiro de longe, o hálito azedo.

WAGNER [*Surge de trás de uma coluna, está bêbedo.*] Quanta ruindade, a própria mãe fazer isso! É como eu digo: não se pode mudar a natureza das coisas, o mundo há de ser sempre um composto imutável de Bem e Mal. [*Arrota.*]

21. A mucama na praia

A escrava Graça aproxima-se das ondas do mar, na praia. Simultaneamente, ouve-se de fora da cena a voz de Wagner ditando um anúncio de jornal.

VOZ DE WAGNER Faça publicar neste seu *Jornal do Commercio*: fugiu do sobrado do sr. Barão, no último dia 2 do corrente, uma escrava por nome Graça, nação Baca, preta bem preta, cabeça redonda, estatura ordinária, grossa de corpo e de pouca fala. Inteligente o bastante para dissimular o nome. Ostenta nas costas costura de ferida antiga, e representa ter 25 anos. Sem outros sinais de menção, além de um carregado semblante tristonho. O sr. Barão gratifica bem quem dela der notícia e protesta contra quem lhe der acoito.

A mulher entra no mar.

ATRIZ QUE REPRESENTA GRAÇA [*Narra.*] Hoje um corpo de negra vai aparecer boiando na praia, o corpo de uma mulher que cometeu suicídio, e vai ficar ali oscilando para diante e para trás, segundo as marés, resvalando na areia, dissolvendo as espumas, visível das sacadas da cidade do Recife. Cem pessoas vão passar, deter-se diante do cadáver inchado e seguir muito filosoficamente o seu caminho. É verdade que para elas será o corpo de uma negra, este, que vai aparecer boiando na praia. Ninguém deve se acostumar com o vento açoitando o mar e nem com as ondas beijando a areia.

CORO [*Canta.*] Quem é cego dos dois olhos
Não carece sobrancelha.
Negro de botina branca
Não se dá coisa mais feia.
Não posso me acostumar
Com o vento açoitando o mar
E as ondas beijando a areia.

22. No Teatro Santa Isabel, durante a ópera *Fausto*, Antônio se torna encarregado de Wagner

Wagner está num camarote. Entra Antônio. A música do espetáculo a que assistem invade a cena.

ANTÔNIO Tudo resolvido, sr. Wagner.

WAGNER Sente-se, português, e aprecie a ópera.

ANTÔNIO Fiz como o senhor mandou.

WAGNER Ah, o mundo clássico, não é sublime?

ANTÔNIO Tivemos um pequeno problema. Um velho. Não quis deixar o casebre de jeito nenhum.

WAGNER Esses pobres cheios de orgulho. Sempre acham a oferta pequena.

ANTÔNIO Nem quis ouvir a quantia e ameaçou-me com uma enxada.

WAGNER Violência, como são antigos! [*Pausa.*] Soberba a voz deste Mefisto. [*O olhar dos atores acompanha o movimento do espetáculo a que assistem.*]

ANTÔNIO Tive que provocar um pequeno acidente. Deixei cair a lamparina e o mocambo pegou fogo.

WAGNER Faz gosto, português. Aprende depressa. O Barão vai ficar satisfeito.

ANTÔNIO Já estou me aclimatando aos costumes do Brasil.

WAGNER No futuro, velhos teimosos como esse terão vergonha de empunhar a enxada contra aqueles que lideram a marcha do desenvolvimento. "A marcha irrevogável do desenvolvimento." Sabe que me afeiçoei ao senhor? Será o meu homem de confiança. A partir de hoje quero que tome nota de tudo o que digo.

ANTÔNIO É bom que alguém reconheça o nosso real valor.

WAGNER Como eu amo a ópera.

23. Margarida e Antônio se conhecem numa ponte do rio Capibaribe

Margarida, desorientada, perambula sobre a ponte. Aproxima-se da amurada e sobe. Oscila antes de se jogar. Canta.

MARGARIDA Eu tinha uma boneca
Bem loirinha, bonitinha
Bem loirinha, bem bonitinha.
Mas perdi sua sainha
Ela ficou então nuinha.

No instante em que vai se lançar ao rio, Antônio a segura.

ANTÔNIO O que estás fazendo, meu Deus? Ias cair, ias morrer.
MARGARIDA Eu ia me banhar no rio. Por que tocam os sinos, você sabe?
ANTÔNIO É o incêndio. Tem uma hora que está pegando fogo.
MARGARIDA A igreja de São Francisco?
ANTÔNIO O teatro queima, o Santa Isabel está em chamas.
MARGARIDA E as cômicas, para onde vão?
ANTÔNIO Ias mesmo te lançar à água?
MARGARIDA Me leva para ver o fogo? Deve ser bonito.
ANTÔNIO Levo, como não? Estás te sentindo bem?
MARGARIDA "Bem", o que a palavra quer dizer?

24. Discurso de posse na Câmara dos Deputados

WAGNER Srs. deputados, um grande homem não deve se abrasar com o mal que lhe dirigem. Mas cabe a seus seguidores evitar a propagação de fagulhas perigosas. Sobretudo quando a chama da maldade ameaça se alastrar aqui e ali, anônima, crepitando na voz seca da arraia miúda, ou se erguendo em labaredas das colunas de jornais inexpressivos. Acusam o sr. Barão de mandar tocar fogo em mocambos. Seria um mal usar de todos os meios para limpar o terreno onde será cultivado um progresso que fará bem a gerações? Acusam o sr. Barão de pactuar com o capital estrangeiro. Seria um mal se sujeitar aos juros do dia, quando serão inomináveis os dividendos da noite? No aniversário da grande Aliança, eu lhes garanto: daqui a cem anos Pernambuco será uma sociedade mais justa e feliz. E por enquanto não me venham com simplificações maniqueístas entre Bem e Mal.

25. O daguerreótipo do novo homem

O tempo passou. Antônio e Margarida aparecem em cena como um casal mais endinheirado. Estão no estúdio de um daguerreotipista.

MARGARIDA Estou bem?

ANTÔNIO Estás um anjo, Margarida.

MARGARIDA [*Chama a atenção dele para o chapéu que está usando.*] Tem certeza de que não fica melhor sem?

ANTÔNIO Assim é que é o certo, está em voga em Paris.

MARGARIDA Você prometeu comprar um vestido que fizesse par.

ANTÔNIO E vou comprar. Temos que aparentar aquilo que queremos ser, para um dia virmos a ser o que estamos a aparentar. [*Percebe que ela olha para a máquina do daguerreótipo.*] Não tenhas medo, é uma máquina moderna, muito moderna. [*Entra em cena o daguerreotipista.*] Lá vem o moço.

DAGUERREOTIPISTA Boa tarde. Um instante que vou abrir as cortinas. Preciso de luz. Puros raios de luz. As luzes são as tintas da nova arte.

Iluminação intensa.

MARGARIDA [*A Antônio.*] Vai pintar-nos um retrato?

ANTÔNIO E sem pincéis.

DAGUERREOTIPISTA [*Avistando pela janela.*] Não posso olhar para os escombros daquele teatro. Sabia que só salvaram o piano, tudo o mais foi destruído?

ANTÔNIO Eu o freqüentei muito.

MARGARIDA Nunca me disse.

DAGUERREOTIPISTA Assistia às cômicas?

ANTÔNIO À ópera, sobretudo. Na véspera do incêndio eu estava lá. Uma companhia italiana levava o *Fausto.* [*Fala com orgulho.*] A voz do Mefisto era soberba.

MARGARIDA Nunca me contou.

ANTÔNIO O Barão vai reconstruí-lo.

DAGUERREOTIPISTA São recém-casados?

ANTÔNIO O retrato é para mandar a meus familiares em Portugal, mostrar que estamos bem – em definitivo me estabeleci cá neste país –, me naturalizei, tornei-me brasileiro e até troquei o nome: Lyra. Emprestei-o justamente de um cômico mulato, Antônio Lyra. É como me chamo agora.

DAGUERREOTIPISTA A senhora se importaria de tirar o chapéu? Fica mais respeitável.

MARGARIDA Eu bem disse a ele que não estava bem.

ANTÔNIO Faça o que o moço disse. [*Ao daguerreotipista.*] Realmente vai ficar mais elegante. Mas o que existe aí dentro? São tintas? Como se misturam? "É a marcha irrevogável do desenvolvimento."

DAGUERREOTIPISTA Podem usar a cadeira se quiserem. [*Margarida se senta.*] Me permita: os homens sentados, as mulheres de pé, atrás. São os costumes da distinção.

ANTÔNIO Claro.

Ela se levanta e ele se senta.

DAGUERREOTIPISTA Olhem para esta lente, até que eu diga o contrário. [*Ambos esboçam um sorriso. Ele os corrige com objetividade.*] Sem sorrisos: a alegria é mais difícil de se sustentar. Atenção! Detenham-se!

Longo silêncio. Ocorre uma ligeira mas significativa variação na expressão do rosto dos atores, cada vez mais tristes.

DAGUERREOTIPISTA Feito.

ANTÔNIO Que ardor nos olhos! [*Ergue-se.*] Quanto lhe devo? [*A luz cai lentamente.*]

Epílogo no teatro

O teatro está escuro como no início do espetáculo. Entra o regente segurando uma lamparina e um fio desencapado.

REGENTE [*Ao público.*] Ei, aqui está. Aqui está. Fiz o que pude para trazer de volta a luz, abri a caixa de força, verifiquei os fusíveis e tudo o que pude encontrar foi este fio desencapado. [*Mostra o fio.*] Vejam o perigo de um curto-circuito neste prédio, que por incrível que pareça acabou de ser reformado. Por isso eu digo: nunca confiem nas reformas! Eles pintam a fachada, trocam o sistema elétrico, mas não se preocupam com o sujeito que trabalha. Eu estava até agora na rua gritando "me tragam um especialista, preciso de um especialista", sou um homem comum, ora bolas, e não entendo mais o processo desses complicados sistemas de hoje. Sozinho, tudo o que posso fazer é achar um fio desencapado. [*Pausa.*] O que fazer?

NOTA

Esta peça é devedora da leitura do poema dramático *Fausto* de Goethe, ao qual faz referência às personagens Margarida e Wagner. Sua localização histórica no Recife em meados do século XIX se deve à leitura da crônica "O barão perseguido pelo diabo", do livro de Gilberto Freyre, *Assombrações do Recife Velho* (Rio de Janeiro: José Olympio, 1970). A personagem Branca é inspirada na crônica "A velha Branca e o bode vermelho", do mesmo livro. O texto da cena "Lembrança de Margarida sobre as três noites de escuro" foi baseado num relato de Francisco Renato Souza Dantas, publicado no *Boletim* do Instituto Cultural do Vale Caririense, bem como a cena do suicídio da escrava, fato comum na época, é inspirada num relato do diário do engenheiro Louis Vauthier, projetista do Teatro Santa Isabel, *Diário íntimo do engenheiro Vauthier, 1840-1846* (Rio de Janeiro: Serviço gráfico do Ministério da Educação e Saúde, 1940). As várias referências históricas – como o incêndio do teatro ou a passagem do Imperador pelo Recife – foram recolhidas da literatura especializada. Algumas poucas imprecisões (como a menção ao *Jornal do Commercio*, então inexistente no Recife), se devem a escolhas poéticas. Registre-se aqui a gratidão ao professor Evaldo Cabral de Melo por seus valiosos esclarecimentos sobre o período.

CANÇÕES

Com direção musical de Lincoln Antônio, foram musicados vários poemas ligados à tradição popular, que se tornaram canções do espetáculo.

Quem é bom já nasce feito: música de Ney Piacentini sobre quadra popular anotada por Leonardo Mota, em *Violeiros do norte* (Fortaleza: Imprensa universitária do Ceará, 1962).
Quem vier a Pernambuco: música de Otávio Martins sobre quadra popular citada por Leonardo Mota.
Meu menino Jesus: canção tradicional portuguesa.
Boi tungão: refrão de coco cantado por Chico Antonio e anotado por Mário de Andrade em *As melodias do boi e outras peças* (São Paulo: Duas Cidades, 1987).
Vapor já está no porto: canto de carregadores de piano no Recife anotado por Gilberto Freyre em *Guia prático, histórico e sentimental da cidade do Recife* (Rio de Janeiro: José Olympio, 1968).
Macaxeira rosa, Sorvete de coco verde, Pitomba, Lã de barriguda, Mungunzá, Batata rainha, pregões do Recife anotados por Gilberto Freyre.
Romance do conde da armada: trecho da Chegança dos Marujos, anotado por Mário de Andrade em *Danças dramáticas do Brasil* (Belo Horizonte: Itatiaia, 1982).
Os meus olhos e os teus: música de Maria Tendlau sobre quadra popular anotada por Leonardo Mota.
Sumidouro: vissungo recolhido por Aires da Mata Machado Filho em *O negro e o garimpo em Minas Gerais* (Rio de Janeiro: Civilização Brasileira, 2ª edição, 1964), gravado por Geraldo Filme no disco *O canto dos escravos* (Eldorado, 1982).
Quem é cego dos dois olhos: música de Gustavo Bayer sobre estrofe do cantador Bem-te-vi, cearense do Crato, citado por Leonardo Mota.
Ando roto, esfarrapado: trecho da Chegança dos Marujos anotado por Mário de Andrade em *Danças dramáticas do Brasil.*
De quatro coisas no mundo: música de Georgette Fadel sobre estrofe de Luís Dantas Quesado, citado por Leonardo Mota.
Tava tudo encorrentado: versos de João Mendes adaptados à melodia tradicional de cantadores. Citado por Leonardo Mota na *Antologia do folclore cearense,* organizada por Florival Seraine (Fortaleza: Henriqueta Galeno, 1968).
Ai codó: doutrina de tambor-de-mina gravada pela Missão de Pesquisas Folclóricas em São Luís do Maranhão, acervo da discoteca Oneyda Alvarenga, Centro Cultural São Paulo.
Signor abate: cânon tradicional a três vozes de origem suíça.
Eu tinha uma boneca: versos usados na brincadeira de "bicheira" no Cariri, recolhidos por J. de Figueiredo Filho na *Antologia do folclore cearense.*

A comédia do trabalho

Texto final
Sérgio de Carvalho e Márcio Marciano com base em processo de criação coletiva

Colaboradores.
Maria Tendlau, Ney Piacentini, Alessandra Fernandez, Adriana Mendonça, Heitor Goldflus, Helena Albergaria

A comédia do trabalho, roteiro para um espetáculo de intervenção popular, estreou no Teatro Sesc-Anchieta em São Paulo no dia 03 de agosto de 2000, pela Companhia do Latão, após ensaios abertos na cidade de Santo André, São Carlos, Taubaté e no assentamento Ireno Alves do MST em Rio Bonito do Iguaçu, Paraná. O espetáculo teve direção de Sérgio de Carvalho e Márcio Marciano, direção musical de Walter Garcia, co-direção musical de Lincoln Antônio, iluminação de Paulo Heise, cenografia e figurinos de Márcio Medina, produção de Ney Piacentini, assistência de produção de Marcelo Vinícius e Douglas Estevan, coordenação da equipe de vídeo por André Guerreiro, sendo o elenco da estréia: Adriana Mendonça, Alessandra Fernandez, Heitor Goldflus, Maria Tendlau e Ney Piacentini. Participaram depois os atores Gustavo Bayer e Helena Albergaria.

PERSONAGENS

Leonid e Creonid, gêmeos banqueiros
Núlio, um desempregado
Liu-Liu, representante da Missão Filantrópica Internacional
Mr. Bagáua, capitalista transnacional
Dominic, gerente de recursos humanos
Jeremias, um gerente
Telefonista
Homem-sanduíche
Embaixatriz, amiga de Liu-Liu
Um garoto
Desempregado Ladino
Desempregado Plácido
Vendedora de sucos
Entrevistador de recursos humanos
Giuliana, uma italiana
Esposa
Samaritano
Investidor de risco
Manuel, o agiota
Luisão
Mendiga
Governador
Ninfa-marteladora
Ninfa-ceifadora
Ninfa-anunciadora
Comandante de polícia
Maluco-beleza
Felícia, uma dançarina de *strip tease*
Policiais, desempregados, mendigos, pedintes, funcionários, transeuntes, atores e narradores

A comédia do trabalho desenvolve as seguintes imagens e questões contemporâneas: no auge do capitalismo financeirizado, um banqueiro depende de ajuda governamental para vender seu negócio a um investidor estrangeiro. Seu irmão gêmeo sofre de uma psicose paranóica: um misto de culpa com a miséria social e fobia da luta de classes. Um desempregado, em meio às massas de demitidos, tenta suicidar-se no alto da empresa em que trabalhou. Uma representante da Missão Filantrópica Internacional viaja ao trópico para oferecer sua ajuda. A massa de miseráveis da grande cidade se move caoticamente entre a insatisfação, o desespero e a rebeldia. Os capitalistas e policiais se deparam com a necessidade da ação coletiva. O assistencialismo cultural pode ser um bom negócio. Em função dessas questões, o número de personagens pode ser alterado.

Prólogo a uma tragédia disfarçada

Entram três atrizes e cantam. Uma delas, a atriz-politizada, carrega um cartaz em que se lê: "Companhia do Latão apresenta A comédia do trabalho."

Em Tropélia a fauna é bacana.
Na Tropélia das muitas paisagens
Província do sol sempre a pino
Dos homens de infinita voragem
A moeda é o bago tropelino.
E a bandeira um sol com três vagens.
Quando no horizonte as três naus
Chegaram na costa solar
Encontraram Éden natural
E o melhor bananal para explorar
Porque em Tropélia a vantagem
É que a vida é toda selvagem.
[*Narrado.*] Em Tropélia, senhores distintos,

O mercado e a lei, se quiserem,
Seguem sempre animalescos instintos
E às vezes se mordem milhões.
Porque em Tropélia a vantagem
É que a vida é toda selvagem.

ATRIZ-TÉCNICA Então, podemos começar. Estamos prontos.

ATRIZ-POLITIZADA [*Ao público.*] Enquanto eles arrumam o cenário, eu preparo o espírito das senhoras e dos senhores para a verdadeira natureza da peça. Depois de meses de ensaio, tentando achar graça do capitalismo financeirizado, tentando rir de problemas como o desemprego, não tivemos escolha senão fazer uma tragédia: a tragédia do trabalho. Chamamos de comédia apenas para atrair mais público.

ATOR-MERCADORIA Assim está bom?

ATRIZ-POLITIZADA Vejam, senhoras e senhores, este é nosso cenário. Ele será o ambiente para a trágica história de um homem que não é mais um homem. Para começar, veremos em cena um par de gêmeos, Leonid e Creonid, também conhecidos como Léo e Créo. [*Mostra os atores.*] Para representar os gêmeos, escolhemos atores com a máxima semelhança física. Um é a cara do outro. Eles serão banqueiros milionários ou, para usar uma expressão antiga, mas ainda útil, serão capitalistas exploradores. [*A atriz cospe no chão, próximo ao pé dos atores, e se dirige para o fundo do palco. Neste momento revela o verso da placa, em que se lê: "Proprietários, tremei"*].

LEONID [*Ao público.*] Eu sou Leonid. Depois que nossa ganância levou o banco à bancarrota, aceitei a idéia de meu irmão e concordei em implantar o PIF, Plano de Incentivo aos Funcionários. Mas logo percebi que o incentivo não tem sentido se não agrega valor. Decretei o fracasso do PIF e pus em prática o PAF, Plano de Ascensão Financeira, onde uma máquina vale cem homens e a insegurança no emprego é a regra de ouro. Passamos então a ser um banco de investimentos. Mesmo assim, estamos devendo seis bilhões de bagos tropelinos.

Como o PIF e o PAF não deram certo, estou implantando o PUF, Plano de Urgência Falimentar, mas para isso preciso convencer meu irmão a vender este banquinho que tanta alegria já nos deu.

CREONID [*Nervosinho.*] Não vendo, não vendo e não vendo. Este banco foi herança de papai, que entendia de pobres como ninguém e por isso ficou rico. Não vendo, não vendo, não vendo.

ATOR QUE FAZ LEONID [*Ao público.*] Vamos então representar?

Entra em cena a atriz que representa Dominic.

1. O banqueiro Leonid faz seu irmão, Creonid, desconfiar da mansidão dos pobres

Num escritório da Léo & Créo & Companhia, a gerente de recursos humanos Dominic se reúne com seu patrão.

DOMINIC Sr. Léo, não vá brigar com seu irmão, ele é sensível, tão frágil.

LEONID [*A Dominic.*] Creonid é teimoso. Não quer vender o banco por apego sentimental.

DOMINIC [*Sedutora.*] Faça como na mitologia grega, use de astúcia.

LEONID [*Tendo uma iluminação.*] Vou assustá-lo dizendo que uma revolução dos pobres está a caminho.

DOMINIC Pobres?

LEONID Aí vem o meu irmão.

Dominic sai.

CREONID Ó irmão sem coração, idêntico a mim apenas na aparência, que quer destruir com tinta de caneta tudo que papai construiu com seu suor e o sangue dos outros.

LEONID [*Olhando para o infinito.*] Lembra-te, ó Créo, quando estávamos no campo e papai mandou que um de nós subisse ao monte e fosse enrabar aquela cabrita? Lembra-te, ó Créo, quando eu disse: "vai, que se tu não a fodes, papai nos fode", e lembra com que felicidade voltaste erguendo as calças e fechando a braguilha? Pois bem, segue de novo meu conselho e aceita vender o banco.

CREONID Não vendo, não vendo, não vendo.

LEONID Presta atenção, não digo isso por voracidade ou pela angústia da concorrência, longe de mim. [*Aparentando extrema gravidade, sussurra.*] Mas tenho medo dos que estão lá embaixo.

CREONID Quem?

LEONID Os miseráveis. Não notaste que nos últimos meses demitimos milhares de trabalhadores, deixamos à mingua milhares de mesas. Achas que eles vão ficar quietos?

CREONID Eles, quem?

LEONID Os miseráveis. Imagina toda essa fúria acumulada.

CREONID Bobagem, os pobres são mansos, mansos como a minha cabrita. [*Olha para o vazio.*]

LEONID Não sei, não sei. A uma hora destas podem estar se organizando e preparando uma revolução. Por via das dúvidas, o melhor é ficar longe dessa gente que começa a suspeitar que a nossa riqueza tem alguma a coisa a ver com a pobreza deles. Meu irmãozinho, um minuto mais velho, hoje mesmo o banqueiro Bagáua chega com uma proposta de dois bilhões de bagos.

CREONID Mas nosso banco vale cinco bilhões de bagos.

LEONID [*Profético.*] A qualquer momento, as cabritinhas de nossa infância vão se voltar para nos dar uma cabeçada. Pense bem. [*Sai.*]

CREONID [*Recita.*] Ah, ternura de cabritinha.

Ternura queixosa e macia
Terrível gritinho saía
Toda vez que eu a possuía.

Ouve-se o gemido agressivo de uma cuíca.

2. Nas ruas de Tropélia, Liu-Liu, presidente de honra da Missão Filantrópica Internacional entra em contato com a verdade tropical

Numa praça pública, desempregados se aglomeram em torno de um homem que traz no corpo tabuletas onde se lêem ofertas de emprego. Indiferente ao tumulto, este homem-sanduíche desloca-se sem pressa de um lado para o outro. O grupo de desempregados o acompanha.

PRIMEIRO [*Lê.*] Ei, "serviço geral", é para você.

SEGUNDO [*Lê.*] Ei , "ajudante geral", é para você.

TERCEIRO "Ascensorista." Isso parece bom.

PRIMEIRO Ótimo, o dia todo num elevador.

TERCEIRO É muito confinado, prefiro almoxarifado.

QUARTO Nada. Ascensorista é mais movimentado.

Homem-sanduíche se vira em direção a alguém que passa.

HOMEM-SANDUÍCHE Ó moça, ó formosura. Tu não moras lá no meu bairro?

PRIMEIRO [*Lendo a placa.*] Pedreiro.

TERCEIRO Primeiro grau.

HOMEM-SANDUÍCHE Não estás me reconhecendo porque estou com minha roupa de trabalho.

CORO DE DESEMPREGADOS Quem disse que para virar massa precisa primeiro grau?

HOMEM-SANDUÍCHE Só porque tens esse corpinho torneado. Pois um dia isso tudo cai. [*Continua andando. Vê um garoto, seu filho.*]

GAROTO [*Chamando.*] Pai.

HOMEM-SANDUÍCHE Ó moleque, já te disse para não vires aqui na minha firma.

GAROTO A mãe disse que o dinheiro debaixo do vaso sumiu.

HOMEM-SANDUÍCHE É meu capital de giro, moleque.

GAROTO O senhor gira toda noite, e a chinela roda na minha orelha.

HOMEM-SANDUÍCHE Ó moleque, então toma um vale.

O homem-sanduíche corre atrás do menino para estapeá-lo. O grupo de leitores o acompanha. Ele pára. O grupo tromba com ele.

HOMEM-SANDUÍCHE Ó turba, aí já é demais. Assim vão danificar meu instrumento de trabalho.

Num canto, surgem Liu-Liu, uma estrangeira com adereços tropicais e a Embaixatriz, sua acompanhante nesta visita ao centro da capital de Tropélia.

LIU-LIU Venha, ele estava por aqui. Tinha duas placas cobrindo seu corpo, e atrás dele um grupo de homens de aparência triste.

EMBAIXATRIZ Quanta sujeira e desordem. É para você ver como a vida do corpo diplomático não é fácil. Eles parecem esquecidos da civilização.

LIU-LIU Sempre pensei que nas províncias ensolaradas do sul as pessoas fossem mais felizes.

EMBAIXATRIZ Só alguém como você para lhes trazer de volta a dignidade.

LIU-LIU [*Ao público.*] Senhores espectadores, meu nome é Liu-Liu. Sou presidente da Missão Filantrópica Internacional. Vim a Tropélia em busca de um homem que tenha atingido o fundo mais fundo do abismo social.

EMBAIXATRIZ Se eu pudesse, distribuiria dignidade a todos, todos.

LIU-LIU Que encanto.

EMBAIXATRIZ Vamos voltar para o seu hotel, sim? Esta noite temos uma festa na casa do Governador e precisamos estar com as peles frescas.

LIU-LIU Lá vai ele.

EMBAIXATRIZ Não me abandone.

LIU-LIU Vou me aproximar.

Aproximam-se do homem-sanduíche.

LIU-LIU [*Investigativa.*] Parecem anúncios, avisos. [*Ao homem.*] O senhor está vendendo?

HOMEM-SANDUÍCHE Vendendo, senhora, vendendo?

LIU-LIU [*Fala pausadamente, tentando se fazer entender.*] O que o senhor está fazendo?

HOMEM-SANDUÍCHE Veja bem, sou um homem-sanduíche.

LIU-LIU Eu não compreendo. Por quê este nome?

HOMEM-SANDUÍCHE Veja bem, porque os esfomeados estão sempre atrás de mim.

LIU-LIU O senhor gosta de fazer o que faz?

HOMEM-SANDUÍCHE Veja bem, é um trabalho, senhora, um trabalho.

LIU-LIU [*À Embaixatriz.*] Percebo que este homem chegou ao fundo mais fundo do abismo social. Vou ajudá-lo. [*Ao homem-sanduíche.*] Como o senhor chegou a uma situação tão dramática?

HOMEM-SANDUÍCHE *Data venia*, eu ganho pouco, mas o serviço é leve. O problemática é que é temporário, depois de três meses os pusilânimes nos despedem para não registrar em carteira.

LIU-LIU O senhor gostaria de fazer parte de um grupo de reconstituição do universo simbólico?

Ele se afasta, entre perplexo e enjoado.

LIU-LIU Vamos continuar procurando. Minha intuição me diz que nosso homem está aqui nesta praça.

Entram dois desempregados, Ladino e Plácido.

LADINO [*Tentando se esquivar.*] Amigo, você para mim é problema seu.

PLÁCIDO Eu estou desempregado, mas hei de conseguir. Não tirei o meu diploma de Ciências Contábeis em uma banca de jornal, não. E depois da faculdade fiz vários cursos: recepcionista, detetive particular, acompanhante de cego.

3. Oprimidos pela concorrência, os mendigos se decepcionam com a desunião da categoria dos miseráveis

Entra um grupo de mendigos com seus trapos, e outro de pedintes apoiados em muletas.

MENDIGOS E PEDINTES Uma esmola, meu senhor, uma esmolinha.
Somos sujos, não trocamos de calcinha
Temos feridas sangrentas
E a barriga costurada com uma linha.
Uma esmola, meu senhor, uma esmolinha.

PLÁCIDO [*Observa o grupo e se aproxima aos poucos.*] Acho que vou tentar outro trabalho.

MENDIGA [*Aos pedintes.*] Ouçam todos. A situação está insustentável. Esses desempregados estão começando a atrapalhar a nossa vida de mendigo. Eles chegam à procura de trabalho, não encontram, ficam deprimidos, começam a beber, aí vêm com seu cobertorzinho... querem dormir do nosso lado.

MENDIGO Não podemos mais tomar sol nem praticar o amor livre debaixo de nossas caixas de papelão...

MENDIGA Eu não vou acusar ninguém, mas estamos correndo o risco de ser roubados.

PLÁCIDO [*Tomando coragem, ao líder dos mendigos.*] Eu quero uma oportunidade para aprender uma nova profissão. Eu acho que tenho jeito para a coisa.

CORO DE PEDINTES Quem é esse sujeito?

PLÁCIDO Eu só quero um espaço para desenvolver meu potencial, eu tenho muita criatividade.

MENDIGO Não há vagas.

MENDIGA A situação está crítica.

MENDIGO [*Em altos brados.*] Só a união, só a união da categoria dos miseráveis pode resolver este problema.

CORO DE PEDINTES União com quem? Conosco? Nós não somos mendigos. Queremos que vocês morram.

MENDIGA Eles não estão nada amistosos.

PEDINTE 1 [*A Plácido.*] Ei rapaz, do nosso lado você não tem vez.

PEDINTE 2 Nós pedintes pertencemos a outra categoria.

CORO DE PEDINTES Temos habilidade, hierarquia, sabemos abordar o cliente. Somos superiores aos mendigos.

MENDIGOS Então vão tomar nos seus cus.

Os pedintes ameaçam os mendigos com as muletas e saem de cena. Percebe-se que não são aleijados.

MENDIGO [*Sinceramente decepcionado.*] Eu estou falando, não tem união. Não tem espírito de colaboração.

MENDIGA Cada um quer ser mais inteligente que o outro.

MENDIGO Gente de rua é assim, se tivesse que reunir, só viriam se fosse para ganhar algum.

MENDIGA É o que eu sempre digo. A união só é possível se a decisão vier de cima.

MENDIGO De cima, onde?

MENDIGA Sei lá, daquele prédio, por exemplo. [*Olha para o alto e distingue um vulto.*] Eu acho que eu estou vendo um anjo.

EMBAIXATRIZ [*Perdida.*] Liu-Liu, onde está você, minha querida? Que idéia foi essa de vir até este lugar! Liu-Liu, onde você se meteu? [*Mendigos se aproximam para pedir esmola.*] Aaaah, eu não tenho nada, já disse. Vão embora, vão. Que Deus os abençoe. [*Mendigos saem.*] Vou embora desta peça para voltar só no final, na cena da festa. [*Sai.*]

4. A vendedora de sucos relata como achou seu lugar ao sol

Entra uma vendedora ambulante.

VENDEDORA DE SUCOS [*Recita.*] Nesta praça todo dia
Se ajunta muita gente
À procura de valia
À procura do batente
De um trabalho decente
Com salário e benefício
Que hoje é coisa bem difícil
É coisa inexistente.
Eu mesma já fiz de tudo
Bati perna, corri mundo
Emprego não encontrei
Quase que destrambelhei.
Como esses daí!

CORO DE DESEMPREGADOS Desde que fomos expulsos
Da Léo & Créo & Companhia
Nós procuramos trabalho todos os dias
E já sabemos o que fazer na hora da entrevista
Ouçam essas regras, e voltem a ser explorados com alegria.

Imagem do passado, a primeira entrevista de emprego da mulher.

VENDEDORA DE SUCO Olhe, eu quero esse serviço porque estou precisando demais de trabalhar.

ENTREVISTADOR 1 De onde é esse sotaque, minha senhora?

VENDEDORA DE SUCO É de Cansanção.

ENTREVISTADOR 1 A senhora teve alguma formação em Cansançã?

VENDEDORA DE SUCO Eu sei cavar levada, roçar mato, essas coisas.

ENTREVISTADOR 1 E até que série a senhora estudou em Cansançã?

VENDEDORA DE SUCO Eu também sei desenhar as letras.

ENTREVISTADOR 1 A senhora quer essa vaga, minha senhora?

VENDEDORA DE SUCO Para limpar os dejetos dos outros com as mãos?

ENTREVISTADOR 1 A senhora quer ou não quer essa vaga?

VENDEDORA DE SUCO Para esfregar o chão com a língua e ainda sorrir o dia inteiro?

ENTREVISTADOR 1 A senhora tem certeza de que quer essa vaga?

CORO DE DESEMPREGADOS Demonstre entusiasmo pela vaga se não quiser ouvir a descarga da privada.

ENTREVISTADOR 1 Próximo.

Imagem do passado, a segunda entrevista de emprego da mulher.

VENDEDORA DE SUCO Olhe dona, eu quero muito esse serviço. [*Pausa.*] É um sonho meu ser faxineira.

ENTREVISTADOR 2 A senhora já entregou o seu currículo?

VENDEDORA DE SUCO Curri... Não, dona. Eu sou limpinha.

ENTREVISTADOR 2 A senhora tem um currículo?

VENDEDORA DE SUCO [*Coça-se.*] Foi minha colega que falou: "vai lá, que tem umas perguntas para você responder, é só isso..."

ENTREVISTADOR 2 Minha senhora, a senhora sabe o que é um currículo?

VENDEDORA DE SUCO [*Ela se coça muito.*] Se eu sei o que é o meu cu, não! O da senhora, não!

CORO DE DESEMPREGADOS Não se coce nem balance na cadeira. Uma pulga não lhe morde a vida inteira.
ENTREVISTADOR 2 Muito obrigado. Próximo.

Imagem do passado, a terceira entrevista de emprego.

VENDEDORA DE SUCO Olhe, dona, eu já entreguei o tal do curri...
ENTREVISTADOR 3 Calma! A senhora está muito tensa. Não quer declamar um poema?
VENDEDORA DE SUCO Um poema? [*Procura.*] "Palheirinha, palheirão, toma lá este dente podre e me dê cá um dente são."
ENTREVISTADOR 3 Consta em sua ficha que a senhora tem dificuldades em lidar com as emoções. Por que a senhora foi demitida?
VENDEDORA DE SUCO Fui eu que me demiti. É que no outro emprego, o patrão gostava de chamar a atenção da gente na frente dos outros, só para humilhar. E isso eu não admito: se quer chamar a atenção, me chama no cantinho.
CORO DE DESEMPREGADOS Não culpe os outros por estar desempregado. Todo patrão quer escravos educados.
ENTREVISTADOR 3 Precisamos de pessoas mais equilibradas. Obrigada.

De volta à praça pública.

VENDEDORA DE SUCO Depois de engolir em seco
Sem ter trabalho, sem ter renda
Foi na minha própria garganta
Que eu encontrei uma idéia fresca.
Hoje eu vendo suco, limonada
Pinga, garapa.
Ganho a vida decentemente
Matando a sede dessa gente
Ressecada na gastura.
Olha o suco, olha o suco.

5. A multidão descobre um suicida no alto das torres gêmeas

Na mesma praça pública de Tropélia.

ALGUÉM [*A um grupo de desempregados.*] Ei, alguém aí está com o nome sujo na praça? Por um custo mínimo, eles parcelam a dívida, e vocês têm crédito quase de graça.

CORO DE DESEMPREGADOS Nome sujo?
Isso é brincadeira.
Eu não tenho mais crédito
Nem para roubar na feira.

ALGUÉM Vamos.

Grupo de desempregados corre.

VENDEDORA DE SUCO [*Aos desempregados.*] Olhem, tem um homem querendo se matar. Se segure, moço. [*Chama os desempregados.*] Ei!

CORO DE DESEMPREGADOS Você tem um emprego para nós?

VENDEDORA DE SUCO Não.

CORO DE DESEMPREGADOS Ahhh!

VENDEDORA DE SUCO Ei, vocês.

CORO DE DESEMPREGADOS O que é?

VENDEDORA DE SUCO Tem um homem querendo se matar.

CORO DE DESEMPREGADOS Onde?

VENDEDORA DE SUCO Lá no alto da Léo & Créo & Companhia.

Forma-se um grupo de atores de costas para o público. Olham para o alto.

VENDEDORA DE SUCO [*Aponta o candidato a suicídio.*] Não. Um bocadinho mais para cá.

O grupo de atores se desloca no palco de modo a ver melhor o candidato a suicida.

CORO DOS QUE PARAM PARA VER Não pula, não pula, não, não...
Pula, pula, pula.
Não, não, não...

Em meio aos coros favoráveis e contrários ao suicídio, destacam-se algumas personagens.

VENDEDORA DE SUCO Não cometa esse desatino, homem, para tudo tem remédio. Bote essa perna para dentro, homem, bote essa perna para dentro. [*Junta-se ao coro.*]

GIULIANA, A ITALIANA [*Com forte sotaque, destaca-se do coro, ao público.*] Esse homem, ele está desajustado. Ele deve estar com algum problema na cabeça dele. É coisa de equilíbrio. Isso podia estar acontecendo com qualquer um de nós. É um coitado, viu? [*Volta para o coro.*]

DESEMPREGADO 1 [*Destaca-se do coro.*] Ei rapaz, está achando que vai encontrar coisa melhor do outro lado? Não vai, não. É tudo igual. Quer saber, pula, mesmo. [*Volta para o coro.*]

DESEMPREGADO 2 [*Destaca-se do coro,* ao *público.*] Vocês estão rindo do quê? Será que não percebem que a cara dele lá em cima é a mesma cara que vocês têm aqui em baixo? O sujeito está desesperado. Quem vai dizer que a culpa é dele? [*Volta para o coro.*]

DESEMPREGADO 3 [*Destaca-se do coro.*] Não vai vir ajuda de lado nenhum. Nem de Deus. Deus não ajuda pobre, Deus ajuda só bacana. [*Volta para o coro.*]

GIULIANA, A ITALIANA [*Destaca-se do coro.*] O meu marido, ele também está desempregado, como esse homem aí, mas nem por isso eu vou fazer com ele que nem as outras mulheres que já vão logo dizendo: seu fracassado, brochado, viado. Eu não. Mesmo quando ele me bate em mim eu tenho dó. [*Volta para o coro.*]

CORO DOS QUE PARAM PARA VER [*Canta.*] Pode se matar,
Isso não altera nada.
Um jato d'água forte
Lava o sangue da calçada.
Pode se matar,
Isso não altera nada.
Um jato d'água forte
Lava o sangue da calçada.
Morte é morte.
Viver é que é um erro.
Vai sobrar pra sua mãe
A conta do enterro. [*bis*]

6. A visão do suicida dá sentido à Missão Filantrópica Internacional

Na praça, vendo o suicida e a multidão.

LIU-LIU Depois de um dia inteiro de procura, em que desci ao fundo mais fundo do abismo social, depois de ter me aproximado de tantas pessoas desesperadas, eis que encontro não aqui embaixo, mas no alto de um prédio, um homem que precisa da minha ajuda. Ele será o símbolo da Missão Filantrópica Internacional.

7. No seu escritório, Creonid vê apontado o dedo do povo

CREONID [*Com a pulga atrás da orelha, debate consigo mesmo.*] Será que meu irmão tinha razão? Uma revolução dos pobres? Não, nunca. Os pobres não odeiam os ricos, os pobres odeiam os pobres. [*Ouve algo.*] Que barulho é esse? O que é aquilo que vejo da janela? [*Abre a janela. Ouve-se com mais nitidez o vozerio da praça pública de Tropélia.*] Um grupo de pessoas aponta para o alto. Eles apontam nesta direção. Estão apontando para mim. [*Fecha a janela numa crise de pânico. Encosta-se no canto, suando frio.*]

DOMINIC [*Entrando na sala.*] Sou toda sua, senhor Léo.

CREONID Créo. Tem uma multidão de miseráveis lá fora. Onde está meu irmão?

DOMINIC Eu não devia me meter, mas não acredite em tudo o que dizem. A verdade, nos contam os mitos, às vezes, está oculta. [*Ergue as sobrancelhas, extática.*] Aaah, Lethéia.

CREONID Revolução, você ouviu o balido de uma cabra?

DOMINIC Cabra? Refere-se a Pan?

8. Na recepção da Léo & Créo & Companhia, a telefonista ouve um pedido de socorro

Ouvem-se ruídos de chamadas telefônicas simultâneas. Vemos uma telefonista sobrecarregada com suas tarefas.

TELEFONISTA Léo & Créo & Companhia, bom dia.

SAMARITANO Moça, tem um homem no alto do prédio de vocês, estou vendo daqui.

TELEFONISTA [*Cortando a ligação anterior.*] Um instante, por favor, Léo & Créo & Companhia, bom dia.

ESPOSA Por favor, eu queria falar com o Jeremias.

TELEFONISTA Jeremias, o gerente?

ESPOSA Esse mesmo.

TELEFONISTA Um instante, por favor.

ESPOSA Moça, você pode me dizer se nos últimos dias alguma mulher ligou para ele?

TELEFONISTA Eu não sei responder a essa pergunta, senhora, sou apenas a telefonista. Léo & Créo & Companhia, bom dia.

INVESTIDOR DE RISCO Escuta aqui, boneca, eu não quero saber quem você é. Me passe já para os investimentos de risco.

TELEFONISTA Léo & Créo & Companhia, bom dia.

SAMARITANO [*Enfático.*] Moça, escuta, tem um homem querendo se matar.

TELEFONISTA Um homem? Um homem?

SAMARITANO Ele está no alto do prédio de vocês e parece que vai pular.

TELEFONISTA Um homem querendo se matar?

SAMARITANO Moça, alguém precisa fazer alguma coisa.

TELEFONISTA Mas eu não posso fazer nada, senhor Sou apenas a telefonista. Meu Deus, um homem! Alguém precisa fazer alguma coisa. O ramal continua ocupado, senhor, queira chamar mais tarde.

9. Leonid negocia o banco com Mr. Bagáua, o capitalista transnacional, e compreende que vai precisar da ajuda do governo

No escritório da presidência da corporação.

LEONID [*A Bagáua, que olha os quadros na parede.*] Dois crânios que ficaram juntos no ventre, hoje pensam tão diferente. Meu irmão acha sua proposta inaceitável: dois bilhões de bagos por um patrimônio que vale cinco... Será preciso que o senhor mesmo o convença, afinal o senhor é Mr. Bagáua, o orangotango das finanças.

Bagáua, que até esse momento estava de costas para a platéia, volta-se dando socos no peito, como um orangotango. É um europeu que morou na África por muitos anos.

LEONID Você é um modelo para os investidores do Sul.

BAGÁUA Três bilhões, nunca! Como se diz no Tropélia, [*Aponta o olho.*] este é irmão deste. Um patrimônio de cinco bi de bagos e os senhores estão devendo seis bi de bagos, portanto fale para seu irmãozinho que banco está valendo menos um bi-bago.

LEONID Meu irmão insiste nos três bilhões.

BAGÁUA Pistas do incompetência por todo lado! Balancetes mal maquiados, prejuízos mal simulados... Não me venham com maria-mole. Ou vender agora ou meu preço vai baixar.

Entra Dominic.

LEONID Mr. Bagáua, esta é Dominic, nossa linda estrategista de Recursos Humanos.

DOMINIC [*A Mr. Bagáua.*] Com licença. [*Puxa Leonid de lado. Em voz baixa.*] Sr. Léo, seu irmão Creonid não passa nada bem.

LEONID [*Não dá importância ao caso, em voz alta.*] Diga a Mr. Bagáua quantos funcionários nós demitimos só neste mês.

DOMINIC Cento e trinta e quatro, mas tomamos o cuidado de demitir dois de cada agência para que ninguém percebesse.

LEONID Ela também é um cérebro.

DOMINIC [*Sorri nervosa.*] Gostei do "também." [*Puxa Leonid novamente de lado.*] Ele está muito estranho, tem alucinações paranóicas com foices, martelos e cabritas.

LEONID Onde está o Créo?

DOMINIC No refeitório, embaixo da mesa, com uma faca e um repolho nas mãos.

LEONID Mr. Bagáua, uma real emergência... voltamos em um minuto... quer um cafezinho? [*Saem.*]

BAGÁUA Cafezinho, jeitinho, negocinho, é um país com tantos "inhos".

Surpreendido pela saída abrupta de Leonid, Mr. Bagáua abre a janela. São intensos os ruídos que vêm da praça. Ele sobe em uma cadeira e incita a multidão.

BAGÁUA Ei, vocês aí embaixo, não perturbem trânsito. Vão à luta, malandrinhos. [*Percebe que há alguém no topo do prédio.*] Ei, você aí em cima, quer pôr asinhas de fora? Tem minhocos no cabeça. Ahn? Pular ou não pular? Quer empurrãozinho? [*Diverte-se. À multidão.*] Ao trabalho, minha gente, ao trabalho.

Entra Creonid com uma faca e um repolho nas mãos. Bagáua o confunde com o irmão, Leonid.

BAGÁUA [*De costas para Creonid, ainda de pé na cadeira.*] Pronto, sr. Leonid? Fechamos: dois bi muito bem pago.

CREONID Quem é você? Um representante deles? Veio me ameaçar?

BAGÁUA Sr. Leonid, não acho engraçado.

CREONID Não se mexa! Então é o líder? Pois fique sabendo que ninguém me tira o que papai me deu.

BAGÁUA Calminha, sim?

CREONID Comunista de uma figa, esquartejador de bens!

BAGÁUA O senhor confundir baralhos com bugalhos.

Brande a faca.

CREONID [*Louco.*] Não tem negócio!

BAGÁUA Dinheiro não é tudo na vida. Sambinha, caipirinha. [*Grita.*] *Fucking sheet.* Eu só querer agenda positiva.

CREONID [*Começa a chorar.*] Papai, eu menti... Nunca fodi a cabritinha!

Entram Leonid e Dominic.

DOMINIC Veja! Eu não falei? [*A Créo.*] Calma, meu Minotauro, calma.

LEONID Mas o que é isso, Créo? [*Toma-lhe a faca e dá a Dominic.*] Desculpe, Mr. Bagáua.

CREONID Não entregamos nada, é o líder, a multidão lá fora, gritam coisas, incompreensíveis. Os miseráveis.

Leonid chacoalha o irmão e procura fazê-lo voltar a si.

LEONID [*Através dos chacoalhões, apresenta-se ao irmão e apresenta o irmão a si próprio.*] Léo, Créo, Créo, Léo.

DOMINIC Calma, Creozinho.

CREONID Então não querem tomar o banco?

BAGÁUA Incrível semelhança! Será mesmo verdade o que dizem? O que um sente o outro sente também?

LEONID Mas que bobagem, Mr. Bagáua. [*Dá um piparote na própria cabeça, indicando a tolice.*]

CREONID Ai.

LEONID Veja como ficou meu irmão com a idéia de passar adiante a herança de papai.

CREONID Mudei de idéia. Eu assino.

LEONID Você não está bem, lembra? Dois bilhões não pagam tanta tristeza.

BAGÁUA Os senhores vão aceitar ou não o proposta?

CREONID Sim.

LEONID [*Tenta encobrir a voz do irmão.*] Não!

BAGÁUA Vocês são tipos muito ambíguos. Fiquem com este banquinho de merda.

Entra a telefonista, muito agitada. Bagáua faz contas.

TELEFONISTA Desculpe, sr. Creonid, sr. Leonid. Não sei quem é quem. Mas lá no alto...

LEONID E CREONID [*Em coro.*] Não interrompa.

TELEFONISTA Tem um homem.

LEONID E CREONID Não perturbe.

DOMINIC Um homem de verdade.

LEONID E CREONID O quê?

DOMINIC Um homem de verdade.

LEONID E CREONID [*Categóricos.*] Isso não existe.

TELEFONISTA No alto do prédio, ameaçando se jogar.

DOMINIC Querida, a reunião é muito importante. Vem com a mamãezinha.

TELEFONISTA Mas alguém precisa fazer alguma coisa. Eu sou apenas a telefonista.

Saem Dominic e a Telefonista.

BAGÁUA Eu não perder mais tempo. Concordo pagar três bi bagos pelo banco. Mas com um condição: vocês vão pedir ao governo do Tropélia um injeção de capital para saldar os dívidas do empresa.

LEONID Mr. Bagáua, o governo não quer nem ouvir falar de nós.

CREONID Foram dez empréstimos em cinco anos.

LEONID E CREONID E não pagamos nenhum.

BAGÁUA Que hilariante! Não se trata do empréstimos, se trata do troca de favores. Eu apertar "doqui." Vocês apertar "doli." E o negócio sai. Vou consultar meus amigos banqueiros do Norte. Por enquanto passar bem.

Bagáua sai cantarolando.

BAGÁUA "Vi um jangada no mar, ia por lá e por cá..."

LEONID Creonid, para que o leite espirre, é preciso saber manusear.

CREONID Léozinho, diga, você também possuía a cabritinha, não possuía?

LEONID Esqueça o passado, esqueça o passado.

CREONID Oh, memória tépida e úmida. [*Subitamente vê algo pela janela.*] Ei, Léo, o que é aquilo? Veja, tem uma pessoa subindo, parece uma mulher... uma revolucionária na escada de incêndio! Socorro, Léo.

LEONID O que aquela louca está fazendo lá? Ah, veja, os nossos seguranças já a pegaram. Veja, Dominic está com eles. Será que eu também estou tendo alucinações?

10. Dominic entra no banco para desvendar "o eu no outro"

Entram Dominic e Liu-Liu.

DOMINIC Ah, que incrível coincidência, sra. Liu-Liu. Sabe, eu sou uma verdadeira devoradora de seus livros. Acabei de ler o último: *Os portais do semelhante...*

LIU-LIU *Desvendando o eu no outro.*

DOMINIC É uma honra ter a Missão Filantrópica entre nós. Aí vêm os gêmeos.

Entram Leonid e Creonid.

LEONID Quem é essa mulher?

CREONID É uma bolchevique.

DOMINIC Foi um engano de nossa segurança. Esta é a sra. Liu-Liu, a maior humanista do nosso tempo.

CREONID Humanista?

LEONID Parece interessante. Encantado.

LIU-LIU Eu deveria ter usado o elevador, mas achei que pela escada de incêndio eu teria menos explicações a dar. O fato é que eu preciso urgentemente chegar ao topo do edifício para que aquele homem me conte sua história. Quando contamos a nossa própria história a outra pessoa, percebemos que não somos apenas vítimas de circunstâncias caóticas...

LEONID E CREONID [*Em coro.*] De que homem ela está falando?

DOMINIC Eu ia mesmo lhes dizer. Tem um homem no topo do prédio, e ele quer se matar.

LEONID Quem é esse homem?

CREONID Quem é o sujeito?

DOMINIC O nome dele é Núlio, e é um ex-funcionário nosso.

LEONID Se é um ex-funcionário, o que está fazendo aqui?

DOMINIC Nas demissões de março, ele foi para a rua. E ao sair fez um estranho pedido.

LEONID E o que ele pediu, o que ele pediu?

CREONID E o que ele quis, o que ele quis?

DOMINIC Pediu para continuar a usar o banheiro dos funcionários. Mesmo depois de demitido, ele só conseguia fazer suas necessidades fisiológicas no vaso sanitário de nossa empresa. Então, todas as manhãs ele voltava até nós com seu jornal debaixo do braço, entrava no reservado, ficava ali por meia hora, e depois saía, ao certo mais leve do que entrou.

LIU-LIU Interessante, uma fixação psíquica. Será que deixou alguma mensagem nas paredes enquanto expelia?

LEONID Tem quanto tempo que esse homem foi demitido?

DOMINIC Oito meses.

LEONID E ele usou o nosso papel higiênico por oito meses?

LEONID E CREONID [*Em coro.*] Isso vai ser descontado do seu salário.

11. No banheiro da Léo & Créo & Companhia, Liu-Liu procura um homem

Uma atriz entra em cena e desenrola uma faixa onde se lê o título da cena. A cena se passa num banheiro com vários reservados. Entra um empregado do escritório aflito para usar o vaso sanitário.

LUISÃO Ah, meu Deus, me acode. Cadê o papel higiênico? [*Abre a porta do reservado da direita e observa o vaso.*] Não. [*Abre a porta do reservado do meio e faz a mesma coisa.*] Também não. [*Vai ao reservado da esquerda. Encontra o papel higiênico. Arria as calças e senta-se na privada.*] Huuughh. Huuuughh. Sai, maldito. Entalou, parece que vai estourar.

MANUEL, O AGIOTA [*Entra no banheiro à procura do colega.*] Ó, Luisão, hoje você não vai fugir. É dia de pagamento e eu vim receber. [*Abre a porta do reservado da direita.*] Ó, Luisão, ou me paga ou todos vão saber o quanto me deve. [*Abre a porta do reservado do meio.*] Luisão, eu sei que você está aí. [*Tenta abrir a porta do reservado da esquerda. Está trancada.*]

LUISÃO Não estou, não.

MANUEL, O AGIOTA Ah, te peguei, cagão.

LUISÃO Eu vou demorar, ainda não finalizei o serviço.

Manuel sobe na privada do centro e observa o colega por sobre o reservado.

LUISÃO Sai daí! Não está vendo que isso aqui é um momento íntimo? Vira para lá. [*Para si.*] Detesto fazer as coisas pela metade.

MANUEL, O AGIOTA Você está me devendo há meses, e de hoje não me escapa.

LUISÃO [*Sai do reservado para lavar as mãos.*] Papel higiênico de quinta. Até nisso eles economizam. Lixa vinte isso aí.

MANUEL, O AGIOTA [*Olha o vaso antes ocupado pelo colega.*] Você comeu cachorro podre? Além de não me pagar, você tem uma bosta de merda. Como fede.

LUISÃO Você por acaso caga rosas e peida alfazema?

MANUEL, O AGIOTA Eu quero meu dinheiro, meu dinheiro.

LUISÃO Manuel, eu não tenho condição, minha mulher está desempregada. Vamos negociar isso aí.

MANUEL, O AGIOTA Já parcelei e reparcelei. Não tem negócio.

LUISÃO Já estamos com um "x" nas costas. Você viu no holerite o PAF? Plano de Ascensão Financeira. Sabe o que é isso?

MANUEL, O AGIOTA Se não me pagar é paf na sua cara.

LUISÃO Mês que vem, mês que vem. [*Saem..*]

À porta do mesmo banheiro, aproximam-se Dominic e Liu-Liu.

DOMINIC É o banheiro em que Núlio vinha meditar, todas as manhãs.

LIU-LIU O que será que pensou nosso homem quando atravessou esta porta? Precisamos entrar.

DOMINIC Mas, sra. Liu-Liu, é o banheiro masculino.

LIU-LIU É importante recolher todos os elementos de uma atitude tão enigmática. Vamos, abra.

DOMINIC [*Tensa e interessada.*] E se os rapazes estiverem urinando?

LIU-LIU Não nos fará mal se olharmos dois ou três membros adormecidos.

DOMINIC Desde que a encontrei na escada de incêndio, a senhora tem me submetido a tantos desafios. Obrigada. [*Certifica-se de que o banheiro está vazio, mas grita por via das dúvidas.*] Ei, rapazes, dona Dominic está aqui e precisa entrar. [*A Liu-Liu.*] Acho que está vazio. Muito bem, não respondem? Dona Dominic entrando. [*Entra e sente o mau cheiro.*] Acho que o pessoal da limpeza ainda não passou por aqui.

LIU-LIU O que sentia nosso homem quando percorreu este trajeto? Teria urgência em pôr para fora aquilo que o oprimia por dentro? Estaria enfezado? Em que vaso terá sido? Neste? [*Vai abrindo as portas.*]

Ou neste? [*Tem um* insight.] Naturalmente foi no cantinho, que é mais protegido. Veja, as fezes dele ainda estão boiando! [*Saca do bolso uma varinha telescópica com que manipula os dejetos.*] Pela consistência e diâmetro, era um sujeito de momentos desiguais. Embora dilacerado por fora, tinha fibra por dentro. [*Ao público.*] Quantos mistérios habitam nossas entranhas.

Dominic vomita.

LIU-LIU [*Sai para lavar as mãos.*] Dona Dominic, o que a senhora serve no café-da-manhã dos funcionários?

DOMINIC [*Enquanto tira um resíduo alimentar da boca.*] Queijo...

LIU-LIU A senhora está pálida.

DOMINIC Não foi nada, é que tudo isso é muito novo para mim.

Entra Jeremias, o gerente, muito preocupado.

JEREMIAS Dona Dominic...

DOMINIC O que o senhor está fazendo aqui? Já mandou cercar a área, já chamou os bombeiros? Já atingiu a sua meta?

LIU-LIU [*Que acaba de ler algo escrito na parede do banheiro.*] Dona Dominic, o que significa a palavra "bucétuda"?

JEREMIAS O sujeito vai se matar, mas a culpa não é minha.

DOMINIC Este é Jeremias, o gerente.

JEREMIAS Foi a senhora quem me mandou demitir o coitado.

DOMINIC Não seja idiota. Tudo isso faz parte de uma conjuntura maior e mais complexa. São leis insondáveis da economia. Não tente entender o que não pode.

JEREMIAS Eu sou aquele que foi obrigado a dizer: "Núlio, você está despedido". Por quê? Por quê? Por quê? [*Chora.*]

LIU-LIU Dona Dominic, com licença, nós precisamos chegar com urgência ao topo...

DOMINIC Um momento. Rapaz, enxugue essas lágrimas, vamos. Você sabe o que Zeus disse a Hércules no Monte Olimpo? Um gerente nunca pergunta por quê, só pergunta quando. [*A Liu-Liu.*] Vamos.

LIU-LIU [*A Jeremias.*] Tome um copo d'água com açúcar, irá melhorar. É receita de um pajé amigo meu.

Saem. Jeremias chora. Entram Luisão e Manuel, o agiota.

LUISÃO Ô Manuel, empresta mais um pouquinho, no mês que vem eu te pago.

MANUEL, O AGIOTA Enquanto não me pagar o antigo, não tem empréstimo novo.

JEREMIAS Por quê? Por quê?

LUISÃO [*Percebe o sofrimento do gerente.*] Seu Jeremias, o que é isso? Nós gostamos do senhor.

MANUEL, O AGIOTA Se for dinheiro, não se acanhe, juros baixos.

JEREMIAS Não é dinheiro. [*Chora.*]

LUISÃO Seu Jeremias, não fica assim. Olha aqui neste espelho. O senhor é Jeremias, o gerente. Está chorando por quê?

JEREMIAS Um homem.

MANUEL, O AGIOTA (!!!)

JEREMIAS E ele não é mais um homem.

MANUEL, O AGIOTA (!!?)

LUISÃO Como assim?

JEREMIAS Eu também não sou mais um homem.

MANUEL, O AGIOTA (???)

LUISÃO Ô, seu Jeremias, isso pode acontecer com qualquer um.

JEREMIAS O Núlio, lembram-se dele?

LUISÃO Ah, é só isso?

MANUEL, O AGIOTA Não vai se jogar nunca lá de cima, não tem coragem.

JEREMIAS Nós podemos pedir aos irmãos Créo e Léo que o aceitem de volta. Vamos formar um comitê de solidariedade. Vocês me ajudam?

MANUEL, O AGIOTA [*Irônico.*] Claro, claro.

LUISÃO E MANUEL O senhor é Jeremias, o gerente. Vai na frente, que nós estamos atrás. [*Saem.*]

JEREMIAS Eu só queria subir e dizer ao Núlio um antigo ditado: "O que é um peido para quem já está cagado?."

12. No escritório da presidência, a descoberta do futurismo. Leonid discursa às massas

Leonid e Creonid fazem alongamento, Dominic os auxilia. Creonid se levanta, abre a janela e observa a gritaria na praça. Ouvem-se os rumores vindo da rua.

LEONID [*Pensa em voz alta.*] Temos de arranjar uma maneira de pressionar o governo, de ordenhar a vaca do Estado, de apertar os úberes públicos até que jorre o jato cremoso de capital que nos permita honrar as dívidas.

CREONID São milhares, Léo, tem miseráveis a perder de vista.

LEONID Fecha essa janela, Créo.

Creonid fecha a janela.

LEONID Nós tentamos ser honestos, eles é que não deixam. Encargos sociais, impostos em cascata, tri-tributação! O que eles querem, que aceitemos isso passivamente? Nós temos brio. Haja honestidade numa situação dessas.

CREONID Você não tem medo? Nós podemos ser linchados. [*Abre a janela. Os rumores continuam.*]

LEONID Fecha essa janela, Créo.

Creonid obedece.

LEONID Abra essa janela, Créo. Eu tive uma idéia, sejamos vanguardistas, sejamos futuristas. Vamos usar a situação em nosso favor.

Leonid abre a janela.

LEONID [*Grita ao povo da praça.*] Ei, vocês, aí embaixo, aqui. [*Tenta parecer um líder popular.*] Companheiros, vocês sabem por que estão na miséria? Sabem por que aquele pobre coitado está querendo se matar? É tudo culpa do governo. É o governo que não libera empréstimos para que nós possamos dar empregos a vocês. [*A Créo, que o puxa.*] Me deixa, me deixa que eu estou inspirado. [*Ao povo.*] Tem mais: vocês têm que xingar, protestar e se revoltar para que o governo ajude homens ricos e honestos como eu a ajudar vocês.

CORO Fim do primeiro ato.

O momento do intervalo

ATRIZ-TÉCNICA [*Ao público.*] Senhoras e senhores, este seria o momento do intervalo. Quem estiver desesperado que vá, beba sua água, e ponha para fora aquela outra que foi água outrora, agora tão quentinha e salobra... [*É interrompida por um ator, que lhe diz algo ao ouvido.*] Senhoras e senhores, o ator que representa Núlio, o suicida, deseja dar um depoimento. [*Sai e retorna com uma placa onde se lê "Intervalo."*][1]

ATOR QUE REPRESENTA NÚLIO Dentro de instantes, os senhores me verão representar Núlio, o suicida. Como estudo para uma personagem tão triste, pensei em minha própria situação e compus os seguintes versos. Permitam-me declamá-los.

1. Na montagem da Companhia do Latão a frase final era: "Senhoras e senhores, o ator Ney Piacentini deseja dar um depoimento".

Sou um ator de teatro.
Apesar do amor ao ofício
As contas de casa não pago com isso.
Tenho saudades do dia
Em que era um ator-mercadoria.
Fazia anúncios, vinhetas, reclames
Vendia carros, viagens, salames
E tudo fazia sentido
Porque meu cabelo não tinha caído.
Pensei mesmo que a vida era bela
Quando fiz um garçom numa telenovela.
Alguém aí tem outro emprego
Que volte a me dar sossego?
No mundo da mercadoria
Coisa má é não ser mercadoria.
Obrigado. [*Curva-se para agradecer os aplausos.*]
Voltemos à peça.

13. No refeitório da Léo & Créo & Companhia, Jeremias, o gerente, pergunta por quê?[2]

Num salão de refeitório, enquanto comem e manipulam os talheres.

JEREMIAS [*Ainda inconsolável.*] Por quê?

MANUEL, O AGIOTA Jeremias, eu não quero sair da Léo & Créo, ela é minha terceira mãe, depois de minha mãe de leite e de uma tia que me criou.

JEREMIAS Por quê?

2. Este título era originalmente narrado pelos atores.

Empregos

MANUEL, O AGIOTA O sujeito quer se matar, a decisão é dele. Morrer é uma coisa que se faz sozinho. Esquece esse negócio de comissão de solidariedade.

JEREMIAS Por quê?

COLEGA Seu Jeremias, o senhor troca a sua gelatina vermelha pela minha verde?

JEREMIAS Por quê?

MANUEL, O AGIOTA Jeremias, desde que você caiu no mundo ele já era assim. Jacaré já engolia rã. Galinha já virava canja. Se você procurar bem, até na Pré-história existiam civilizações capitalistas.

JEREMIAS Por quê? Por quê? Por quê?

MANUEL, O AGIOTA Quer saber por quê, Jeremias?

CORO DE FUNCIONÁRIOS "Um gerente nunca pergunta por quê, só pergunta quando."

JEREMIAS Mas eu preciso saber por que as coisas são como são, e não são outras diferentes dessas que são.

14. Jeremias pergunta por quê e atira a primeira pedra

Na praça pública, vemos coros que representam a multidão de desempregados.

CORO DOS QUE PARAM PARA VER Pula, pula, pula.
Não pula, não pula.
Não, não, não...

NARRADOR Nas ruas de Tropélia, uma multidão de desempregados se acotovela para ver um homem.

PASSANTE Estamos aqui olhando para o alto, à espera de que aquele homem tome sua decisão e se esborrache no meio da praça. Afinal, isso é melhor do que ver a vida parada.

MENDIGA BÊBADA [*A mesma da cena dos mendigos e pedintes.*] Eu não estou revoltada. Nunca senti revolta. Não sinto revolta nenhuma porque consigo segurar a cabeça. Eu estou apenas preocupada com a situação geral. É isso, preocupada.

PEDINTES Sai daí, piolho.

MENDIGA BÊBADA [*Grita.*] Não tem união. Assim não chega a paz e prosperidade.

ALGUÉM Ei, vocês, mendigos e pedintes, tem mais de quinhentas pessoas na praça. E do alto de um prédio tem um banqueiro gritando que vai ajudar todos nós, que é só xingar um pouco que vai chover dinheiro do céu!

MENDIGOS E PEDINTES Dinheiro! Vamos.

MENDIGA BÊBADA Eu não disse que a solução tinha que vir de cima?

Todos correm. É uma cena coreográfica.

ALGUÉM Ei, vocês quinhentos desempregados, parece que os irmãos duas caras ficaram com remorso. Eles estão na janela dizendo que vão sortear dez empregos. Tem mais de mil pessoas na praça.

CORO DE DESEMPREGADOS Cem urubus para cada carniça. Vamos.

Nova corrida. Suspensão. O coro olha para o vazio.

CORO DE DESEMPREGADOS Tem mesmo gente a perder de vista.

DESEMPREGADO Eu nunca vou conseguir esse emprego.

CORO DOS QUE PARAM PARA VER Pula, pula, pula
Não pula, não pula, não pula
Não, não, não...

GIULIANA, A ITALIANA [*Destaca-se do coro, com sotaque.*] O meu marido, eu liguei para ele e disse: "Antenor, vem para cá que está uma beleza, tanta gente, o pessoal do bairro, do sindicato". Aí ele disse: "Sai da confusão, sua burra!". Aí eu respondi: "Burro é você, Antenor, que não tira a bunda do sofá. O importante é participar". Mas depois que eu agredi, fiquei com dó. [*Volta para o coro.*]

JEREMIAS [*Destaca-se do coro.*] Desce daí, Núlio, desce!

VENDEDORA DE SUCO [*Destaca-se do coro. Fala de modo acelerado.*] Vocês querem saber a minha opinião? A minha opinião é que se todo mundo é igual, todo mundo tinha que ganhar a mesma coisa. Estou certa ou estou errada? Só na força acabava a vez dos ricos e começava a vez dos pobres, de quem não tem direito ao trabalho, de quem não tem direito ao direito. Se estiver errada, me corrijam.

A gritaria na praça se intensifica.

JEREMIAS [*Para o alto.*] Ei, Núlio, volta para casa, rapaz. Aqui embaixo ninguém te escuta. Eu não tenho culpa, ouviu. Ninguém tem culpa, são motivos maiores, são as leis do mercado.

PRIMEIRO MANIFESTANTE [*A um grupo.*] Só na violência a coisa vai. Tinha que ter um banho de sangue. Matava uns 20%, mas os 80% que sobravam iam viver melhor, é isso que eu penso.

JEREMIAS Ei, Núlio, viu o que você fez? Essa gente está perdendo a cabeça, desce daí.

SEGUNDO MANIFESTANTE Jeremias, vai para casa que você não sabe da missa a metade.

TERCEIRO MANIFESTANTE [*Fora de si.*] Me segura, me segura senão eu vou lá e faço um estrago. Eles estão pensando o quê? Que eu tenho sangue de barata? Eu não tenho não, eles vão me ouvir.

JEREMIAS [*De longe, cada vez mais perturbado.*] Ei, protesto sim, mas sem baderna. Os ricos... são ricos... porque ficaram ricos.

PRIMEIRO MANIFESTANTE A vida não é uma baba de moça, Jeremias: para se fazer um rico tem que se fazer mil pobres.

SEGUNDO MANIFESTANTE Sabe o que mais? Por que ninguém mexe com os bancos? Por quê? O lucro dos bancos é uma brutalidade, um crime, um assassinato.

JEREMIAS [*Em meio à gritaria.*] E se eles estiverem com razão? [*Tem um estalo na cabeça.*] Então por que alguém não faz alguma coisa?

Jeremias pega uma pedra e atira na vidraça da Léo & Créo & Companhia.

CORO DE MANIFESTANTES Como você é burro, Jeremias, atirar uma pedra num banco. Agora a polícia vem aí e nós não estamos organizados.

15. O pesadelo de Creonid

No escritório de Creonid.

LEONID Creonid, presta atenção: está tudo sob controle e tu estás proibido de olhar por essas janelas. Calmante.

CREONID Você sabe que eu só me trato com homeopatia.

LEONID Calmante.

Creonid abre a boca e engole o calmante lançado pelo irmão. Leonid sai.

CREONID [*Para si.*] Eles estão chegando, eu ouvi a gritaria, o ataque vai começar. O que fazer? Tive uma idéia, vou dormir um pouco. Eles terão piedade de um homem inconsciente. Epa, meus olhos não querem fechar. Uma revolução social? Isso não é mais possível. Preciso repousar, durma, Creozinho, durma. Rrrrr. Rrrrr...

Surgem três ninfas como aparições do sonho anticomunista de Creonid. Ao fundo, através de um microfone, um narrador expressa o subconsciente de Creonid: "É tudo vermelho, tudo vermelho. Vão invadir minha casa, dormir na minha piscina." Uma das ninfas traz um martelo e uma máscara de solda. Outra traz a foice e um chapéu camponês.

NINFA-MARTELADORA Tu passaste anos de tua vida espremendo o tempo dos trabalhadores, sugando a juventude das secretárias, azedando a alegria dos *office boys*.

CORO DAS NINFAS Sanguinário criminoso, para quem nunca existiu o sofrimento alheio.

NINFA-CEIFADORA Aprendeste a diluir o sangue nos papéis da bolsa, a disfarçar teus crimes nas loterias financeiras.

CORO DAS NINFAS Sanguinário criminoso, para quem nunca existiu o sofrimento alheio.

NINFA-ANUNCIADORA Ouve, Creonid, este é um sonho de conforto. Tu, escravo da circulação dos capitais, recebe estas palavras de júbilo.

CORO DAS NINFAS O novo tempo não será de vingança, mas de libertação. Longe de te querer mal, a revolução quer te livrar do trabalho nojento de superexplorar e superconsumir que pesa sobre ti desde que nasceste. Dorme, Creonid, e que seja venturoso o teu despertar.

Ele acorda sobressaltado.

CREONID Ó sonho terrível. Meu corpo treme como uma gelatina. Eles querem dominar meu inconsciente. Fora fantasmas esquerdistas, espectros comunistas, fora. Aaaaah!

Entra Dominic. Creonid agarra-a pelos braços.

CREONID Dominic... Você não acredita que quando um homem conquista alguma coisa, isso é dele eternamente e ele pode querer mais e mais?

DOMINIC [*Eroticamente comovida, suspira.*] Acredito.

Entra Leonid e a agarra pelos braços.

LEONID Dona Dominic, a senhora ouviu a baderna lá na praça? Pois agora a seiva do Estado vai voltar para a minha boca, e eu vou sorver, suchar, sugar...

DOMINIC [*Ainda em comoção libidinal.*] Suga, suga...

CREONID Dona Dominic, você não acha que a propriedade é sagrada? Que se um homem tem vontade, ele pode possuir com fúria, possuir com violência, possuir pelo prazer de possuir?

DOMINIC [*Em êxtase místico.*] Possui, possui...

LEONID Dona Dominic, eu vou ligar para aquele governador e dizer quem é que está por cima e quem é que está por baixo. Por cima, por baixo...

CREONID [*Num grito de desabafo.*] Eu quero superconsumir, eu quero superexplorar!

LEONID Essa é a minha natureza!

CREONID Esses fantasmas não vão me atormentar mais!

LEONID Eu sou mais forte do que eles!

Dominic oscila como um pêndulo apaixonado, entre um e outro.

LEONID E CREONID Ahhhhhh! [*Saem.*]

DOMINIC De rosto e corpo são tão iguais.
De gênio e jeito diferem demais.
Ó Créo, meu mel, me ergue ao céu.
Ó Léo, meu limão, me joga no chão.
Ó vida, tão sofrida
Que me deu só um coração
[*Num lamento profundo.*]
E uma só... perseguida.

16. Preocupado com o caos social, o governo de Tropélia dá uma mãozinha aos banqueiros e alivia as tensões do sistema financeiro

Num salão do palácio do governo de Tropélia. Bagáua e o Governador estão em uma reunião tensa.

BAGÁUA Sr. Governador, fazer os pazes com Leonid e Creonid. Por que neste província todos são tão sentimentais? E por que tantos animais exóticos soltos neste sala? [*Chuta um chipanzé.*.] Sr. Governador, um governante não pode se isolar tanto. Liga para seus amigos Leonid e Creonid, e concorda com empréstimo. É hora de o governo de Tropélia e o empresariado nacional se unirem. União, união! Compreende?

GOVERNADOR Mas o senhor garante os fundos?

BAGÁUA Não esquentar o coco. Você não pensava tanto em dinheiro.

GOVERNADOR É que me sinto às vezes como um Atlas, suportando o peso do mundo.

BAGÁUA Ombrinhos cansados. Eu faço massagem, deita.

GOVERNADOR Mais para cima, mais para cima.

BAGÁUA Calminha, precisa deslocar tensões, para relaxar em cima, contrai em baixo.

GOVERNADOR Aaaai! Incrível como a pressão correta pode mudar um homem.

BAGÁUA Agora liga para gêmeos.

Governador aperta a tecla do telefone. Aparece no palco a telefonista da Léo & Créo. A cena agora mostra simultaneamente os dois espaços: o salão do palácio e as dependências do banco dos gêmeos.

TELEFONISTA Léo & Créo & Companhia, bom dia! Como? O Governador? É o Governador mesmo, em carne e osso? E eu sou apenas a telefonista. Sim, o sr. Leonid está. Um instante, por favor.

No escritório de Leonid.

LEONID Baderna, insatisfação, caos social. Ou o governo libera seus fundos, ou vai ter que encarar o populacho de frente.

DOMINIC [*Descreve a situação externa.*] Estão forçando a porta dos fundos, mas quanto à porta da frente... bem, precisamos de um vidraceiro. A polícia já está a caminho. O senhor acredita que Jeremias, o gerente, está lá no meio da praça gritando como um louco e batendo as mãos na cabeça: "Por quê? Por quê? Por quê?." [*Toma Léo por Créo.*] Não tenha medo, Creozinho, mamãezinha está aqui. Creozinho, ouça, minha vida tem sido um dilema interminável, eterno conflito dos desejos, mas Creozinho...

LEONID Dona Dominic, eu não sou...

DOMINIC Creozinho, eu sei que estás encabulado, mas agora, eu me decidi, entre Ártemis e Afrodite serei Hera, e as duas metades da minha rubra janela serão tuas, tuas, meu Zeuzinho. Agora sou eu quem gerencia o meu coração! E para o seu irmão, serei Circe, a feiticeira. Nunca mais o porco do Leonid irá espojar o seu toicinho no meu ócio criativo.

O telefone toca.

LEONID Toicinho? [*Aperta a tecla do aparelho.*] Leonid falando.

TELEFONISTA E DOMINIC Sr. Leonid?

LEONID Eu mesmo.

Dominic sai, confusa.

TELEFONISTA É do gabinete do Governador.

GOVERNADOR Leozinho, quanto tempo.

LEONID Como vai, "Gov"? Não é todo dia que escutamos aquilo que gostamos, mas a sua voz já me reconforta. Ouviu falar dos probleminhas aqui na praça? Então, o capital sai ou não sai?

GOVERNADOR Os problemas são meus amigos, Léo, e o meu ofício é estar bem com eles. Aprendi a rir da vida como uma virgem, quando um bruto lhe coça os pés.

LEONID Perdoe minha falta de estilo, ó virgem tropelina, mas o capital sai ou não sai?

BAGÁUA [*Senta em cima dele e continua a massagem.*] Deitadinho. [*Fazendo-se ouvir ao telefone.*] Beijocas para os gêmeos.

LEONID [*Surpreende-se do outro lado da linha. Tapa o fone com a mão.*] Mr. Bagáua.

BAGÁUA Querido Leonid, uma boa nova, o governo de Tropélia vai injetar seis bilhões de bagos no teu banco.

GOVERNADOR Mas eu ainda não tenho o dinheiro em caixa.

BAGÁUA [*Ao governador, referindo-se à massagem.*] Baixa a cabeça.

LEONID Baixo com humildade.

BAGÁUA Tive uma conversa com amigos banqueiros do Norte e decidiram emprestar vinte bilhões de bagos ao querido "Gov" a serem pagos com juros delicadinhos a perder de vista.

GOVERNADOR Vinte bilhões, vinte bilhões.

BAGÁUA Para gasto no social.

GOVERNADOR Uma grande festa no Teatro Municipal.

BAGÁUA Leozinho, assim aceito o acordo: pago três bilhões de bagos por sua massa falida, mas lembra, isso como um favor a você e a esse seu irmão lunático.

TELEFONISTA [*Ao público.*] Eu não devia ter escutado essa conversa. Estou me sentindo mal, acho que este emprego está começando a afetar os meus nervos. Vou para casa assistir televisão. Espero que ninguém sinta a minha falta.

17. Nas ruas de Tropélia, a Telefonista grita no meio da multidão

Ela corre pela praça até ser barrada por uma multidão.

TELEFONISTA Ei, me deixem passar, eu não tenho nada com isso. [*Vê Jeremias.*] Seu Jeremias, não grite desse jeito, pode ser perigoso. Cuidado, seu Jeremias, a polícia está chegando.

Ouve-se um longo apito de comando militar. Um pelotão se forma, de costas para o público.

18. No quartel, a tropa de choque se prepara para o ataque

NARRADOR No quartel, a tropa de choque se prepara para o ataque.

COMANDANTE Lembrem-se, os que estão naquela praça são cidadãos, pagam seus impostos, têm o direito de protestar. Compreenderam?

CORO DOS POLICIAIS Sim, senhor.

COMANDANTE Lembrem-se, somos uma corporação em defesa dos direitos humanos. Compreenderam?

CORO DOS POLICIAIS Sim, senhor.

COMANDANTE Lembrem-se, não agir isoladamente. Nossa força está na união, união. Compreenderam?

CORO DE POLICIAIS Sim, senhor.

COMANDANTE Muito bem. Agora peguem suas bombas de efeito moral e boa sorte.

19. Na praça convulsionada, a polícia dispersa a multidão com bombas de efeito moral

Novo apito de comando. O pelotão volta-se para o público e caminha agrupado, ombro a ombro, em formação de choque.

POLICIAL 1 A ordem é não reagir. Vamos manter a formação.
POLICIAL 2 Acertaram um côco na cabeça do tenente Gélson.
POLICIAL 3 Agora jogaram um ovo no cabo Nilson.
CORO DE POLICIAIS Quer saber, mexeu com autoridade, vai correr.

As próximas cenas correspondem a fragmentos do tumulto geral que ocorre na praça.

A.

VENDEDORA DE SUCO [*Diante de um espancamento.*] Solte ele. Não bate nele não, que ele é trabalhador... quer dizer, está desempregado mas é trabalhador. Não faça isso, seu brucutu. Se quiser bater em alguém, vem bater em mim, se tu é homem... [*Foge diante do movimento do policial.*]

B.

MANIFESTANTE [*Sendo estrangulado pelo cassetete do policial.*] Vocês são um exemplo para a nação. A polícia está unida, mas a população não. Até o uniforme de vocês é limpinho, passadinho...
POLICIAL 4 Pensa que eu faço o que quero? Eu cumpro ordens. Você acha que eu tenho prazer nisso?

C.

LADINO [*A Plácido.*] Eles, para mim, são problema deles.

D.

POLICIAL 1 [*Desabafa enquanto chuta um manifestante caído no chão.*] Sabe quanto eu ganho para trabalhar na polícia? Sabe quantos empregos eu tenho fora daqui? Sabe o que é fazer bico de segurança em porta de bacana? Só por isso eu vou me revoltar? Só por isso eu vou protestar? Eu só estou fazendo meu trabalho.

E.

MALUCO-BELEZA [*Em frente a um pelotão da tropa de choque, dirige-se ao público.*] Amigo, a situação é maravilhosíssima. É astral, é estrela. É dialogável! Espera aí. [*Dirige-se a um policial e grita na sua cara.*] Liberdade! [*Volta-se para o público, ri e faz um gesto de que preste atenção na seqüência da cena. Aproxima-se de novo do policial e grita.*] Viva o amor! [*É golpeado na cabeça pelo policial.*]

F.

POLICIAL 1 Circulando, circulando.

JEREMIAS Por quê? Por que você bate naqueles que não têm nada como você? Por que você defende uma propriedade que não é sua?

POLICIAL 1 Você é desempregado?

JEREMIAS Por quê?

POLICIAL 1 Você é estudante?

JEREMIAS Por quê?

POLICIAL 1 Você é autoridade?

JEREMIAS Por quê?

POLICIAL 1 Então você é um infiltrado, e não tem o direito de protestar.

JEREMIAS Eu sou Jeremias, o gerente. Por quê?

Jeremias é agredido. A confusão se intensifica.

G.

TELEFONISTA Dá licença, eu preciso ir para casa. Só quero regar minhas plantas e dar comida para a minha tartaruga. Com licença, eu sou apenas a telefonista.

Um policial é acuado por um grupo de manifestantes.

H.

POLICIAL [*Em pânico.*] Afastando, não chega perto. [*Saca a arma.*] Eu vou atirar, eu vou atirar.

Dá três tiros.

I.

TELEFONISTA [*Levando a mão à testa para se certificar de que foi alvejada. Vê sangue nos dedos. Narra ao público.*]

Na tarde em que foi abatida
A telefonista teve muita sorte.
Das três balas perdidas
Uma só causou a morte.
Tu tu tu tudo quanto é gente estranha
Quer saber, quer saber
O ramal correto e nunca
Fica quieto aqui, quieto aqui.
E quando ninguém atende
Ou eu transfiro errado
Logo eles ligam de novo
Gritam, xingam, bradam.
"Senhor não posso ajudá-lo
Sou apenas a telefonista.
Então queira me desculpar
Me desculpar."
Tu tu tu tu tu.

20. À beira do abismo, Núlio descobre quanto custa não morrer

NARRADOR E eis que, finalmente, no alto do prédio, o vento sopra nas orelhas de Núlio.

No alto de uma das torres da Léo & Créo, no parapeito, em situação de risco de queda, o ex-funcionário Núlio percebe a aproximação de um helicóptero.

NÚLIO O helicóptero da televisão! Ei!

Ele acena ao helicóptero. Liu-Liu surge por trás e se aproxima de Núlio pelo parapeito.

LIU-LIU Calma, eu vim ajudá-lo. Eu só quero conversar com o senhor. Vou ficar aqui, parada, e o senhor fala quando quiser. Sr. Núlio, o senhor tem em mim uma amiga. Vê aquele pássaro, é uma rolinha. Vê como voa ao sabor do vento, indiferente ao tumulto lá embaixo? E à nossa volta, sr. Núlio, quantos escritórios, homens trabalhando, produzindo riqueza. E lá no alto, a antena da televisão, vê? Levando a verdade a milhões de casas e corações. A vida me emociona. Eu vim aqui para dizer que tudo isso tem um sentido, sr. Núlio. O senhor já parou para pensar nisso? Já parou para pensar no sentido da vida? Me responda, qual o sentido da vida?

NÚLIO O sentido da vida?

O ator que representa Núlio anuncia a canção.

Eu não sabia que a vida tem um sentido
Inevitável, perpétuo, inflexível
Para baixo, para baixo, para baixo,
Para baixo, para baixo, para baixo,

Para baixo, para baixo, para baixo.
[*Narrado.*] Pensei na morte então como um alívio
Porque para baixo de sete palmos de terra
Meu corpo não desceria.
Mas logo vi o patrão feito um diabo
Gritar meu nome e apontar o itinerário.
Para baixo, para baixo, para baixo,
Para baixo, para baixo, para baixo.
No oitavo mês de desemprego
Núlio poderia ter dito
Que andando pelas praças
Ouviu muitas histórias, de vidas começadas na esperança
Quando os homens ainda têm bons estômagos
E as mulheres não ensaboam os cabelos nas águas da sarjeta
Poderia ter dito que viu abrir-se à sua frente um abismo profundo e imenso
E viu a si próprio
Agarrado às paredes escorregadias
Dobrando os dedos para que as unhas não quebrassem.
E percebeu que todos os dias
Fez tudo o que diziam ser certo
Até a exaustão.
Talvez tenha sido este o seu engano:
Pensar que sofria sozinho
Que o trouxe tão baixo no fundo do abismo.
Núlio poderia ter dito, mas não disse.

LIU-LIU Você tem uma resposta?

NÚLIO Eu quero ir embora.

LIU-LIU Não! O senhor precisa encarar seus problemas de frente. [*Ela tenta agarrá-lo, ele se vira para evitar o movimento e ela cai da beirada do prédio. Núlio consegue segurá-la pelos braços. Neste momento,*

com Liu-Liu dependurada sobre o abismo, entra Dominic, que também se equilibra sobre o parapeito.]

LIU-LIU Socorro, me ajude.

DOMINIC O que você está fazendo, seu monstro suicida. Você vai matá-la.

NÚLIO Não... Estou tentando ajudá...[*Ele solta um dos braços de Liu-Liu.*]

LIU-LIU Aaaai! [*Ele agarra de novo.*]

NÚLIO Segura no meu pescoço, dona. [*Ergue Liu-Liu de volta ao parapeito.*]

DOMINIC A senhora está bem? O que ele fez com a senhora?

NÚLIO Eu?

LIU-LIU Eu estou viva. Eu quase caí, eu quase morri.

NÚLIO Eu não fiz nada.

DOMINIC Tipos como você nunca assumem nada. Ainda bem que não perdi o sono por ter demitido centenas de vocês.

NÚLIO Então foi a senhora a contratada para nos demitir?

LIU-LIU O senhor salvou a minha vida. Minha.

DOMINIC Com licença, seu inútil. [*Ela passa por ele em direção a Liu-Liu e Núlio aproveita para ir embora.*] Sra. Liu-Liu, eu preciso me abrir.

LIU-LIU [*A Núlio.*] Espere, eu ainda não terminei de ajudá-lo.

DOMINIC Eu fui demitida.

LIU-LIU Sr. Núlio, o sr. precisa reintegrar sua psique.

DOMINIC O que a senhora quis dizer na página 35 com a frase: "Na dúvida salva-te a ti mesmo"?.

LIU-LIU [*Irritada com a saída de Núlio.*] Eu estava quase conseguindo, sua besta.

Liu-Liu tenta passar por Dominic para ir atrás de Núlio e se desequilibra. Dominic a segura por uns instantes e depois a solta. Liu-Liu cai do alto do prédio.

DOMINIC [*A Liu-Liu que cai.*] Não percais a esperança.

VOZ DA CONSCIÊNCIA DE LIU-LIU DURANTE A QUEDA Estou caindo,

que vertigem. Mais quinze andares e eu morro. É mesmo verdade: estou vendo passar o filme da minha vida, quantas experiências se vão. Aquela vez em que atirei um tijolo na cabeça do jardineiro, ah, a minha primeira relação sexual, pena que era um pastor alemão tão velho. Eu nunca pensei em mim, só pensei nos outros. Será que meu velório vai ser concorrido?

Liu-Liu é salva por dois bombeiros que lhe estendem uma rede de proteção. Ela se recompõe da queda e se ergue descabelada.

LIU-LIU Obrigada, obrigada. [*Pausa.*] Que experiência! O que eu senti não foi desta vida.

BOMBEIRO [*Indica a saída.*] É para lá.

Liu-Liu sai.

21. A cena de encerramento: uma festa, e que festa

NARRADOR Senhoras e senhores,
O que distingue uma tragédia de uma comédia é o seu final,
Pois tanto numa como noutra
Sempre se chega a uma lição moral.
Não é o caso desta peça
Em que não interessa quem é bom e quem é mau.
O que está em jogo aqui
São as forças do capital.
Vejam a cena de encerramento
É uma festa, e que festa!
Ouçam o burburinho dos convidados.

Ouvem-se rumores e música ambiente.

Percebam a música refinada
Acobertando ritmos primitivos.
Vejam personagens conhecidas.

EMBAIXATRIZ [*A Liu-Liu.*] Liu-Liu, você está exuberante.

LIU-LIU Resolvi cuidar mais da minha porção mulher.

NARRADOR É a nova Liu-Liu, da Missão Filantrópica Internacional. Não neguem, ela conseguiu ficar com a consciência mais leve.

LIU-LIU Eu aprendi muito em Tropélia. Isso me modificou como personagem. Descobri que dentro de mim tem um abismo muito maior do que o abismo social: é o abismo do meu eu interior. Mas não desistirei de ajudar meu semelhante.

EMBAIXATRIZ Ora, minha querida Liu-Liu, eu fiquei fora o espetáculo inteiro e só voltei para dizer: eu não mudei nada, saio desta peça como entrei, coerentemente rica.

NARRADOR Vejam os irmão Créo e Léo, ali, perto da mesa de frutas. Depois de idas e vindas, e da ajuda do governo de Tropélia, os simpáticos gêmeos conseguiram se erguer das dívidas abismais e vender a empresa para o banqueiro Bagáua. Agora, planejam novos negócios.

CREONID E LEONID Somos vanguardistas, somos futuristas.

LEONID Entramos em um novo setor da economia, o financismo cultural, o mecenato mercadológico, a generosidade administrada. Lucros extras e a imagem de empresa cidadã, com responsabilidade social.

GARÇOM [*Tenta oferecer um salgadinho.*] Senhores.

CREONID E LEONID Não interrompa.

GARÇOM Senhores.

CREONID E LEONID Não perturbe.

GARÇOM Aceitam um canapé?

CREONID E LEONID Viramos humanistas.

NARRADOR Vejam aqui, na pista de dança, o banqueiro Bagáua, capitalista transnacional que dança tão bem a ciranda financeira tropical. Comprou a empresa por três bilhões de bagos e não meteu a mão no bolso graças ao financiamento do Banco Tropelino de Desenvolvimento Social. Agora já faz piruetas numéricas, planejando as novas demissões.

BAGÁUA [*Dança frenética e desengonçadamente. Fala a uma moça que engatinha no meio da festa.*] Menina, numa província tão cheia de recursos naturais, com tantos frutas gostosos, eu não compreendo como ainda tem gente que passa o fome. Eu disse para o Governador, ajuda os pobres, mas não dá o peixe, promove seminário de pescaria.

NARRADOR Agora, o momento político da festa. O Governador de Tropélia, espírito cultivado, amante da fauna exótica, faz um importante comunicado.

GOVERNADOR Senhores, a selvageria dos últimos dias despertou o meu governo para uma certeza. Chegou a hora de cuidar dos pobres. Consultei vários economistas e todos usaram a mesma expressão: "É preciso crescer o bolo para depois dividir." Achei a imagem inesperada e bonita, e decidi lançar a Campanha de Fermentação da Riqueza. Mas, para que o povo enriqueça, não basta aumentar a massa de seus ganhos, melhor diminuir o calor de seus desejos. Então, mandei as tropas para as ruas. Não vamos deixar que eles abram o forno antes da hora. Agora, como símbolo dessa campanha, uma surpresa. Tragam o bolo!

Uma dançarina, Felícia, surge de dentro do bolo.

FELÍCIA [*Com um leve sibilar na fala.*] Vocês querem degustar Felícia com seus olhos gulosos? Vocês querem se esbaldar na beleza juvenil de Felícia? Pois bem, meus queridos, eu estou aqui.

NARRADOR Aquela dançarina de cabaré passou três horas fechada num bolo de creme e chantili ouvindo conversinhas picantes. Cansada de esperar, fez um buraquinho na massa fofa com seu dedo fura-bolo, e pôde ver banqueiros engatinhando, milionárias com as bocas cheias das filosofias alheias, burocratas com as narinas ressecadas pela poeira das mesas. E vendo tudo isso, ela pensou.

FELÍCIA Eu não tenho a menor esperança de ver este bolo dividido. Não se iludam. [*Sai.*]

BAGÁUA Que linda, tão andrógina. Volta aqui tropicana. [*Sai atrás dela.*]

CREONID Garçom, uma bebida. [*Observa a bandeja.*] Acabou a vodca? Você... Ei, seu rosto me é familiar... você não é aquele homem que ia pular do alto da Léo & Créo & Companhia?

GARÇOM Homem? Eu não sou homem nenhum. Aquele era outro homem. [*Sai.*]

CREONID Eu não estou bem, eu não estou nada bem. Ó fígado traiçoeiro, que me prega amargas peças.

Surgem as Ninfas Comunistas.

CREONID O que é isso? Vocês de novo?

NINFA-MARTELADORA Viemos livrar-te do trabalho nojento de superexplorar e superconsumir que pesa sobre ti desde que nasceste.

NINFA-CEIFADORA Lembra, Creonid, a fúria dos de baixo é impossível de conter.

NINFA-ANUNCIADORA E vai confiando que isso é só um sonho.

CREONID Horror! Horror! A luta de classes não acabou? Que merda! Fora, esquerdistas, fora, eu não quero mais ouvir falar em alienação, mais-valia, exploração do homem pelo homem. A História acabou, a História acabou. Socorro, socorro, socorro! [*Os convidados correm para acudi-lo.*]

LEONID [*Sacode o irmão.*] Creonid, Leonid, Creonid, Leonid, Leonid, Creonid. Calmante. [*Joga um comprimido na boca do irmão. Todas as personagens em cena viram para o público, como se tivessem ouvido um ruído.*] Que barulho foi esse?

ALGUÉM Não foi nada, senhor, jogaram uma pedra na vidraça. Mas ainda estamos vivos e com saúde.

NOTA

A comédia do trabalho nasceu de uma pesquisa temática e artística da Companhia do Latão sobre o tema do desemprego e foi criada com base na improvisação dos atores. Dramaturgos, elenco e equipe de vídeo realizaram inúmeras entrevistas nas ruas, em sindicatos, com especialistas, além da consulta a diversos estudos sobre "reengenharia do trabalho". Os coros das Ninfas comunistas foram inspirados na obra de Paul Lafargue, *O direito à preguiça* (São Paulo: Hucitec, 2000). O monólogo de Núlio, sobre os oito meses de desemprego, inspira-se em contos de Jack London presentes no livro *De vagões e vagabundos* (Porto Alegre: L&PM Pocket, 1997). A linguagem híbrida do roteiro recebe a influência do noticiário do jornal do ano 2000 e de muitas entrevistas feitas na rua pela equipe de artistas.

Auto dos bons tratos

Texto
Sérgio de Carvalho e Márcio Marciano

Auto dos bons tratos estreou no Teatro Cacilda Becker em 20 de abril de 2002, após ensaios abertos no interior de São Paulo e na cidade de Curitiba, pela Companhia do Latão, com direção de Sérgio de Carvalho e Márcio Marciano, direção musical de Walter Garcia, figurinos de Helena Albergaria, assistência de direção e figurinos de Renata Deuse, iluminação de Paulo Heise, cenografia de Antonio Marciano e Márcio Marciano, produção executiva de Ney Piacentini, com o seguinte elenco: Beto Matos, Cátia Pires, Emerson Rossini, Heitor Goldflus, Helena Albergaria, Ney Piacentini. O atores Gustavo Bayer e Marcos Andrade participaram do processo de ensaios e Izabel Lima e Fernando Paz atuaram nas temporadas posteriores.

PERSONAGENS

João de Tiba, traficante de escravos índios, antigo degredado abandonado na terra
Escorcyo, juiz de origem escocesa
Bernard de Aureajac, padre de origem francesa
Tourinho, donatário de Porto Seguro
Ignez da Pinta, sua esposa
Leonor, filha de Tourinho
Biela e Manivela, trabalhadores livres da Casa de Tourinho
João Camelo, homem letrado, poeta, escrivão do processo
João Douteiro, artesão ferreiro
Maria Machado, taberneira, degredada
Jacob Függer, banqueiro
Dom João III, rei de Portugal
Dona Catarina, rainha
Conselheiro de Estado português
Dom Martinho
Gregório da Pesqueira, homem livre encarregado da carceragem de Tourinho
Santa Luzia
Maré Alta
Índio Anhebé
Fernando, filho fiel a Tourinho
André, filho traidor de Tourinho
Povo da vila, proprietários, índios, religiosos, marinheiros

Prólogo no teatro

Os atores se põem diante dos espectadores.

ATRIZ Senhores espectadores, bem-vindos!
Esta peça é uma fábula aos pedaços.
Imaginem um elefante e um rinoceronte
Postos a duelar em praça pública pelo capricho de um rei antigo.
Imaginem agora a multidão de centopéias, minhocas, lacraias
E toda a plebe dos bichos, esmagada sob as patas dos monstros em luta.
O resultado disso é uma peça despedaçada.
Que nossa ruína se complete
Com a simpatia de sua imaginação.

1. Prólogo de João de Tiba

Na praça de Porto Seguro, em frente ao Pelourinho. João de Tiba, um traficante de escravos, traz alguns índios com cordas no pescoço. Fala ao juiz Escorcyo. Está indignado com a invasão da igreja, ocorrida no domingo anterior.

JOÃO DE TIBA Quando se chega numa terra, respeitem-se os costumes dela, cada lugar tem seu modo próprio. Sou um homem de trato, sempre obtive mercancia sem usar de violência. Veja este daqui. [*Mostra um escravo.*] Era um índio principal de uma tribo inimiga e me custou três anzóis, não precisei agredir ninguém. Era tapuia principal e por três anzóis passou a mim. Por isso, sr. juiz, repudio o ato do Capitão, o justo só é justo sem imposição.

ESCORCYO João de Tiba, a Justiça é a arte da imposição. O Capitão Tourinho deve ter tido seus motivos.

JOÃO DE TIBA Arrogância, homem. No meio da missa, interromper uma pregação, levar os homens sem perguntar quem é de quem.

ESCORCYO É o engenho.

JOÃO DE TIBA Estou há quarenta anos nesta terra, e sobrevivi entre os índios porque cultivei bons tratos. É só esperar e eles fazem os escravos por nós. A discórdia entre as tribos é uma graça de Deus, e ao céu não se faz ingratidão.

ESCORCYO Eu vou até a igreja ouvir a história da boca do padre e se necessário falo com Tourinho ainda hoje.

JOÃO DE TIBA Quero os escravos de volta, juiz, tinha quatro dos meus naquela igreja.

ESCORCYO [*Põe a mão no pelourinho.*] Triste invenção o pelourinho. [*Indica um dos índios.*] Quanto você quer pelo menino?

JOÃO DE TIBA Esse já tem destino. Não gosta da menina?

ESCORCYO Ela tem leite nos peitos, eu reparei no inchaço dos bicos. Arrancou a índia dos filhos?

JOÃO DE TIBA Tem corpo bom, logo gera outros.

ESCORCYO Consiga um menino como este, vou gastar meu tempo livre na educação de um cativo.

2.

11 de novembro de 1545
O capitão e donatário de Porto Seguro, Pero do Campo Tourinho, invade a igreja, interrompe a missa de São Martinho e arrasta os homens ao trabalho. No dia seguinte, o vigário Bernard de Aureajac hesita entre salvar os humildes e abater os ímpios[1]

BERNARD [*Zonzo de tanto fumar, fala para fora de cena.*] Vocês são cristãos ou não são? Prometeram nunca mais beber, nunca mais fumar. Repitam comigo: "Não ultrajemos nossos benfeitores".

1. Este título e todos os demais da peça são anunciados por narradores.

VOZES DE ÍNDIOS [*Em tupi.*] *Timarangatú apo oé pé.*

BERNARD Pertençamos a eles, não ultrajemos nossos benfeitores.

VOZES DE ÍNDIOS *Timomuru ey meengára iandevé.*

BERNARD Esperem, vocês já foram batizados. Não podem mais andar nus.

VOZES DE ÍNDIOS *Timarangatú apo oé pé.* [*O coro vai aos poucos sumindo.*]

BERNARD Tome, pegue minha ceroula. [*A um índio.*] Não vai ser por falta de uma ceroula que a sua alma vai deixar de conhecer o Criador. Agora vão. [*Sozinho.*] Num dia entendem o Credo, no outro se embebedam.

Escorcyo entra. Vê o padre alterado.

ESCORCYO Você está bem, meu amigo?

BERNARD Os índios não vêm à igreja para ouvir a palavra da salvação, mas pelas cantorias, alaridos e novidades.

ESCORCYO Ponha uma roupa, homem. Eu vim logo que soube das violências de Tourinho.

BERNARD A minha palavra nada pode contra o exemplo de um capitão bruto e fero, que entra pela igreja aos berros, e trata todos como cães, seqüestra, açoita os índios, desdenha de mim e do próprio São Martinho.

ESCORCYO Nós vamos mudar as coisas. Aquele homem vai saber que tem superiores, que deve obediência ao céu, respeito ao calendário. Se o papa ordena o descanso, um capitão não pode obrigar ao trabalho.

BERNARD Vamos tomar um copo de vinho?

ESCORCYO Seus lábios estão amarelos. Andou bebendo fumo de novo com os índios?

BERNARD [*Siderado.*] Somos todos filhos de Caim, o primeiro homicida, não somos? Dê cá um abraço, meu amigo. [*As calças lhe caem.*]

ESCORCYO [*Pega uma jarra de vinho do altar e serve um copo.*] Vamos beber um copo de vinho. Eu vou advertir Tourinho, falar com firmeza. Você sabe que ele me respeita. Tem até certo temor por mim. [*Observa o padre.*] Agora está com o rosto mais vivo.

BERNARD Estou alegre, não estou?

ESCORCYO Não, não está. Direi ao Capitão que você vai escrever ao papa e pedir a excomunhão.

BERNARD Eu? Você está louco. Não vou escrever nada. O meu trabalho é outro. É a salvação das almas, estou aqui pelas almas.

Entram Ignez e Leonor, sua filha, que resiste a entrar na igreja. A mãe puxa a menina até onde é possível. Solta a sua mão e se dirige ao padre. Leonor resmunga palavras inaudíveis, como quem canta na língua tupi. Ignez observa fixamente o vigário. Escorcyo esconde a bebida quando nota a presença dela.

IGNEZ Juiz Escorcyo, Vigário, como vão?

ESCORCYO Dona Ignez, contentamento em vê-la, e como vai seu marido? Já visitei as obras da moenda, que esforço admirável do nosso Capitão, admirável. E seus filhos, onde passam?

IGNEZ Os meus homens andam fora, no mato. Só esta me faz companhia.

ESCORCYO Todos nós precisamos de companhia.

IGNEZ Vigário Bernard, trouxe Leonor para uma confissão.

ESCORCYO Obra de espanto aquele engenho, são abelhas preparando a doçura do futuro.

Bernard desfalece, mas logo se recupera.

IGNEZ O senhor está melhor? Peço desculpas pelo meu marido. Pero Tourinho é um bom homem, ele faz as coisas e se arrepende depois.

BERNARD O que tem a menina Leonor? Por que resmunga e traz os olhos baços?

IGNEZ Quero que se confesse, vigário.

LEONOR *Peporo-angaó-ei-che-rai-oé.*

IGNEZ Quieta, Leonor.

LEONOR *Iande-poriasú.*

IGNEZ Agora deu para me afrontar, fala a língua do gentio, resmunga suas cantorias. E até no português imita os brasílicos embaraçando as vozes. [*Arrasta a filha como um bicho.*] Quero que se confesse.

BERNARD Leonor, não és uma jovem deixada a si mesma, cada um de nós tem o seu lugar na ordem do mundo. Este lugar existe, está lá.

VOZ DE TOURINHO [*Fora de cena.*] Ao trabalho, ao trabalho, vamos...

3. Na terra do capitão donatário, erguem-se as pedras para o engenho de açúcar

Biela e Manivela, dois homens livres, empregados de Tourinho, controlam o trabalho de um índio nas obras do engenho. Biela está de pé sobre um andaime, que foi erguido ao redor das escavações de um poço, e de lá controla o trabalho. Manivela, no nível do chão, acompanha o índio de perto. Uma corda é puxada pelo índio, e supõe-se que ela retire entulho da escavação. No fundo do poço está Tourinho comandando outros índios.

BIELA [*A Manivela.*] Um, dois e... [*Faz um sinal de mão.*]

MANIVELA [*Ao índio.*] Vai.

BIELA Parou! [*Pausa.*] Um, dois e... [*Sinal de mão.*]

MANIVELA [*Ao índio.*] Vai.

BIELA Parou!

MANIVELA [*Ao índio.*] Parou!

BIELA Segurem. O pedregulho é grande. A corda está firme?

MANIVELA Firme como as minhas idéias. [*Ao índio.*] Segura com força, índio. [*A Biela.*] Esse vagabundo não faz nada sem ameaças.

BIELA Um, dois e... parou! Eu não fiz sinal para ir.

MANIVELA [*Enquanto o índio sustenta um enorme peso com a corda.*] Ei Biela, por que você está aí no alto e eu aqui embaixo?

BIELA Pense, Manivela, se Tourinho que é um homem do alto está lá embaixo, por que um homem de baixo como eu não pode estar no alto?

MANIVELA Faz sentido. E por que eu estou aqui, nem no alto nem no baixo?

BIELA Porque alguém tem que cuidar do purgatório enquanto o céu e o inferno estão ocupados. [*Manivela assente, pensativo.*]

VOZ DE TOURINHO Ao trabalho, vamos, ao trabalho.

BIELA Foi abolido o domingo, foi o homem que disse. Um, dois e... [*Novo sinal.*]

MANIVELA [*Ao índio.*] Vai. Trabalha, sua mula.

BIELA Parou.

MANIVELA [*Após segurar a corda, obrigando o índio a parar de puxar.*] Eu não sou mouro para trabalhar desse jeito. Ficar derretendo ao sol. Era para estarmos no fresco da igreja.

BIELA Manivela, já reparou que a vida é um intervalo entre dois buracos? E aquele de onde você veio, não era dos mais estreitos.

Entra João Camelo, escrivão e poeta ocasional, carregando alguns manuscritos e gravuras.

CAMELO Cheia de espanto é a humana criatura, modifica o curso das águas, roda engenhos. Ó humílima gente, não é com descanso que se ergue uma civilização. Digam, onde encontro vosso Capitão, o sempre adiante Pero do Campo Tourinho? [*Camelo observa o esforço do índio, que reage com uma careta ameaçadora.*]

BIELA O senhor é fidalgo?

CAMELO Um rato fareja o leão ao longe. Sim, meu nome é João Camelo, escrevo coisas e tenho parentela ilustre. Onde está vosso Capitão?

BIELA Mais longe do céu do que o senhor.

CAMELO O que significa isso, seu ganha-dinheiro?

MANIVELA Que está mais ao Diabo do que a Deus.

CAMELO Disseram-me que estava aqui, em meio às suas obras açucareiras.

BIELA E está, roubando o nosso sagrado descanso.

MANIVELA No fundo de um buraco.

BIELA Sempre um bom lugar para se estar metido.

CAMELO [*Em aparte.*] Que espécie de idiotas são eles?

MANIVELA Do tipo que não pensa quando trabalha.

BIELA Ao contrário do senhor, que só pensa quando trabalha, quase nunca.

CAMELO Esses brutos são um desafio a qualquer intelecto.

VOZ DE TOURINHO [*Aos gritos.*] Diabos, o que acontece? Por que não sobem o balancim?

CAMELO Se não é o altissonante Pero do Campo Tourinho.

MANIVELA [*Agarrando a corda que o índio sustenta, para ajudar a puxar o entulho.*] Ei Biela, ajude aqui.

BIELA Sempre sou eu que faço tudo. [*Desce do andaime para ajudar o companheiro e o índio.*]

CAMELO [*Sobe no andaime e, do alto do andaime, chama Tourinho no fundo do poço.*] Ei, Capitão. Saudações. João Camelo. [*A parte.*] Parece um faraó com seus escravos e pertences.

Quando Biela e Manivela sustentam o peso do entulho, o índio larga a corda e foge, pelas costas de ambos.

BIELA Vamos, força, está pesado.

MANIVELA Ei, índio, puxe essa corda. [*Olha para trás e nota que o índio fugiu.*] Biela, o índio fugiu.

BIELA Vamos atrás dele.

Largam a corda, que faz despencar a carga do balancim. Camelo grita. Ouve-se do tanque o desespero de Tourinho, que decide subir ao andaime. Enquanto sobe fala com Camelo.

TOURINHO Ei, mas o que está acontecendo? Onde estão meus homens?

CAMELO Correm, senhor, perseguem um índio.

TOURINHO Que diabos.

CAMELO Sr. Tourinho, escrevi mais dois cantos da nossa epopéia.

TOURINHO Me procure depois do jantar.

CAMELO Não desanime, Capitão, neste episódio do engenho cheguei ao máximo do elogio poético. Suba. Pintei um retrato de vossa magnífica pessoa. O senhor está aqui. [*Mostra seu manuscrito.*] Venha ver. [*Tourinho aparece no alto do andaime, com o chapéu amassado.*] Magoou?

TOURINHO Nunca.

CAMELO [*Mostra ansioso os manuscritos.*] Veja.

TOURINHO Eu lhe pago para escrever versos sobre a minha obra, não para fazer desenhos do meu nariz.

CAMELO Pensei que umas pinturas pudessem facilitar a leitura.

TOURINHO Este sou eu? [*Para baixo, em direção ao poço.*] Ei índio, se parar de cavar vai ao pelourinho.

CAMELO [*Ao notar a decepção de Tourinho, percebe que o desenho está de ponta cabeça.*] Permita-me. [*Vira o desenho.*] É apenas um esboço, Capitão, não ousaria jamais um retrato completo. Gosta da legenda? Aqui.

TOURINHO [*Lê.*] "Só com vos ver, o bárbaro gentio, mostra o pescoço ao jugo já inclinado."[2] [*Camelo balbucia em coro a sua criação, maravilhado. Percebe então que Tourinho não gostou ou não entendeu.*]

CAMELO Eu quis dizer que eles oferecem o pescoço ao senhor.

TOURINHO Então por que não disse?

CAMELO Capitão, veja a outra gravura, mostra o engenho em construção.

Tourinho abre outro papel.

CAMELO A arte se adianta à vida. Sempre.

2. Coincidência incrível: Camelo escreve o mesmo verso que Camões, em *Os Lusíadas*.

TOURINHO Esta imagem está errada. [*Aponta a sua propriedade.*] Veja a roda da moenda, o lugar dela é ali, para aproveitar a água do rio. Mude sua pintura, e tire este pavão de cima do meu tanque de garapa. [*Ameaça sair.*]

CAMELO E se puséssemos um Pégasus?

Entra o juiz Escorcyo.

ESCORCYO Meu bom sr. Tourinho, aqui estou. Vim com a urgência que a gota me permitiu.

TOURINHO Demorou.

CAMELO Como vai, juiz?

TOURINHO Já sabe porque mandei chamá-lo?

ESCORCYO Não prefere conversar à sombra?

TOURINHO Quero prender o padre.

ESCORCYO Sr. Tourinho, o que ele fez para isso?

TOURINHO Então não soube que ele me desacatou?

ESCORCYO Soube que o senhor invadiu a igreja, e fez o vigário se esconder atrás do altar. [*Camelo ri.*]

TOURINHO Pois eu tinha avisado ao infame, já bastam os santos que existem no calendário. Não me apareça com novidades e mais dias de festa que perturbem meu trabalho.

ESCORCYO Capitão, os santos precisam dos seus dias de devoção.

TOURINHO Não um santo francês, e bêbedo como esse padre. [*Camelo ri, cada vez mais adulador.*] Não acha que devo prendê-lo, João Camelo, para curá-lo do vício?

CAMELO Bem, senhor, o vício...

ESCORCYO Mas o culto a São Martinho não foi idéia do vigário, foi ordem de Portugal, do Arcebispo Geral.

TOURINHO Quem é o Arcebispo?

CAMELO Dom Martinho.

TOURINHO E porque esse maldito tem o mesmo nome do santo eu devo parar a minha obra? Tenho dívidas, homem.

ESCORCYO Não são impecáveis todos os homens de Deus, mas precisamos da ajuda de intermediários para alcançar a graça do maioral. Não concorda, João Camelo?

CAMELO A importância dos intermediários ao longo da história...

TOURINHO Eu falo direto com Deus, todas as noites, e ele me escuta. Já senti na minha língua aquela orelha peluda.

ESCORCYO [*Lúgubre.*] Capitão, são tempos de excomunhão. Com padres, bispos e cardeais, melhor são os tratos de paz.

TOURINHO [*Aos brados.*] Que o papa venha a Porto Seguro e me traga uma excomunhão. Limparei o cu com ela. Sabemos quem são eles: papinhas, cardialinhos e bispinhos.

ESCORCYO Farei o que o senhor mandar. [*Faz menção de sair.*]

TOURINHO [*Muda de tom.*] Então, deixe-o livre, mas avise ao vigário que só pagarei o salário dos religiosos quando vierem me pedir desculpas. [*Dá as costas a Escorcyo e decide retornar às escavações.*]

ESCORCYO Capitão, mais uma coisa, alguns senhores da vila deram falta de seus escravos. Dizem que no assalto à igreja os índios fizeram confusão sobre quem seriam seus donos, e vieram parar... por engano, nas mãos do Capitão.

TOURINHO [*Retorna ao andaime.*] Se querem mais índios, o mato está cheio deles. Vão e colham.

ESCORCYO Mas senhor, todos nós precisamos dos índios, são nossa fonte de sustentação e riqueza.

TOURINHO Pode ir, Escorcyo. Assim que prender escravos novos, devolvo os que tomei.

CAMELO [*Desce e corre atrás do juiz.*] Juiz Escorcyo, esta noite vou cear na sua casa.

Entram Biela e Manivela.

MANIVELA Ei, sr. Tourinho, não temos boa nova.

BIELA O fugitivo se recusou a colaborar, e se atirou contra as pedras que traziamos nas mãos.

MANIVELA Não tivemos culpa. É a relutância dessa maldita escravaria.

BIELA A mão de obra não quer continuar viva.

TOURINHO [*Seco.*] Enterrem logo, se for índio batizado. Se não, lancem do penhasco.

CORO CANTADO DE TRANSIÇÃO Papinhas, cardialinhos e bispinhos e santinhos.
Papapa, papapapa
Papapapinhas, cardialinhos e bispinhos e santinhos.
Papapa, papapapa.

4.

17 de abril de 1546
No Paço Real de Lisboa, os reis de Portugal defendem a liberdade da Inquisição

No palácio de Dom João III, vê-se um salão onde cortesãos e serviçais preparam um banquete. Em primeiro plano está o conselheiro que se serve nas bandejas carregadas pelos escravos. Ao fundo, pelo vão de uma cortina, vêem-se trechos do seguinte diálogo entre o rei, a rainha e o arcebispo Dom Martinho.

DOM MARTINHO Vossa Alteza Dom João e Vossa Dona Catarina, minhas saudações nobilíssimas. Trago-vos uma carta do Brasil, fala de blasfêmias e violências sem controle, é denúncia de heresia contra um vosso capitão.

RAINHA [*Põe o rosto no vão da cortina e fala ao conselheiro.*] É denúncia de heresia.

EL-REI Escuta, santo irmão, escuta meu Martinho, deixa isso para depois, e tratemos do mais importante: o que disse o papa sobre o Tribunal da Inquisição? Já parou de perturbar nosso Santo Ofício?

DOM MARTINHO Continuam os obstáculos, controles e restrições. A última carta papal recomenda evitar as fogueiras e pede aos inquisidores: [*Em tom de missa.*] "brandura e compaixão."

EL-REI Brandura e compaixão com sacrílegos? Quem esse sujeito pensa que é?

CONSELHEIRO [*Do salão.*] O papa.

RAINHA [*Vem novamente à frente para comer das bandejas.*] Parecia um velhinho cordato, a um passo da cova, e agora se mostra tão prepotente.

DOM MARTINHO Nem gosto de dizer, mas tenho medo que tanta resistência, tantos perdões a prisioneiros, indultos e abrandamentos, tenham o cheiro do dinheiro. A máquina apostólica não é mais confiável. Talvez haja suborno de cristãos-novos pondo azeite nas engrenagens.

RAINHA Como este mundo é corruptível.

EL-REI [*Tenso.*] Mas e as nossas dádivas: a pensão que mandamos ao Cardeal Farnese? E a fortuna que gastamos com os sobrinhos do pontífice? Isso não conta?

CONSELHEIRO [*De longe.*] Trinta mil cruzados por ano.

DOM MARTINHO Voltemos ao assunto que me trouxe aqui. A carta do Brasil.

Desaparecem por trás da cortina. No salão da frente, à vista do conselheiro, surge um rico banqueiro.

ARAUTO [*Anuncia.*] Jacob Függer, o judeu.

FÜGGER [*Em aparte.*] O rico.

EL-REI [*Entra aos brados no salão da frente, sem notar Függer.*] Malditos hebreus, falsos convertidos! Por isso reafirmo: a punição que os judeus mais temem, mais que perder a vida, é o confisco das fortunas. Vamos arrancar o dinheiro deles.

CONSELHEIRO Majestade, o digníssimo principal dos bancos de Europa, Jacó Függer, deseja falar com o rei, e agora.

TODOS [*Cantam.*] Todos os imperadores
Papas, senhores, príncipes pagãos
Todos celebram, seu nome
Jacob Függer, Jacob Függer.
A maior firma bancária
Modelo lendário da acumulação.

EL-REI [*Delicadíssimo.*] Bem-vindo, grande banqueiro Jacozinho, sobrinho do lendário Jacob Függer, o rico. Sempre nos encanta a presença de tão notável família.

FÜGGER Saúdo-vos, grandes reis do maior império do mundo. Outra vez torno a Lisboa e fico inebriado, o cheiro dos barcos do rio Tejo alegra um homem de narinas largas como eu.

RAINHA Sr. Függer, gosta das minhas jóias, reconhece a procedência?

FÜGGER [*Atento aos seios da soberana.*] Bendita costa da Guiné. [*Ao rei.*] Mas evidentemente venho vos falar de negócios. Pois um reino piedoso não deve se esquecer dos tratos feitos, nem das finanças estar desatento. Falo de dinheiro, que também é uma coisa do espírito.

TODOS [*Cantam.*] As belas artes da Itália
Também devem muito
A Függer e Irmãos.

RAINHA No negócio da recuperação das almas, estamos indo muito bem, contra mouros, protestantes e judeus.

CONSELHEIRO [*Apreensivo.*] Evidentemente respeitamos um judeu como o senhor, que tem plena convicção de que é judeu.

FÜGGER Escute, senhor rei Dom João, minha paciência está esgotada. Quem vocês pensam que são? Do rio Tejo não sai mais nem um barco a remo se até domingo de Páscoa, da sua Páscoa, eu não receber os juros atrasados. Sem isso, não haverá mais empréstimos para navegação. Passar bem.

RAINHA Querido Jacozinho, em paga a teu trato gentil, escolhe uma lembrança desse encontro em Portugal.

FÜGGER Eu vivo com o mínimo, não preciso de nada. Mas se insistem, dêem-me então um negrinho como esse aí. [*Aponta um menino ao lado da rainha.*] Produto vindo de África, mas já tipicamente nacional.

EL-REI [*Sem ligar para a aflição da rainha.*] Tanta coisa importante e nos pedes uma porcaria destas? Leva, amigo nosso.

TODOS [*Cantam.*] Onipresente é seu nome:
Jacob Függer, Jacob Függer.

Függer sai levando consigo o escravo. A rainha chora. O arcebispo Dom Martinho decide deixar a carta com o rei.

DOM MARTINHO Deixo-vos Majestade, entregando esta carta para apreciação em momento mais adequado.

EL-REI É denúncia contra quem?

DOM MARTINHO Pero do Campo Tourinho, da capitania de Porto Seguro, no Brasil. [*Sai.*]

EL-REI Pero do Campo Tourinho?

CONSELHEIRO É um valoroso vassalo. Ergueu oito vilas, sete capelas, matou índios aos milhares. Faz um ano, não nos paga a dízima. Afora o débito, é um homem honrado.

EL-REI É um porco endividado.

RAINHA Eu quero meu negrinho, que era tão mansinho.

5. O quase espancamento de Leonor

Na casa grande de Tourinho. Ouvem-se fora de cena os gritos da menina Leonor e do Capitão. Vemos Ignez, a mulher de Tourinho.

VOZ DE TOURINHO O que vocês estão olhando? Olhem para lá. Para lá, já falei.

Surge o Capitão puxando a filha com força. Ele a joga no chão.

TOURINHO [*À menina.*] Não quer me ouvir? Eu dei ordem para sair da chuva, eu dei ordem para não ficar com eles.

IGNEZ O que a menina fez?

TOURINHO Vai ser como mulher, não é bicho, não é fera.

LEONOR O que está fazendo, homem? Deixa a menina.

TOURINHO Não se meta com as índias. Eu não disse? Saia do temporal, eu não falei? [*A Ignez.*] Ela não me ouve. Eu mandei que saísse da chuva.

IGNEZ Deixe a minha filha.

TOURINHO Cale-se você também.

IGNEZ É um monstro.

TOURINHO Cale-se, senão te ponho ali.

IGNEZ É um monstro, não tem mais nada, mais ninguém. [*Tourinho empurra a esposa para junto da filha.*]

TOURINHO [*A Leonor.*] Você vai aprender a me ouvir. Eu não falo mais nada duas vezes.

IGNEZ Anda, vai, arrebenta minhas costelas. Faz como faz com os índios.

Quando ele ergue o braço para espancar a filha, entram empregados da casa.

TOURINHO O que querem? Fora daqui.

Os empregados saem.

IGNEZ Ferra a menina no pelourinho, e martela um prego no pescoço, como fez no índio velho, e deixa sangrar a noite inteira. Vai, rasga as minhas costas.

TOURINHO [*A Leonor.*] Você se levanta daí. Devia ter saído da chuva, quando eu disse a primeira vez. Não quero ver você rindo com eles, não são seus iguais. [*Com raiva.*]

IGNEZ Ela sabe.

TOURINHO Não sabe! Está ficando surda como eles, parece que de propósito, nunca fazem o que mando.

Empregados entram novamente. Biela está entre eles e parece nervoso.

ÍNDIA [*A Biela.*] Fala, homem.

TOURINHO Me deixem em paz.

IGNEZ [*Levanta-se e grita.*] Saiam.

Os empregados saem.

TOURINHO Esses não conseguem fazer nada sozinhos. Não percebem que a obra é deles também. Que o açúcar é o nosso futuro. Riqueza para nós, e trabalho para eles.

IGNEZ Por que não vamos embora? Em Portugal temos as terras de meus pais.

Entram mais empregados.

BIELA Senhor, preciso falar. Se eu falar vai ser ruim, se não falar vai ser pior.

ÍNDIA Fala logo.

BIELA O engenho, senhor, a enxurrada está levando toda moenda. O tanque desbarrancou. Morreram quatro índios. E o Manivela grita como um bezerro castrado. Senhor, o engenho.

Tourinho como que acorda de um transe. Sai com Biela. A índia olha para Ignez e Leonor.

ÍNDIA Tem gente morrendo.

IGNEZ Ao trabalho, índia. [*A índia sai.*] Leonor, a culpa é sua, branca porca que se mistura com os índios. Atrai o nojo de Deus. [*Pega um objeto para bater na filha. A menina foge.*]

6.

17 de novembro de 1546
O vigário Bernard ensaia a voz de prisão

Na igreja, em frente ao altar. Vozes e cantos em latim se sobrepõem à fala do vigário. Bernard de Aureajac, sozinho, ensaia a leitura do texto da ordem de prisão ao capitão Tourinho.

BERNARD Em nome do Santo Ofício e da Santa Inquisição, declaramos preso o sr. Pero do Campo Tourinho, donatário desta capitania. Por muitas heresias e abominações que nesta vila dizia e fazia contra Deus nosso Senhor.

Pausa. Ele modifica o tom da leitura.

Pelo que cumpre a ordenação, o senhor será posto em ferros, para que se tire a devassa e para que os senhores inquisidores em Portugal sejam informados de toda a verdade.

Pausa. Nova modificação. Está mais exaltado.

Reconheça-se preso, Capitão, pela autoridade dos religiosos, com o apoio do Duque de Aveiro, e do mais nobre e honrado povo desta vila, gente de fidalguia, para não falar do teu próprio filho.

Corre para o nicho do santo. Fala a uma imagem de São Martinho escondida atrás do altar.

Meu São Martinho, como tiveste a calma para expulsar o demônio de dentro do touro?

Entra Escorcyo e assiste ao ensaio de uma zona escura da igreja.

BERNARD Como pudeste saber, meu São Martinho, que no momento preciso, Deus te ajudaria, e os chifres não te rasgariam? Agora, meu santo, retoma o teu lugar. [*Pega a imagem de São Martinho e a põe no altar. Ganha coragem ao imitar o gesto da estátua.*] Pero do Campo Tourinho, o senhor permanecerá em ferros, e terá o direito de acompanhar as testemunhas. [*Estático.*] Filho-da-puta, acabaram-se as tuas ameaças, escárnios e gritos, teus maus-tratos nos meus índios. E vai nos pagar o salário prometido, engolir o açúcar, se arrepender de ter me humilhado. Filho-da-puta Tourinho, a espada do céu cortará tua alma.

ESCORCYO [*Revela-se.*] E também o corpo.

BERNARD [*Voltam-lhe os tremores do começo da cena.*] Escorcyo, meu amigo, eu não posso estar à frente do processo, e muito menos da prisão. Você é o homem certo para isso. Vou esperar e rezar por nós.

Ouvem-se sons de uma tempestade e cantos de trabalho.

7. A desagregação das obras do engenho

Próximo ao rio de sua propriedade, em meio ao temporal, Tourinho dá ordens aos índios. O aguaceiro arrebenta as partes já construídas do engenho de açúcar.

TOURINHO [*Descontrolado.*] Empurrem os troncos para a água, segurem a correnteza. [*A um empregado.*]. Faça esse maldito índio entrar no rio. Atire nele, ainda tem muitos vivos. [*A outro.*] Ei, você, faça alguma coisa. As peças da moenda estão boiando. Eu mato quem não entrar na água.

Visão de uma roda de engenho funcionando.

TOURINHO [*Ao público, como quem depõe num tribunal.*] Eu só queria ver a roda do engenho girar, os carros de boi chegando de todo canto, a cana cortada pela escravaria, e assistir à máquina engenhosa, o dulcíssimo suco derramando, respirar os fumos da caldeira, a cozinhar a garapa com cinza e suor de gente. [*Rompe-se o momento lírico.*] Maldito ladrão dos meus pães de açúcar, maldito Deus dos mouros e dos judeus! Por que quer impedir a minha rapadura? Por quê?

Cresce o som da tempestade. A visão do engenho se fraciona e vemos os destroços depois da chuva. Manivela, e depois Biela, sentam-se sobre as peças espalhadas no terreno.

MANIVELA Eu fiz o que podia, mas um homem sozinho não segura um aguaceiro daqueles. Tive que dar uns tiros para o alto mas eles não me ouviam, tinham mais medo das trovoadas.

BIELA Já te prepara, Manivela, assim que estiar de vez vão nos chamar para carregar as pedras.

MANIVELA [*Aponta algo.*] Veja a menina Leonor, correndo na chuva, está doida, coitada.

BIELA Até que fica bem assim, molhada.

MANIVELA [*Indica agora o rio.*] Impressionante essa correnteza. Quantas gotas de água é preciso para arrastar um paralelepípedo?

BIELA [*Olhando para o lado da casa da moenda arrebentada.*] Agora que estamos sem índios, vamos precisar de um método: tu carregas as pedras mais pesadas, e eu as mais leves.

MANIVELA Não entendo esse método.

BIELA Pensa, a enxurrada levou as pedras menores para mais longe e deixou as maiores. Portanto se tu transportares as maiores, percorrerás uma distância menor.

MANIVELA Entendo, entendo.

BIELA Enquanto tu carregas uma pedra máxima por caminho mínimo, eu carrego uma pedra mínima por um caminho máximo.

MANIVELA Faz sentido. Então me responde essa: se eu for agora até a despensa, enquanto tu trabalhas, e beber meia pipa de vinho, e mais três copos, como poderei calcular o momento exato em que vou tombar?

Entremez lírico

CORO CANTADO Grande Tourinho, teu Deus te traiu
Grande Tourinho, teu Deus te deixou
Arrancou-te a espada da mão
E te lançou tão cruel maldição.

VOZ SOLO Fracassaste na tua empresa.

CORO CANTADO Por que teus filhos não te defendem?
Por que dos ferros não gritas aos teus?
Onde estão os teus pobres capachos?
Todos correm de volta para o mato.

VOZ SOLO O que deves a Deus pagas aos homens.

8.

24 de novembro de 1546
Os fidalgos e religiosos de Porto Seguro prendem o capitão Pero do Campo Tourinho. O povo da vila vai à praça pedir explicações

Na praça de Porto Seguro, próximo ao pelourinho, uma multidão se junta para ver o Capitão em ferros. Na sua passagem, ouvem-se gritos dos populares. Um casal, Maria Machado e João Douteiro, o ferreiro, se destaca da multidão.

MARIA MACHADO Ei Tourinho, e as moedas que me deves? Quem vai me pagar agora que estás preso? Sua mulher é que não vai ser.

JOÃO DOUTEIRO Um senhor de sessenta léguas de terra, feito índio cativo, isso não está certo. De um miserável arrastado em ferros, logo dizemos: "bandido." Mas um capitão de alta estirpe, é triste.

MARIA MACHADO Não seja burro. Triste é ter que esperar mais dois anos para voltar a Portugal.

JOÃO DOUTEIRO Você é teimosa mesmo. Nós olhamos para a mesma coisa, e você sempre vê o contrário.

MARIA MACHADO Vejo que se nós tivéssemos um escravo, não estaríamos tão preocupados com o favor dos grandes.

Após a entrada do cortejo de prisão de Tourinho na casa da Câmara, o juiz Escorcyo sai para discursar à multidão.

ESCORCYO Senhores de Porto Seguro, escutai. E vós também, colonos mais pobres, aproximai-vos. Sois parte da nação. Os índios, por favor, permaneceis mais longe. O caso não é de gritaria, mas de consternação. Nós não estamos agrilhoando o Capitão, mas apenas uma parte dele. Um dos braços de Tourinho é heróico, ergueu esta vila, povoou a terra, fez capelas. Mas o outro é vil, esmurra os padres, estapeia os colonos, dá piparotes nas crianças. Infelizmente, se amarramos um dos lados, todo o Capitão deve ficar preso, até que a espada da Inquisição corte o nó. Pela salvação da capitania e do próprio Capitão.

CORO DOS PROPRIETÁRIOS O que tememos, ó sr. juiz, não é Tourinho ser condenado por Deus, mas que as nossas terras por ele doadas também sejam condenadas.

ESCORCYO Uma sagrada lei do tabelionato diz: "assinada por duas testemunhas, a doação da propriedade está garantida." No entanto, uma estranha lei do Novo Mundo é que tudo muda.

CORO DOS PROPRIETÁRIOS Que fique claro uma coisa: se mexerem em nossos latifúndios, diremos: "Querem calar Tourinho, a voz desta capitania. E são homens corruptos esses que o prendem."

ESCORCYO E se continuar como está?

CORO DOS PROPRIETÁRIOS Diremos: "Ora, ora, Tourinho
Não era bom da cachola". [*Canto de saída.*] Será que nossos latifúndios permanecerão através dos tempos? Através dos tempos...

9.

26 de novembro de 1546
Pero do Campo é citado para ver jurar as testemunhas. Sua mulher, Ignez da Pinta, procura o vigário e exige os direitos de sua fidalguia. O juiz Escorcyo, que estava na igreja, presencia o encontro, ocultando-se no altar

IGNEZ Eu não acuso ninguém, só queria entender o que está acontecendo. Eu passei dias à procura de ajuda, dias, vigário, e as portas que antes me recebiam não ouvem mais minhas batidas. Os amigos de nossa casa, sempre com tanta fome, já não vêm mais na hora do jantar. Até os escravos parecem sentir a falta do dono.

BERNARD Dona Ignez, saiba que tudo está sendo feito pela salvação da alma do seu marido. Nós somos apenas instrumentos da vontade de Deus. A decisão será tomada em Lisboa, o caso enviado a quem no reino pertencer.

Escorcyo, que assiste à cena escondido, põe-se numa posição mais favorável.

IGNEZ Eu não tenho mais ninguém. Até o juiz Escorcyo, sempre tão amigo e gentil, sempre elogioso de nossa companhia, agora se comporta como um rato. E se esconde quando me vê. Eu o vejo se esconder: daquele corpo grande sempre sobra um pedaço.

BERNARD A senhora se engana, todos ainda a respeitam e sei que Escorcyo está triste por ver o amigo neste estado. Dona Ignez, existem agentes ocultos que nos regem e muitas vezes não vemos.

IGNEZ Vocês vão se arrepender disso, acaso esqueceram o meu nome? Esqueceram que sou fidalga, com família na Carreira das Índias? Pensa que meu marido é um negro da terra a quem se põe uma corda no pescoço e se arrasta pela vila para que riam de nós? [*Pausa.*] O senhor me beijava as mãos toda vez que eu ia à caixa dos pobres. Cada toalha que pus na igreja, foi pelo senhor Pensava que fosse agradecido. Beijou-me as mãos quando lhe entreguei o manto de Santa Luzia.

BERNARD A senhora está bonita.

IGNEZ Me perdoa, vigário.

Ela sai. Escorcyo sai de trás de São Martinho.

ESCORCYO Fique tranqüilo. Ela é uma coitada. Eu tenho o governo de tudo.

10.

04 de dezembro de 1546
Na igreja matriz tem início o processo de inquirição

O espaço da igreja foi preparado para receber as testemunhas. O escrivão João Camelo registra os depoimentos que serão enviados a Lisboa. Num canto, Escorcyo acalma Bernard, que parece alterado.

ESCORCYO [*A Bernard.*] Controla tua bile, aquieta teus humores e apruma tua vontade. Teus olhos não disfarçam os tremores do teu estômago.

BERNARD Você não vê que tudo está escrito e se repete? Eu não quero ser porta-voz do Juízo Final.

ESCORCYO Cuida do teu próprio juízo, pronuncia cada palavra como se fosse a primeira vez. E ouve cada frase como se tudo fosse sempre novo, do contrário ninguém acreditará em ti. E lembra: mesmo Jesus Cristo não se dirigiu somente aos miúdos. Este auto deve comover os grandes, são eles que farão o julgamento. [*Posiciona-se no centro da nave para a inquirição. A Camelo.*] Sr. João Camelo, a próxima testemunha.

BERNARD [*Para si.*] Depois que Adão deixou o Paraíso, não existe mais a primeira vez, só a última.

CAMELO [*Em voz alta, seguindo um protocolo.*] Que se apresente a esta inquirição o sr. João Douteiro, cristão velho e ferreiro da vila de Porto Seguro. [*Mais informal.*] Sente-se aí por favor. [*Novamente protocolar.*] Seu nome, senhor.

DOUTEIRO João Douteiro. Você me conhece Camelo.

CAMELO [*Impassível.*] Profissão.

DOUTEIRO Ferreiro. [*Baixo.*] Me admira muito você estar aqui.

CAMELO [*Baixo.*] Sabe que vivo de escrever. [*Alto.*] Sua relação com o acusado Pero do Campo Tourinho é de que ordem?

DOUTEIRO Fiz trabalhos a mando dele.

CAMELO Quer bem ou mal ao dito Capitão?

DOUTEIRO [*Como quem cita um texto decorado.*] Não aprovo sua conduta, mas desejo saúde e salvação ao Capitão.

ESCORCYO Lembro à testemunha de que está protegido por El-Rei, pela Santa Igreja e por Deus, que tudo vê. Isso para não falar dos fidalgos da terra. [*Aponta a platéia presente, e anuncia.*] Com a palavra, o inquiridor Bernard de Aureajac. [*Pausa. Insiste.*] Bernard.

BERNARD Como vai João Douteiro?

CAMELO Registro isso?

ESCORCYO Não.

BERNARD Dois anos atrás, o senhor foi convocado a comparecer às terras de Pero do Campo Tourinho, por ocasião de uma grande fuga de escravos. Confirma?

DOUTEIRO Eram muitos os índios fugidos, e o Capitão me chamou para reforçar as correntes... e também para outros serviços.

BERNARD E o que disse o Capitão nesse dia, quando lhe aconselharam, em vista do prejuízo, a pedir graça a Santo Antônio?

DOUTEIRO Eu mesmo falei no santo e aconselhei a oração, por saber que Antônio recupera as coisas perdidas.

BERNARD Se traz de volta cavalos, por que não a escravaria?

DOUTEIRO Foi o que eu disse: o santo tudo devolve.

BERNARD E o que respondeu o Capitão?

DOUTEIRO Ele desdenhou do meu conselho.

ESCORCYO Apresente a blasfêmia em voz alta.

DOUTEIRO A história é de muitos conhecida: disse que só rezaria com uma vela apropriada.

BERNARD Diga o gênero.

DOUTEIRO Uma vela de merda.

BERNARD Escorcyo, eu lhe disse.

ESCORCYO [*Sorri a Camelo.*] Merda para Santo Antônio.

CAMELO Senhor, registro isso?

ESCORCYO Evidente.

BERNARD [*Afasta-se do depoente e fala à imagem de Santo Antônio num altar lateral.*] Antônio, não ouves a voz da besta? Fugiram os peixes a quem pregavas.

CAMELO [*A Escorcyo, entusiasmado.*] E se registrássemos "candeia de excremento"?

ESCORCYO Isso não é um poema, João Camelo.

BERNARD [*Retoma a inquirição.*] O senhor confirma, então, que o dito Tourinho, perdendo suas posses, blasfema, comete heresias, e escarra contra a ordem divina? O senhor confirma?

DOUTEIRO Confirmo que naquela tarde o Capitão escarrou para o céu e disse que Deus é contra o trabalho.

BERNARD Fera sacrílega.

DOUTEIRO E, por infortúnio, o cuspe lhe voltou na cara, o que tornou a fúria mais exaltada.

BERNARD "Eu vi uma besta que subia do mar. Tinha dez chifres e sete cabeças."

DOUTEIRO É triste perder uma propriedade, o que dizer de muitas.

BERNARD [*Para si.*] "O dragão entregou seu poder à besta. Deram-lhe uma boca para proferir blasfêmias e autoridade para guerrear contra os santos."

CAMELO [*Desorientado.*] Sr. Escorcyo, o que o vigário disse?

ESCORCYO [*Tenta fazer com que Bernard volte à normalidade.*] Algo mais aconteceu? Além de ultrajar Santo Antônio e cuspir em Deus, o Capitão molestou Santa Luzia?

DOUTEIRO De mais não me lembro. Sei que castigamos os escravos e o Capitão gritou para nos incentivar.

BERNARD [*Descontrola-se.*] Se alguém tem ouvidos, que ouça. É preciso que morra pela espada.

ESCORCYO [*Baixo.*] Eu lhe proibi de beber hoje.

BERNARD Eu bebo mesmo, para suportar os desmandos dessa gente. [*Reequilibra-se, mas pouco a pouco se destempera.*] Confirme, senhor ferreiro, se naquele dia, o Capitão abriu a boca contra a vida, e mandou que os colonos trouxessem um índio e o amarrassem na sua frente, para que o senhor lhe cravasse uma ferradura no pé, e assim foi feito, com cinco pregos varando carnes e ossos. Me diga, senhor ferreiro, por que tantas crueldades a abominações, por que fazer de um homem com alma, um animal quadrúpede?

DOUTEIRO Qual o problema, vigário? Ele serviu de exemplo para que outros não fugissem. E já era uma besta de carga antes da ferradura.

O padre ameaça estapear o ferreiro. Escorcyo o segura.

ESCORCYO Vamos nos ater às violências contra os habitantes do céu. A testemunha está dispensada.

BERNARD [*Desvairado.*] "Adoraram a besta e disseram: quem pode lutar contra ela?" Está no livro, capítulo treze: "Os santos têm fé e perseverança."

MARIA MACHADO [*Invade a cena e segura o braço do marido João Douteiro.*] Padre Bernard, meu marido é um bom homem.

CAMELO [*Tenta registrar tudo.*] Que capítulo, padre?

ESCORCYO [*A Camelo.*] Eu não ordenei que trancasse a porta?

DOUTEIRO Posso ir embora?

MARIA MACHADO Ele sempre faz o que lhe mandam. Segue as regras da Igreja como seguia as ordens do Capitão. Nunca discutiu contra superiores, ele sabe seu lugar no mundo. Se a lei dos grandes lhe manda rastejar, ele o fará, para o nosso bem.

ESCORCYO Que continue sempre assim. [*A Camelo.*] Chame a próxima testemunha.

CAMELO Que se apresente a esta inquirição... [*Desconfia do que lê e pergunta a Escorcyo.*] O filho do réu? [*Escorcyo confirma com a cabeça.*] Que se apresente a esta inquirição o sr. André do Campo Tourinho.

CORO CANTADO Há quem seja pródigo
E aumente a sua riqueza.
Há quem seja módico
E se empobreça.

11. No dia 29 de novembro de 1546, Tourinho aprisionado tem notícias do Rusticão[3]

Próximo à cela da casa da Câmara, onde Tourinho está preso, seu filho Fernando se aproxima, puxando pelo braço a taberneira Maria Machado. Ambos espreitam de longe o guarda Gregório da Pesqueira.

FERNANDO [*A Maria Machado.*] Meu pai está preso naquela casa. Conhece o Gregório da Pesqueira? É ele quem monta guarda. Veja se consegue distraí-lo, eu preciso de alguns minutos.

MARIA MACHADO Quero o pagamento adiantado.

FERNANDO A palavra de um Tourinho é crédito, senhora, mesmo com meu pai preso.

MARIA MACHADO É prática antiga, com camponês até faço fiado, mas com fidalgo só adiantado.

FERNANDO [*Dá o dinheiro.*] Toma, mulher. Agora vá.

Maria Machado entra em cena e seduz o vigia. Gregório da Pesqueira assobia, ela assobia, ele assobia de novo, ela responde.

GREGÓRIO [*Abandona seu posto.*] Maldito canto de sereia... [*A Tourinho, em voz alta.*] Capitão, volto já. Senti um cheiro de pescado.

Quando o vigia se afasta, o filho Fernando se aproxima da cela.

FERNANDO Senhor meu pai, ouça, trago notícias sobre a ajuda que me encomendaste.

TOURINHO Falaste com Francisco? O que disse o Rusticão?

3. Esta cena, escrita durante os ensaios, não foi, por razões cênicas, incluída na montagem da Companhia do Latão.

FERNANDO Ouve, no dia seguinte ao da tua prisão, armei nosso bergantim, reuni três homens de confiança, dos poucos que restaram ainda sóbrios dos festejos que se seguiram à tua prisão.

TOURINHO [*Irritado.*] Festejos, como festejos?

FERNANDO Bem, já aconteceu, acabaram com nossa reserva de aguardente, coisa que mais me doeu.

TOURINHO Então conta, conta como foi. Sinto um mau presságio na tua voz.

FERNANDO Escuta, sem me despedir de ninguém, eu e meus companheiros zarpamos ao nascer do dia. Tomei o sol em 17º e com vento sudoeste nos pusemos a cortar um mar muito grosso.

TOURINHO Vá direto ao ponto, rapaz: o velho Francisco Rusticão vai nos ajudar ou não?

FERNANDO Ouve, senhor pai, a história tem assombros. Após um dia de mar, demorou-nos a vista da terra por força da escura neblina que às montanhas e ao padrão[4], a tudo dissolvia. E foi como por milagre que adentramos na Bahia.

TOURINHO Já prevejo meu infortúnio.

FERNANDO Sem enxergar direito, em águas já tranqüilas, no meio da névoa não longe da vila, gritei chamando o capitão... Uma risada ecoou da praia, e foi estranho, outra voz se ergueu contrária. Sem compreender, gritei de novo "Estou em busca do capitão Pereira". Não sei qual das vozes me contou essa história brutal e horrenda.

TOURINHO Eu te mato, rapaz, conta logo e me esmigalha a esperança.

FERNANDO Lembra quando o Rusticão daqui partiu um mês atrás, após longa visita, encorajado pelo senhor mesmo à sua terra retornar... lembra: "Vai-te, ou prevalecerão os franceses", pois a voz gritou-me que naquela volta um mui grande temporal impediu ao Rusticão o governo da nau. E os lançou, a ele e a toda marinhagem, contra os recifes, nos arredores da ilha de Taparica.

4. Marco de pedra das conquistas marítimas portuguesas.

TOURINHO Morreu? O maldito morreu no naufrágio?

FERNANDO Pior, meu pai, foi salvo pelos tapuias. E assim, preso pelo gentio, e celebrado como grande prenda em noite de dança e bebedeira.

TOURINHO [*Trágico.*] Foste comido, ó Rusticão. [*Ao céu.*] E quanto a tu, Deus cruel, por que queres tão mal aos capitães?

FERNANDO Os tapuias o salvaram como vingança, desforra dos feitos passados. E depois das orgias celeradas, escolheram uma criança, senhor meu pai, um menino de cinco anos, para ser o carrasco e erguer a pesada maça que partiu o crânio dele ao meio. Tiveram que ajudar o pequeno a dar a pancada, e quando os miolos longe pularam, a voz da praia me contou que as velhas urraram em disputa pelo cérebro do nosso amigo Rusticão, tornado quinhão prazenteiro.

TOURINHO Escapou de ser pasto de peixes, para ser regalo de velhas.

FERNANDO Voltei pensando nisso, pai: o que me enojou foi verificar que a barbárie é barbárie porque não tem hierarquia. Um capitão de tão nobre memória sendo comido primeiro pela escória; seu dedão do pé na boca desdentada de uma velha da ralé. Se ao menos fosse deglutido pelos maiores da tribo, sua morte teria sentido. [*Pausa.*] Deste capitão não teremos ajuda não.

TOURINHO E eu que alberguei este bastardo por um ano em minha casa, julgando que lealdade me cultivava. Porco traidor, Rusticão, foste comido sem ter saldado tuas dívidas.

Gregório da Pesqueira reaparece mandando beijos a Maria Machado.

12. Numa taberna de Porto Seguro, freqüentada pela marinhagem, os serviçais discutem o que está por vir

Na taberna de Maria Machado, em meio a jarras de vinho e barris, um marinheiro tenta seduzir a proprietária.

MARÉ ALTA O teu abraço era o mais desejado de Lisboa, Maria Machado era a lenda amorosa da rua do Cano. E mesmo com a cara queimada de sol, teus quadris não perderam o torneado.

MARIA MACHADO Pois estou casada, Maré Alta. E com um homem ferreiro que te martela a testa se nos pega em intimidades. Quer mais um copo? Então mostra o dinheiro. Eu gosto de ver antes, não é sempre que temos moeda por aqui.

O marujo lhe entrega uma moeda. Ela serve-lhe vinho.

MARIA MACHADO Sabe como vim parar no inferno desses brasis? Um cristão-novo, maldito, me delatou para a Inquisição. Me delatou pelo crime nefando. Justo eu, que nunca, nunca, por mais que me ofertassem, abri por dinheiro meu vaso de trás.

MARÉ ALTA A vida tem atalhos. Mesmo o novo mundo, tão vasto, às vezes parece pequeno.

MARIA MACHADO Pequenos são os lugares em que perambulam gente da nossa classe.

Entram Biela e Manivela, que tem uma atadura na cabeça.

BIELA [*Escandaloso.*] Acudam um cristão! Ajudem, foi espancado só porque defendeu sua opinião.

MARIA MACHADO Não quero gritarias de bêbados por aqui.

MANIVELA Levei pancadas na moringa, Maria Machado, só porque falei bem de meu patrão.

BIELA Foi defender Tourinho, e veja o que aconteceu. Quiseram-lhe mudar as idéias na força. Isso prova que os homens não sabem aceitar opiniões contrárias.

MARÉ ALTA Um marujo tem que saber de que lado o vento sopra. Para isso basta lamber o dedo.

MANIVELA Eu só quis dizer que Tourinho é um sujeito divertido. Basta estar do lado dele, rir das piadas dele e fazer o que ele manda.

BIELA Antes levávamos chicotadas, mas sabíamos quem tinha o chicote na mão. Agora levamos pancadas sem saber a direção. Ouviu, marujo? Está difícil reconhecer o vento.

MARIA MACHADO Fale mais baixo. Não quero esse tipo de conversa na minha taberna.

BIELA É um homem ferido. Não vai lhe dar um copo de vinho?

Biela puxa Maria Machado de canto. Manivela trava contato com Maré Alta. Os dois próximos blocos de texto, A e B, podem ser feitos simultaneamente.

BIELA Maria Machado, a situação é perigosa também para nós.

A.

MARÉ ALTA Um marujo deve saber apanhar. É preciso ter a cabeça dura.

MANIVELA A minha é muito dura, o problema é que o porrete era de peroba.

MARÉ ALTA Eu sempre bati mais do que apanhei. Essa é a regra.

MANIVELA As contas iam bem para o meu lado, eu devia ter uns dois pontapés de vantagem. [*Mudando de tom.*] O problema é que meu amigo tentou me ajudar, mas ele não é bom nisso.

MARÉ ALTA [*Em voz alta.*] Maria Machado, dê meio copo de vinho para esse coitado.

MANIVELA Não posso beber muito porque tenho o queixo deslocado. Só o bastante para ficar anestesiado.

B.

MARIA MACHADO Por que foram se meter em confusão?

BIELA A senhora não percebe o que está acontecendo nesta vila? É um corpo que está sem cabeça.

MARIA MACHADO Quem está sem cabeça?

BIELA A vila é o corpo, Tourinho é a cabeça.

MARIA MACHADO Você é burro como meu marido. Neste corpo, nós somos o calcanhar. Abaixo de nós só os índios. O que nos importa o que acontece do umbigo para cima?

Biela, ao ouvir o pedido de vinho, se aproxima do marinheiro. Maria Machado vai buscar a garrafa e volta com um pano, com o qual fará compressa, molhada no próprio vinho, sobre o ferimento de Manivela. Biela toma todo o vinho servido e põe o copo na mão de Manivela. Este estica o braço para que Maria Machado encha de novo. Os dois próximos blocos de texto também podem ser feitos simultaneamente.

MARIA MACHADO Vou pôr uma compressa.

C.

MANIVELA Dói muito, Maria.

MARIA MACHADO Noutro tempo me comovia, um rosto imberbe desses, assim machucado.

MANIVELA Minha cabeça está inchada, Maria, ai, agora está latejando, ai, que boa essa compressa.

MARIA MACHADO Na sua idade, o sangue sobe logo à cabeça. Uma mulher não precisa esfregar muito e o galo logo desponta.

MANIVELA Não. Pára um pouco, senão minha cabeça explode. Ai, ai.

D.

BIELA Senhor marinheiro, como começa um motim dentro de um navio?

MARÉ ALTA O capitão perde a razão e o barco rejeita o dono.

BIELA E quem passa a ser o dono?

MARÉ ALTA Os verdadeiros donos assumem, os marujos. Isso quando conseguimos jogar os oficiais ao mar, o que é difícil. A ralé de pajens e grumetes sempre toma o partido dos superiores. Não tem consciência da marinhagem, e os oficiais acabam segurando o comando.

Biela deixa o marujo e se aproxima de Manivela. Rompe-se o simultaneísmo das cenas.

BIELA Manivela, você ouviu o que o marujo disse? Nós não estamos no mesmo barco que eles: dentro de um barco existem muitos barcos.

MANIVELA Que conversa é essa?

BIELA [*Inspirado.*] Vamos reunir alguns colonos e assumir o leme, vamos aproveitar o motim contra o capitão e jogar todos os fidalgos no mar, chutar a bunda dos índios, dos pajens e grumetes, e proclamar o governo da marinhagem. [*Aponta Maré Alta.*] O contramestre aqui vai nos ajudar.

O marujo põe o dedo na boca e avalia o vento.

MARIA MACHADO Ponham-se daqui para fora. Não quero conversas de política na minha taberna.

BIELA Não ouviu, Maria Machado? É uma grande chance para os ganha-dinheiro como nós. Vamos expulsar os fidalgos e viveremos como reis nesta terra.

MARIA MACHADO Que idéia de tatu. Não vê que precisamos da proteção deles? Sem um tipo como Tourinho, capaz de arrancar a cabeça de um índio na faca, nós seríamos massacrados pelos tapuias. E mesmo se as tribos nos deixassem em paz, El-Rei mandaria uma esquadra de Portugal para que os canhões nos lembrassem quem é o dono da terra.

MANIVELA Faz sentido. Precisamos de um outro capitão.

BIELA Vamos para Pernambuco, onde Duarte Coelho governa a ferro e fogo. Quem sabe ganhamos o seu favor.

CORO [*Canta.*] Teu mau amor de ti mesmo.
Faz do teu isolamento um cativeiro.

Ouvem-se sinos.

13. Durante a procissão de Santa Luzia, Tourinho, preso, tem uma visão da cordialidade

A procissão de Santa Luzia passa pela praça de Porto Seguro. Entoam cânticos. Na casa da Câmara, por entre as grades, o capitão se dirige ao vigia.

TOURINHO Ei, Gregório, que cantoria é essa? Qual é o maldito santo a perturbar meu sono?

GREGÓRIO É a procissão de Santa Luzia, Capitão. Aquela que o senhor jogou do penhasco, que chamou de mulherzinha.

TOURINHO Cuide de sua vida, homem. Mande que se calem, detesto esse vozerio.

GREGÓRIO Depois da sua prisão, eles foram lá e colaram os cacos. Agora a Santa está em cima do andor, e toda a vila presta homenagem. É pena não ver as túnicas brancas, as crianças com estrelas nas mãos. Se não tivesse zombado dos céus, estaria vendo, Capitão.

TOURINHO Você me faz nojo, Gregório.

Os sons da procissão aos poucos vão sumindo. Ouvem-se, esporadicamente, barulhos de sinos.

TOURINHO Acredita mesmo que estou preso por causa desses santos?

GREGÓRIO E pelo modo como o senhor vive.

TOURINHO De que modo eu vivo?

GREGÓRIO Bem, o senhor faz tudo que quer, como se não tivesse superior.

TOURINHO O que mais?

GREGÓRIO Manda esbofetear quem lhe contradiz, não respeita as índias de ninguém.

TOURINHO Mas isso é agradável.

GREGÓRIO Deve ser. Eu mesmo não seria contra, se não fosse pecado. Mas em tudo o céu nos vigia. E nos castiga quando necessário.

TOURINHO Fique quieto, já ouvi o bastante, chega. Nunca um imbecil vai entender que o céu não faz nada sem o trabalho dos homens. Os homens fabricaram um processo contra mim. Os homens me mandaram povoar essa terra estúpida. Deus não pegou o navio e atravessou o Mar Oceano para vir nos ajudar. Está ouvindo, imbecil? Mande calar a procissão. Nenhum Santo Antônio ergueu a igreja, nenhum São Martinho cortou os índios na espada. Foi o meu trabalho. Está ouvindo? O meu trabalho.

GREGÓRIO Na sua fala tem alguma coisa certa e alguma coisa errada, Capitão. Meus pais eram servos e aprendi a respeitar os céus, porque homens como o senhor faziam parte do firmamento, eram fidalgos distantes, viviam em castelos fortificados. E nosso trabalho era servi-los como quem serve aos santos. Por isso não aceito que me diga que tudo são ações dos homens e não é fixo o meu lugar na ordem do mundo. Isso me autoriza a entrar nesta cela e quebrar a sua cara, e isso é coisa que não vou fazer.

TOURINHO Gostei da idéia, Gregório. [*Grita.*] Venha agredir seu capitão, venha, seu verme. Venha, seu cancro. Provar que Deus não existe. Ou prefere pedir ajuda a Santa Luzia? [*Grita ainda mais.*] Ei, Luzia, ajude esse covarde. Venha Luzia, vaca vadia, dar uns tabefes na cara de quem te amaldiçoa.

A voz da santa ecoa na cabeça de Tourinho.

VOZ DE SANTA LUZIA Cala-te miserável! E vamos ver se agora desdenha do poder dos santos.

TOURINHO [*Estranha.*] De quem é essa voz?

VOZ DE SANTA LUZIA Sou eu, Santa Luzia. E vim te dar uma lição, pois desperdiças no cativeiro a chance de ser novo senhor.

TOURINHO Gregório, pára com isso, maldito.

SANTA LUZIA Tinhas uma função na vida, mandar em gente. E nela fracassaste.

Surge a imagem fantástica de Santa Luzia aos olhos de Tourinho.

TOURINHO Meu Deus.

SANTA LUZIA [*Ensina, hierofânica.*] Jamais serás um bom senhor se não aprenderes o trato correto.

TOURINHO Gregório, tira-a daqui.

SANTA LUZIA Mistura alívio ao cativeiro, deixa que adorem os santos, e dá-lhes dias de dança e folguedo.

TOURINHO Ei, me desculpe, Luzia, eu não fiz por mal.

SANTA LUZIA O bom senhor apazigua a escravaria, com seu humano coração. E faz com que esta morte em vida se pareça um pouco mais com vida.

TOURINHO Meu Deus, ela é sábia. Estou vendo luzes.

A aparição se vai cantando pela última vez: "Teu mau amor de ti mesmo faz do teu isolamento um cativeiro".

TOURINHO [*Tenta reter a imagem.*] Espere Luzia, volte aqui, me conte mais, me explique direito essa história. [*Ao vigia.*] Ei Gregório, Gregório da Pesqueira, você está certo... precisamos conversar assim sempre, podemos nos tratar um pouco melhor... meu amigo. [*Silêncio.*] Por favor, Gregório, fala comigo. [*Silêncio.*] E se eu te der uma moeda, Gregorinho?

GREGÓRIO Não sou seu amigo. E não preciso dos seus bons tratos.

TOURINHO Então me esqueça, seu merda.

Sinos fortes. A atriz que representa Ignez canta uma canção.

El-Rei mandou me chamar
Para casar com sua filha.
Só de dote ele me dava
Uma grande capitania.

14.

24 de dezembro de 1546 Véspera de Natal. O inquérito contra Tourinho está chegando ao fim

A índia atravessa a cena. Traz numa tábua um leitão assado e o mostra à menina.

LEONOR Índia, eu estava sentindo o cheiro do porco.

ÍNDIA O bacorinho está pronto para a ceia.

LEONOR Parece uma criança queimada.

IGNEZ [*Entrando.*] Índia, o juiz Escorcyo está vindo. [*Vê a filha.*] O que a menina está fazendo fora do quarto? [*À menina.*] Para dentro, deve ficar recolhida.

LEONOR A senhora não vai me levar à missa?

IGNEZ Em Portugal você verá missas muito mais lindas, com crianças brancas cantando. O chão das igrejas de lá não é de terra, você sente o frio... agora volta para o quarto, vem filhinha.

LEONOR Eu não quero ir para o quarto.

IGNEZ [*Ordena.*] Índia. [*A índia arrasta Leonor.*]

LEONOR [*Sendo arrastada.*] Não, eu não quero ir. Me tira daqui.

IGNEZ [*Ao público.*] É uma coitadinha, uma coitadinha.

Entra o juiz Escorcyo. Vem acompanhado de um menino. É o mesmo indiozinho que comprou de João de Tiba, agora vestido com roupas cristãs.

ESCORCYO Boa noite, dona Ignez, que a luz da cristandade encha de bem-aventurança os novos tempos. Trouxe uma pequena oferenda, um pedaço de âmbar, vomitado pelo mar na praia, talvez de alguma baleia. Tem proveitosas serventias. Aceite como prova de que minha estima não se abalou com o processo.

Ouvem-se batidas que vêm de dentro da casa. É Leonor.

IGNEZ Nossa amizade apenas se fortaleceu durante o processo, juiz. Considere-se pessoa amiga de nossa casa.

ESCORCYO Que beleza o bacorinho temperado com alecrim.

Novas batidas. O juiz estranha. A índia faz menção de tirar o porco.

IGNEZ Índia, eu quero o porco assim, exposto. Não é assim que os porcos devem ficar?

ESCORCYO [*Constrangido.*] Sinto falta do alecrim. Dona Ignez, quando o Capitão chegar a Portugal será imediatamente libertado.

Batidas intensas. Ignez canta, amalucada.

IGNEZ El-Rei mandou me chamar
Para casar com sua...

Ignez interrompe o canto e olha para a índia.

ÍNDIA Filha.

IGNEZ [*Retoma o canto.*] Só de dote ele me dava uma grande capitania. O senhor se lembra da música?

ESCORCYO A senhora não ouve as batidas?

IGNEZ Índia, ouviu alguma coisa?

ÍNDIA Só ouço o latido dos cachorros. Devem sentir o cheiro da carne.

IGNEZ [*Cantando.*] El-Rei mandou me chamar, ó meu rei, não caso, não. Eu sempre gostei do final: não caso, não.

Pausa. Silêncio. Novas Batidas.

ESCORCYO [*Indicando o índio que o acompanha.*] É um indiozinho que estou educando, manso e modesto, serve a mim com prontidão e alegria. [*Ignez avalia o menino, toca-o.*] Beije a mão da senhora. [*Ele beija e Ignez limpa a mão.*]

ÍNDIO ANHEBÊ [*Num português hesitante.*] Já sei recitar a Paixão em português, o vigário disse: eu sou *puer bonae indolis.*

ESCORCYO Ele vai representar o menino Jesus na festa. Pedi a Bernard, [*Ao menino.*] vai ser uma boa ovelha do rebanho de Cristo.

Batidas.

IGNEZ Juiz Escorcyo, hoje tem missa e festa na vila, eu poderia não ir porque meu marido está preso, mas penso, é preciso que continuemos a viver. O senhor pode me acompanhar?

ESCORCYO Claro, claro.

IGNEZ Será bom ter a companhia... de um homem. [*Ao público.*] É Natal, assim como é hoje, para sempre será.

Todo quadro da cena sofre uma distorção: os atores ficam estáticos ou ralentam seus movimentos.

ATRIZ QUE REPRESENTA A ÍNDIA Um índio comia carne de gente. Um frade lhe disse: "Não se come um seu igual." A resposta do índio foi esta: "Eu sou uma onça."

Após emitirem sons de bichos, os atores voltam a se relacionar como personagens.

ANHEBÉ Meu nome é Anhebé, o índio muito bem, e sou *puer bonae indolis.* [*Mais batidas de Leonor.*]

IGNEZ Nós vamos à missa, índia. Solta os bichos e dê alguma coisa de comer a eles. Vamos, juiz.

ESCORCYO [*Oferece o braço a Ignez.*] Se me permite. [*Saindo.*] Chegará um tempo de justiça, não será o nosso, mas temos que prepará-lo como um leitão que vai ser assado no futuro, daqui a muito tempo, por cozinheiros mais sábios. Coube a nós armazenar o alecrim.

A índia solta Leonor e a traz para perto do porco.

ÍNDIA Venha comer o porco.

LEONOR Ei, índia, nós somos irmãs. Você não é um bicho, eu tenho certeza. Viemos da costela de Adão, você com sua pele suja, eu com a minha clara. Meus pés num sapato estreito, você com os dedos largos. Eu comendo porco, você polenta. Vamos celebrar juntas porque somos uma só coisa. Dança comigo, vem dançar.

A índia se recusa ao contato físico com a menina e sai.

CORO "El-Rei mandou me chamar..." [*Cada ator canta um verso da canção desencontradamente, enquanto é montada a nova cena.*]

15. Antes da Missa do Galo, num tablado na frente da igreja

Entra João de Tiba, o traficante de escravos, arrastando uma menina índia. Está completamente alcoolizado. Avista o padre, que prepara o tablado da representação teatral. Diversos espectadores, gente da vila, esperam o começo da função. Atrás da cortina, sobre o tablado, alguns índios vestem roupas cênicas, que evocam imagens da Bíblia.

JOÃO DE TIBA [*Puxa a menina pelo pescoço.*] Veja, padre, que bela menina. O pai dela me garantiu que é virgem. Faça assim com o dedo, e pode meter na bugrinha. Com delicadeza, senão estraga meu tesouro.

BERNARD [*Duro.*] Bebeu de novo, João de Tiba? Você não era disso. Vá-se embora, preciso do tablado livre. Daqui a pouco começa a representação.

JOÃO DE TIBA Custou-me um arcabuz. Eles estão cada vez mais difíceis de convencer. Já não querem saber de anzóis, facões e machadinhas.

BERNARD Saia, homem, as pessoas já estão chegando. Não quero escambos na noite de Deus.

JOÃO DE TIBA Eu sou um homem de Deus, quase um frei: só cativo índios para que sirvam às leis dos cristãos. Eu salvo almas, vigário, como o senhor. [*Saindo.*] Eu quero ver o arremedilho.

Entram Escorcyo e seu protegido, o menino índio.

ESCORCYO Menino, atua conforme te ensinei. E lembra-te: és meu protegido e ninguém vai caçoar de ti.

BERNARD [*A Escorcyo.*] Chegaram no prazo. Vá se aprontar Anhebé. Espero que o senhor compreenda o que quero dizer. É uma nova tentativa para me aproximar deles.

ESCORCYO É excelente a idéia de uma representação. Veja. [*Mostra Anhebé.*] Ele ficará uma belezinha de Rei Mago.

BERNARD Vamos começar.

ESCORCYO [*Em aparte.*] Deus não é vaga-lume, mas a noite está cheia dele.

Bernard toca o sino sobre o tablado. Música de flauta e tambores.

BERNARD [*Ao público.*] Aproximem-se, senhores, vai começar o auto da natividade. Venham todos. Os índios hoje podem chegar mais perto. Que a graça de Deus não nos deixe confundir as penas do Inferno com as glórias do Paraíso. Veremos agora um novo teatro, representado por índios batizados de gerações amigas. Homens que abandonaram o erro e a barbaria, e nos mostram à sua maneira brasílica os ensinamentos da Bíblia.
No primeiro quadro vemos a Virgem Imaculada, o carpinteiro José e o menino Jesus na Manjedoura.

Abre-se a cortina do tablado. O quadro, representado pelos índios, sugere a recusa de José em aceitar o menino Jesus. Em cena estão também Maria e o Anjo. Escorcyo entra correndo e arruma a roupa de Anhebé, que faz o papel do menino Jesus.

BERNARD Saia, Escorcyo. [*Ao público.*] José se recusava a aceitar um filho concebido pelo Céu, feito antes do casamento. E eis que o anjo do Senhor manifestou-se a José, dizendo: [*Durante a fala, o quadro se modifica. O gesto do anjo se torna mais agressivo, José tem a iluminação.*] Como fazer entrar na cabeça de um carpinteiro, uma idéia tão elevada? [*O quadro se congela na imagem de uma aceitação plena e feliz.*] Vocês índios são o José, teimosos e cheios de soberba como ele. Resistem a aceitar a verdade do Espírito Santo. Mas os milagres existem e nem sempre são diretos como a machadada que explode uma cabeça.

Cortina.

BERNARD O segundo quadro nos mostra uma estrada no Oriente. Eis que vemos três reis magos, Gaspar, Belchior, Baltazar, e à frente deles, a Estrela-Guia. [*Abre-se a cortina, vemos o quadro dos reis magos viajando. Não é estático, os índios estão em movimento constante. Entra em cena outro índio vestido de Estrela-Guia. Ele indica o caminho aos magos.*] Quem serve a quem neste quadro? Vocês índios são os magos e nós padres a Estrela-Guia. Parece que só vocês se esforçam enquanto a estrela repousa. Mas quem será escravo de quem? Em verdade vos digo: é a estrela que serve aos magos.

Cortina.

BERNARD Portanto, quando vocês remam nossas canoas, plantam nossa mandioca, carregam nossa bagagem, somos nós os seus escravos.

ESCORCYO Excelente simbolismo, excelente.

Abre-se a cortina do último quadro. Os índios estão de costas e vestem máscaras grotescas, que representam variantes tropicais dos animais da manjedoura.

BERNARD O último quadro do auto mostra a importância da humildade. Nele vemos os animais do estábulo. [*Os índios viram-se de frente e indicam os animais de um curral.*] Eles deixam de comer e cedem a manjedoura ao Menino Deus, em nome da salvação. Vocês são essas bestas...

Os índios começam a dançar, cantar e gritar.

...entre pobrezas e desamparos, entre ascos e misérias.

A dança fica mais furiosa.

ESCORCYO De que Evangelho tirou essa imagem?

BERNARD [*Vê o excesso dos índios.*] Podem parar, está bom. [*Ao público.*] Vocês são as bestas que devem aprender a sacrificar o apetite em nome da salvação. [*Aos atores.*] Parem, já falei. [*Vê a dança furiosa, decide entrar na roda e participar. Grita ao público.*] Eu amo vocês, ouviram. Eu amo vocês. [*Bernard começa a gritar também.*]

ESCORCYO [*Entra em cena e interrompe a dança.*] Parem. [*Arranca a máscara de Anhebé. Os outros atores retiram as máscaras. Ele fala ao menino.*] Você quer ir a Coimbra desse jeito? Não aprendeu nada do que lhe ensinei? Inconstante. [*A Bernard.*] O que você pretende com este auto de bestas?

CORO CANTADO *Iporanguetê moreco iandevé*
Timarangatú apoé pé
Timomoru ei mengara iandevé iandevé

BERNARD [*A Escorcyo.*] Está tudo bem, nunca esteve tão bem. É preciso que sejamos um pouco como eles. [*Faz gesto a Anhebé para que recite um novo ensinamento. O menino hesita e o vigário lhe sopra o texto.*]

BERNARD Belíssima oportunidade... [*Ele faz coro ao menino em voz baixa.*]

ANHEBÉ Belíssima oportunidade estão a nos dar. Não ultrajemos nossos benfeitores. Pertençamos a eles. Pertençamos a eles.

Bernard acaricia a cabeça do índio.

Entremez do *Poema da Indiazinha Ocidental*[5]

Numa oca, o Vigário Bernard, ligeiramente alcoolizado declara seu amor a uma adolescente índia, ajoelhada aos seus pés.

5. Na montagem da Companhia do Latão, um narrador, a própria atriz que representa a índia, anunciava o título: *Poema da Indiazinha Ocidental.* O fragmento era apresentado na boca de cena durante a troca cenográfica.

Indiazinha
Você é minha Europa.
Seus pés rudes,
São Lisboa e Sevilha, dos portos movimentados.
As barrigas das pernas
São Gênova e Veneza, grossas e macias.
As coxas são Flandres e Antuérpia,
Das trocas infinitas.
Mas o centro do mundo,
Para onde tudo converge,
É Paris,
A minha Paris,
Fétida e úmida,
A Paris do mal gálico:
A minha Paris.

Ouvem-se sons da praia e do porto.

Entremez lírico de Tourinho

Numa caravela, Tourinho é amarrado ao mastro por um marinheiro. Tenta discursar para a multidão que se junta ao longe na praia.

TOURINHO Povo de Porto Seguro, vós que aqui viestes por compaixão de mim...
CIDADÃO O que ele está dizendo?
CORO DA VILA Por nojo, Tourinho.
TOURINHO Vós que aqui viestes por amor a seu líder...
OUTRO CIDADÃO O que foi?
CORO DA VILA Por asco, Tourinho.

16.

07 de fevereiro de 1547
Pero do Campo Tourinho é embarcado para Lisboa

A grande caravela está carregada de mercadorias: toras de pau-brasil, animais silvestres, pimentas, barris de conchas. Tourinho, no momento da partida, está amarrado ao mastro central, como exemplo a ser exibido à população que assiste a tudo da praia. Uma canoa ao lado da caravela traz parentes de Tourinho que vieram se despedir. Toda a cena é representada através de pantomimas que ilustram, comentam ou arremedam a narrativa do canto.

CORO Viemos despedir de tão nobre personagem.
Vejam a lamentável criatura,
Monstro marinho, cachalote, peixe-boi
Em meio aos papagaios coloridos e às toras de pau-brasil [*Suspensão.*]

Aqui se inicia a pantomima da entrada do filho de Tourinho.

Vejam a primeira despedida,
É o filho traidor que se apresenta,
E vem clamar ao pai o seu perdão.

NARRADOR [*Do coro ergue-se um narrador que faz a voz de Tourinho.*] "Filho que mais se parece comigo, tu me atraiçoaste."

Na pantomima, Tourinho pede ao marujo que o solte. Suplica. O capitão, a contragosto, o desamarra.

NARRADOR "Solta-me, ó bondoso marinheiro."

Tourinho, livre, se aproxima do filho.

NARRADOR “Vejo no teu rosto que estás arrependido.”

Quando tudo indica que o pai vai dar um abraço no filho, Tourinho, violentamente, dá uma joelhada no meio das pernas do rapaz. Manda que o marujo o amarre de novo.

NARRADOR “Amarra-me de volta. Um filho mal-educado é a vergonha do pai.”

CORO Agora quem é que se aproxima?
Uma mulher arrastando a sua filha.
E a menina golpeando o próprio peito.

Pantomima da esposa melodramática Ignez e da filha que soca o próprio peito. Ambas olham Tourinho. A menina, desconfiada, não se aproxima.

NARRADOR “Dai-me vosso consolo, ó mulheres minhas.”

Ignez, com movimentos descompassados, dele se aproxima no mastro. Abraça-o. Fala algo ao ouvido dele. O rosto de Tourinho demonstra um susto.

NARRADOR “De tua língua saem estranhas palavras.”

Inesperadamente, num movimento violentíssimo, Ignez morde a orelha de Tourinho, arranca um pedaço, e o cospe no convés da caravela. Todos olham a cena, perplexos. A menina Leonor chega perto do pedacinho de orelha, observa-o, recolhe-o do chão, enfia na própria boca e mastiga até engolir.

NARRADOR [*Sempre a voz de Tourinho.*] “Ei, isto me pertence. Sua antropófaga.”

As mulheres saem do convés. Surge João Camelo, com mais um rolo de manuscritos.

CORO Agora entra o poeta inoportuno.
João Camelo, não é hora para metáforas.
Não vê que seu herói não é um tipo para poesia?
NARRADOR "Aproxima-te, Camelo, ao menos tu me guardas respeito."

Pantomima do poeta serviçal. Camelo se ajoelha feliz por ter concluído mais um episódio de sua epopéia e depõe o poema aos pés de Tourinho. Seus gestos aludem a novos versos que comparam a tragédia de Tourinho a corpos celestes. Tourinho olha para o poeta e depois para o firmamento, inconformado com o que ouve e com a humilhante situação.

NARRADOR "Camelo, a natureza mesma materializa tua poesia. Veja, no céu, um gavião persegue uma saracura."

Tourinho lhe aponta no céu a luta dos pássaros. "Ali, mais para lá!" Quando Camelo se vira para olhar, toma um chute no traseiro

NARRADOR "Pensas que sou brutal? Então melhoras o que fui nos teus versos."

Pantomima da gargalhada de Tourinho. Camelo quer bater na cara de Tourinho com o manuscrito, mas se acovarda diante dos dentes trincados do Capitão. Sai.

CORO Chegou a hora da última despedida:
Uma retribuição carinhosa das nações indígenas.

Uma flecha atravessa o ar e atinge o mastro da caravela, pouco acima da cabeça de Tourinho.

MARUJO [*Preocupado com o inesperado ataque indígena, grita aos outros.*]
Zarpar! Recolher a âncora! Velame principal! Amarrar as cargas!

As velas são preparadas para a partida. A caravela parte em direção ao mar aberto. O coro de atores continua a cantar a melodia da partida, indicando os novos movimentos da cena. Tourinho, amarrado ao mastro, vê cada vez mais longe a população na praia, e grita para que ouçam.

TOURINHO Ouçam a praga que vos rogo: em pouco tempo hão de me querer de volta. Porque hão de dar valor aos atos feitos à vista. Intimidar, escalavrar, seqüestrar, assassinar! Será a prova de força o que vai nos impor nessa terra. Hão de ver isso um dia: não basta dar-lhes imagens e semelhanças. Hão de ver: intimidar, escalavrar, seqüestrar, assassinar. Eu tinha razão.

Epílogo

Próximo ao pelourinho da praça de Porto Seguro, o traficante João de Tiba puxa um grupo de escravos de África com cordas no pescoço. A população da vila se junta para ver a carga humana que acabou de desembarcar.

JOÃO DE TIBA [*Entusiasmado.*] Vejam, é um carregamento de peças da Guiné, escravos de África.
Vieram numa nau amontoada de gente,
Fedida de cheiro de morte.
E sobreviveram porque são os mais fortes,
Mais seguros que os índios da terra porque nunca fogem,
Nem têm para onde.
É mercadoria vinda de longe.
Agora mais barcos passam por aqui.
Entramos na rota do comércio mundial.

NOTA

Esta peça faz menção a fatos históricos reais relatados no processo movido contra o donatário Pero do Campo Tourinho. O documento original se encontra no Arquivo Nacional Torre do Tombo, *Inquisição de Lisboa*, processo número 8821, de acordo com transcrição de Rossana G. Britto no volume *A saga de Pero do Campo Tourinho: o primeiro processo da Inquisição no Brasil* (Petrópolis: Vozes, 2000).

A idéia da encenação provém de um estudo do livro de Sérgio Buarque de Holanda, *Raízes do Brasil*, (São Paulo: Companhia das Letras, 1995), feito pela Companhia do Latão no ano de 2001 e da leitura do ensaio "Atribulações de um donatário", de Capistrano de Abreu, em *Caminhos Antigos e Povoamento do Brasil* (Rio de Janeiro: Civilização Brasileira, 1975).

Os fragmentos em tupi-guarani foram retirados de Jean de Léry em *Viagem à Terra do Brasil* (São Paulo: Livraria Martino, 1951); as falas de Santa Luzia se inspiram nos conselhos de Antonil em *Cultura e opulência do Brasil* (Belo Horizonte: Itatiaia, 1982); as falas do padre Bernard na celebração de Natal citam trechos dos sermões de Antonio Vieira, quando de sua estada no Maranhão. Durante o processo de ensaios foram consultados diversos relatos de viajantes do período, entre os quais o livro de Hans Staden, *Duas viagens ao Brasil* (Belo Horizonte: Itatiaia, 1974) e cartas jesuíticas. A obra de Luiz Felipe de Alencastro, *O trato dos viventes* (São Paulo: Companhia das Letras, 2000), inspira alguns pontos de vista e o título da peça.

II. CENAS DA MERCANTILIZAÇÃO

O mercado do gozo

Texto
Sérgio de Carvalho, Márcio Marciano e Helena Albergaria

Colaboradores Ney Piacentini, Emerson Rossini, Beto Matos, Izabel Lima e Victória Camargo

O mercado do gozo estreou no Teatro Cacilda Becker em 16 de agosto de 2003, pela Companhia do Latão, com direção de Sérgio de Carvalho e Márcio Marciano, direção musical de Martin Eikmeier e Walter Garcia, figurinos de Márcio Medina, assistência de figurinos de Helena Albergaria, assistência de direção de Renata Deuse, iluminação de Paulo Heise, cenografia de Antonio Marciano e Márcio Marciano, pesquisa cinematográfica de Diogo Noventa, Marco Dutra, Caetano Gotardo, Juliana Rojas, assistência de pesquisa de Douglas Estevan, produção de Ney Piacentini, com os seguintes atores: Beto Matos (depois Fernando Paz), Emerson Rossini, Helena Albergaria, Izabel Lima, Ney Piacentini e Victória Camargo.

PERSONAGENS

Burgó, o burguês em crise
Castor, um gerente de fábrica
Papoula, proprietário de um opiário
Jürgen, o pianista alemão
Bubu, um cafetão
Rosa Bebé, uma prostituta de origem francesa
Getúlia, operária e prostituta ocasional
Cafifa, criada de Rosa
Operárias
Inspetor de polícia
Tenente
Cigana
Mendigo
Operários, clientes da prostituição, lixeiros
Assistentes de direção, contra-regras, iluminadores

1 Prólogo na porta do teatro. Julho de 1917. Em frente à Fábrica de Tecidos Burgó, o jovem herdeiro contempla gente de aparência ordeira

Um assistente organiza o público em frente a uma porta lateral do teatro, que está cenografada para se assemelhar a uma porta de fábrica. Iluminação, ao ar livre, de cinema. Sobre uma plataforma acima da porta, surge Burgó, o herdeiro. Vem acompanhado de Castor, o gerente da tecelagem. A cena deve sugerir a entrada de operários numa fábrica sendo registrada, sem que se vejam as câmeras, por uma equipe de cinema.

CASTOR Operários e operárias, é com tristeza que vos recebo à porta da fábrica. Já conheceis a terrível notícia: nosso estimado patrão é morto. Sim, é morto aquele que deu a cada um de vós, além do salário decente por quatorze horas diárias, ocupação séria para vossos filhinhos. Trabalhadores, neste negro julho de 1917 a cidade de São Paulo se incendeia. Por toda a parte, anarquistas promovem a baderna e o crime. Fábricas paradas, máquinas destruídas, piquetes, greves. Menos aqui, onde continuamos produzindo à plena força. Seja feita a vontade do velho Burgó, que deixou por escrito: "nem para meu enterro haverá feriado". Orgulha-nos saber que os senhores são gente ordeira, avessa a provocações e confrontos. Por isso, tenho a honra de apresentar-vos o herdeiro de vosso bem-estar, o jovem Burgó, que a partir de hoje assume a tecelagem. Será ele nosso líder. Em tempos de insolência, o filho se torna o pai amoroso de vosso trabalho.

BURGÓ [*Tem dificuldade em elevar a voz.*] Que posso dizer? Vão, trabalhem! Chorem por meu pai. É tudo.

CASTOR Senhores, antes de tomardes assento nos teares que vos afagam os dias, aplaudi este jovem capitão da indústria.

Aplausos. O movimento da iluminação revela com mais clareza que o espaço cenográfico da fábrica é um ambiente de filmagem.

ENSAIADOR [*Num megafone, ao público, ligeiramente agressivo.*] Atenção, figuração, para os quatro mandamentos do figurante. Um: jamais olhem para a câmera. Vocês não existem. Dois: nunca se dirijam ao elenco protagonista. Eles são os artistas. Três: permaneçam em pé para não amassarem os figurinos. Quatro: o processo só pode ser interrompido em caso de morte. Agora, me acompanhem.

No espaço interno do teatro, sobre o palco, uma música tensa e repetitiva sugere o funcionamento dos teares. Algumas operárias já estão em seus postos de trabalho e observam a chegada e acomodação do público[1]

2. Entre os teares da fábrica, o gerente Castor mostra ao jovem Burgó o produto da vida laboriosa

Dentro da tecelagem, Burgó, o herdeiro, entediado e deprimido, inspeciona sua herança. Conduzido pelo gerente Castor, ele visita diversos setores da fábrica. O gerente não esconde sua excitação com a possibilidade de criar um vínculo com o novo patrão.

A.

CASTOR [*Mostra uma calçola que segura nas mãos.*] Trama ilusionista. Ninguém reconhece. Fios toscos de algodão com aparência de seda brilhante. [*Burgó se afasta, olhando para o vazio.*] Está me ouvindo, senhor? Desculpe. Talvez venha em hora imprópria meu entusiasmo com os Tecidos Burgó.

BURGÓ [*Vê o público.*] Quem é essa gente?

1. Na montagem da Companhia do Latão, o público se acomodava numa arquibancada montada sobre o palco do teatro, e acompanhava muito de perto o trabalho dos atores.

CASTOR É o setor de mercerização. [*Aponta o lugar onde a calçola foi produzida.*] Foi feita ali.

BURGÓ Parecem bonecos presos aos fios.

CASTOR Impregnamos o tecido de soda cáustica, e o resultado é uma obra de arte. Verdadeira metamorfose.

BURGÓ E as mulheres? Precisam meter as mãos na soda cáustica?

CASTOR Não haveria de ser as crianças. [*Indica o lugar de trabalho das operárias.*] Veja: a vida das máquinas era a vida de seu pai.

B.

GETÚLIA [*Fala às outras operárias, em frente a uma máquina.*] Quando vamos comprar uma calçola como aquela? Tão linda. Eu fui feita para o macio. Temos tantas necessidades e outras tantas vontades.

C.

CASTOR Dr. Burgó, seu pai me estimulava a ser criativo. Ele dizia: quem nos consome não é a elite, mas o povo. Imaginei uma peça barata, para o corpo da mulher que trabalha.

BURGÓ [*Pega a calçola e fala à operária Getúlia.*] Ei você, aproxime-se. [*Mostra a peça.*] O que pensa da calçola?

GETÚLIA Muito bonita, senhor.

CASTOR [*Citando.*] "Roupas de baixo Burgó: revelam formas e não deformam."

BURGÓ Melhor seria: "operária, troque a calçola todo dia e o mundo será menos sujo." [*Angustia-se ainda mais e se afasta. Fala a Castor.*] Leve-me embora. Não suporto essa visão. Gente morta, coagida a suportar imbecis como você.

CASTOR [*Humilhado.*] O senhor é jovem, logo se acostuma. Tenho certeza de que em pouco tempo aprende a gritar como seu pai.

BURGÓ Produza o que quiser. E me mande o dinheiro. Vou descansar uns dias. [*Ao público, num tom diferente da personagem.*] Sinto-me como um caramujo, preso numa casca que eu próprio não construí.

3. No Opiário Papoula, Burgó procura uma alternativa à vida burguesa e conhece o cáften Bubu

Segundo andar de um pequeno prédio no centro de São Paulo. No opiário, abajures, cômodas, divãs e um tapete persa velho. Num extremo do salão, o piano. Burgó, sentado no chão, devaneia sob o efeito do ópio. Alta madrugada. Os últimos consumidores pegam seus chapéus para partir. Algumas prostitutas riem num canto com um garçom e Jürgen. O pianista anda para lá e para cá e toca ocasionalmente. Papoula, o proprietário do local, andrógino, entra e se dirige ao empregado.

PAPOULA Jürgen, vá lá em cima, tire os chineses do terceiro andar, ponha-os na rua. [*Percebe Burgó.*] E esse aí também. O que foi? Por que ainda não fechou a casa? Está siderado com a minha beleza, soldadinho alemão? Cuidado, se não agir bem lhe mando de volta para a guerra. [*Jürgen pega um jornal e mostra a Papoula, apontando Burgó. Papoula, feminina ao extremo, se aproxima do cliente. Fala a ele, sedutora.*] É o herdeiro Burgó? Vi sua fotografia no jornal. [*Aproxima-se mais de Burgó.*] Bem-vindo à Casa de Papoula, este é o meu opiário. Aqui se excitam os nervos do coração.

Três coristas da casa auxiliam Papoula a se vestir enquanto cantam acompanhadas por Jürgen ao piano. O fragmento não esconde seu caráter de "número musical."

Flor do pântano, Papoula
Teu amor, teu humor, teu vapor
Entorpecem Papoula.
Escancara minha alma
E vasculha tudo aqui.
Tu és mística anarquista
Libertária da minha opressão.

(Obnubila-me, Papoula)

Oblitera-me, Papoula.

PAPOULA [*Esperando uma resposta de Burgó.*] Não é preciso que fale, mas faça um gesto, dê um sinal, uma sobrancelha alteada.

BURGÓ [*Discute violentamente consigo mesmo.*] O mecanismo exige a minha vida. [*Cai no chão.*]

PAPOULA [*Tenta erguê-lo.*] Venha, querido.

BURGÓ [*Aparentemente sóbrio.*] Tire as mãos de mim. Sua fumaça não me faz mais efeito. Consiga coisa mais forte.

PAPOULA Aqui só vendemos da flor mais pura, querido, cultivada pelos ingleses na Índia e no Afeganistão, *by the appointment of the Queen.* Aprovada por milhões de chinesinhos viciados.

BURGÓ [*Volta a siderar-se.*] Não consigo deixar de ver os móveis estúpidos dessa pocilga, o tapete esbeiçado que não voa...

PAPOULA Antipático. Quer mais uma carga? [*Põe um cachimbo na boca dele.*]

PIANISTA [*Interrompe a ficção, ao público.*] Neste ponto, música para lugares longínquos.

PAPOULA Feche os olhos. [*Tapa os olhos dele.*] Imagine que está bem longe da cidade engaroada. Então, o que vê?

BURGÓ [*Sorve a fumaça do cachimbo.*] Vejo a fumaça viscosa das chaminés. Estou num galpão com operários que comem grandes postas de peixes fritos em panelas cheias de óleo.

PAPOULA Não consegue nada mais apaixonante? Festas no Jockey Clube, os cavalinhos espumando para chegar em primeiro lugar.

BURGÓ O mais miserável sou eu, que uso roupas limpas e tenho medo deles.

PAPOULA [*Declama.*] "Lavadinhas, lavadinhas, as operariazinhas." Esquece isso, querido.

Entra o cafetão Bubu pisando duro, com pressa.

BUBU Papoula, onde está a ordinária?

PAPOULA Já foi embora, Bubu.

BUBU Prometeu que não venderia cachimbos àquela rameira.

PAPOULA Evaporou-se: abstêmia e sóbria, como entrou.

BUBU Fizemos um acordo, você não deprecia as minhas mercadorias, eu não deprecio as suas.

BURGÓ [*A Papoula.*] Mais uma carga, antes que a sensação passe.

BUBU Papoula, bom amigo, que elas se divirtam de vez em quando, até compreendo, abrir os orifícios o dia inteiro não é fácil...

BURGÓ [*Mais agressivo.*] Mais uma carga, eu dei muito dinheiro ao alemão, lembro bem disso.

BUBU Mas elas bebem, fumam, se viciam, casam-se umas com as outras. Têm um gosto irracional pela diversão.

BURGÓ [*A Bubu.*] Não quero o barulho da vida burguesa em meus ouvidos, a insuportável vida burguesa.

Bubu o empurra para o chão. Burgó cai.

PAPOULA Caiu. É meu cliente.

Interrupção da ficção. Os atores se recompõem tecnicamente: Burgó se ergue como se nada tivesse acontecido. Bubu ajeita a gravata. Preparam-se, muito rapidamente, para repetir a cena, agora com outra marcação no espaço. Toda a cena sofrerá uma mudança de tom, tornando-se mais dramática.

BURGÓ [*Retoma a ação.*] Não quero o barulho da vida burguesa em meus ouvidos, a insuportável vida burguesa.

Bubu o atira de novo ao chão.

PAPOULA Caiu. É meu cliente.

BUBU [*Sem se importar com a agressão.*] Vou vender essa moeda falsa. Podiam ser todas como Rosa Bebé, meu amor mais conformado, exemplo de trabalhadora.

PAPOULA [*Socorre Burgó e fala a Bubu.*] Sempre descontrolado, não conhece tratos humanos e quer ser comerciante. [*Põe o cachimbo na boca de Burgó.*] Suga, querido, suga!

BURGÓ [*Rejeita.*] Cadela sebosa.

PAPOULA É um poeta da indústria! [*Sussura a Bubu.*] É o herdeiro Burgó.

BUBU [*Percebe o equívoco da agressão e se aproxima de Burgó.*] Sinceramente, senhor, sou intempestivo, e me arrependo das violências que faço. É como um impulso brutal que não controlo. Mas o cavalheiro compreende: toda criatura se equivoca. Aceite minha mão.

BURGÓ [*Afasta-se e volta.*] Meu sangue correu forte, como há tempos não sentia.

BUBU Toma uma bebida comigo?

PAPOULA [*Apresenta-os.*] É o sr. Bubu, representante comercial.

BURGÓ [*Depois de vestir seu paletó, aceita as desculpas de Bubu.*] Parece um comediante italiano que conheci na fazenda de meu avô.

PAPOULA E é mesmo, é também um artista.

BUBU Sou... consigo até chorar, veja. [*Faz esforço por alguns segundos para provocar o choro, depois desiste.*] Bem, ando um pouco sem treino para papéis dramáticos. [*Encaminham-se para a saída.*] Deixe a conta dele comigo, Papoula.

PAPOULA Já foi paga.

BUBU Que pena. Vamos?

Saem.

PAPOULA [*A um interlocutor imaginário no centro do público.*] Como eu resumo a cena? O proxeneta de uma figa, açambarcador de cabaços, encontrou o aliciador de necessidades. Juntaram braços e saíram atrás do gozo da cidade.

4. A prostituta ocasional Getúlia comercia seu talento

NARRADOR [*Anuncia.*] Cena 4, cemitério, noite. A prostituta ocasional Getúlia comercia seu talento.

CORO [*Canta.*] Matéria podre
Enterrada
Faz luz
Da decomposição.

Nas alamedas do cemitério, a operária Getúlia entra com uma vela acesa. Atrás dela, um operário, seu cliente.

GETÚLIA Minhas pupilas estão dilatadas, enxergo bem no escuro.

CLIENTE Se enxergasse melhor escolheria outro lugar.

GETÚLIA [*Tenta se localizar.*] Eu conheço o caminho. No final dessa alameda tem uma árvore, onde deitamos sossegados.

CLIENTE Ouviu alguma coisa? [*Ambos param.*]

GETÚLIA Nesse lugar o silêncio zomba. Parece que tem mil olhos atrás das sepulturas, mas não tem nada.

CLIENTE [*Indica.*] Esse anjo de pedra, que sorriso doente.

GETÚLIA Não lembro dessa tumba. Vem! Deve ser do outro lado.

CLIENTE Tanto terreno baldio por aí. Não se deve bolinar com os mortos. [*Olha os túmulos interessado pelo que está escrito.*] "Orai por ele", "orai por ele", "labor", "virtude.".. para quem eles escrevem essas coisas? [*A Getúlia.*] Idéia agourenta.

GETÚLIA Você que recusou a pensão. Lembro bem da sua cara quando eu não quis baixar o preço: "pago o coito mas não pago o quarto."

CLIENTE Então vamos logo.

GETÚLIA Não estou achando o lugar. Vamos aqui mesmo. [*Tira folhas de cima de uma lápide.*]

CLIENTE Em cima da tumba?

GETÚLIA É lisa, de mármore, não machuca as costas.

Ela se deita e o puxa pelas mãos.

GETÚLIA Vem, vou fazer você perder o medo.

Ele, hesitante, se deita sobre ela e, antes de qualquer coisa, ergue a cabeça e lê a inscrição funerária.

CLIENTE "Maria Getúlia, 1915-1916." É o seu nome.

GETÚLIA Essas coisas não se deve ler.

CLIENTE Uma menina: "Saudade eterna, a ovelhinha recolhida ao rebanho." [*Ele se assusta e se ergue.*] Aqui não. Não vou me deitar em cima de uma criança, sou um pai de família. Eu vou embora, não quero mais.

GETÚLIA Como assim, não quer mais?

CLIENTE Acabou a vontade. Na fábrica nunca mais me olha na cara.

GETÚLIA Vai pagar o combinado.

CLIENTE Você é alucinada, vagabunda. Não usei, não pago.

GETÚLIA Não vai embora daqui com meu dinheiro.

CLIENTE Rameira sem coração, quer me fazer gastar o leite dos meus filhos?

Os atores se reposicionam como se atendessem a um comando externo. A cena se reinicia. Agora ressalta-se o efeito emocional da luz de vela com a diminuição da iluminação elétrica. A trilha sonora enfatiza a tensão nervosa do quadro. Tudo na cena se torna extremamente dramático. Nesta versão a operária é vitimizada.

GETÚLIA Eu conheço uma pensão perto daqui, não custa muito.

CLIENTE [*Cafajeste.*] Vamos logo com isso. [*Agarra-a para que se deitem ali mesmo, sobre uma tumba.*]

GETÚLIA No meio das campas não.

CLIENTE Está com medo?

GETÚLIA Vamos encontrar outro lugar, longe dos mortos.
CLIENTE [*Violento, forçando o corpo dela.*] Aqui mesmo está bom.
GETÚLIA Em cima da tumba?
CLIENTE É de mármore, não esfola o rosto.

Ele a joga de bruços sobre a campa e começa a arriar as calças. Ela tenta fugir, ele a impede.

GETÚLIA Aqui eu não posso.
CLIENTE Vou fazer você perder o medo.
GETÚLIA Não.

Enquanto ele desce as calças, ela ergue a cabeça e lê a inscrição.

GETÚLIA "Maria Getúlia, 1915-1916."
CLIENTE Não perca tempo com essas coisas.
GETÚLIA Tem o meu nome. [*Suplica.*] Aqui não. Não vou me deitar em cima de uma criança. Eu vou embora, não quero mais.
CLIENTE Como assim, não quer mais?
GETÚLIA Devolvo seu dinheiro. Na fábrica não olho mais na sua cara.
CLIENTE Não foi esse o trato. Paguei, vou usar.

5. A prostituta profissional Rosa Bebé incita sua empregada Cafifa ao sonho de ascensão

Cafifa, uma camareira, negra, depõe sobre um móvel uma pequena quantia em dinheiro. Rosa Bebé confere o montante.

ROSA Mudar de vida custa mais que isso.
CAFIFA Eu sei que é pouco, mas gostei tanto de fazer.
ROSA Quanto Bubu lhe paga?

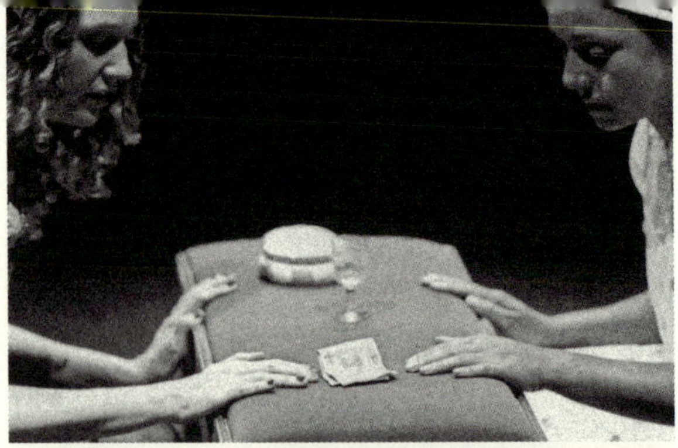

CAFIFA Pai Bubu ajuda minha avó.

ROSA Então não paga. [*Enche um copo de cachaça, vira um pouco no chão "para o santo" e bebe tudo num gole.*] Uma mulher precisa de autonomia. O segredo dessa profissão é ser outra pessoa.

Toma um pote de creme branco e passa no rosto de Cafifa, com agressividade. O gesto se assemelha a um tapa.

ROSA Para lhe embranquecer. [*Segura o rosto de Cafifa.*] Não desvia os olhos, tem medo do quê? *Blanchette.*

Cafifa se aproxima do espelho e se vê refletida como Rosa Bebé[2]

DUO Branquinha a me arder,
Branquinha a me queimar,
Branquinha goela abaixo,
Pras feridas, pro prazer.
Ai, ai,
Que bom dia para morrer.
Ai, ai, ai, ai,
Que bom dia para acabar.
Quel bon jour pour finir.

Elas se beijam na boca. Param. Olham na direção do público como se ouvissem um comando para mudar a cena. É desfeito o jogo do espelho.

ROSA Não existe belo espetáculo diante de um homem. Existe engano e provocação.

CAFIFA Ainda não estou branca.

2 As atrizes podem fazer um jogo de espelho para sugerir o desejo que tem Cafifa de ser como Rosa Bebé.

ROSA Eu lhe arrumo aos poucos. [*Mostra a quantia que Cafifa lhe entregou.*] Isso não é dinheiro, *ma petite nuit*. Ainda vai demorar para que você se deite com os homens. Aprender demora tempo.

CAFIFA E a tinta para o cabelo? Posso pedir um dinheiro a Pai Bubu.

ROSA [*Irrita-se.*] Estúpida! Isso é negócio nosso! Se abrir os beiços eu lhe furo os dois olhinhos. Bubu não entende certos sentimentos que nos aproximam...

CAFIFA Rosa, você não tem raiva de Pai Bubu viver às suas custas? Você se esforça e ele fica com o dinheiro.

ROSA Para isso é homem, para viver livre e ser feliz. Mas tudo tem um lado certo: Bubu me ensinou a ter nojo de gastar. Um dia junto o bastante e levo você para a França. Vai gostar de lá. Os franceses são alegres como eu. Lá ninguém vai dizer: "eu comi aquela negra." Na França, você vai ser *Blanchette* [*Rosa vira o rosto de Cafifa para o espelho.*], "a criatura do Brasil". [*Cafifa repete a alcunha num murmúrio, Rosa pega a mão da criada e sacode o braço de Cafifa num movimento selvagem. Ouvem badaladas.*] Não ouviu o relógio? Meio dia, hora do meu copinho da resistência. [*Pega mais cachaça.*] Mande a clientela esperar.

CAFIFA Posso tentar de novo?

ROSA Quando tiver preço o seu valor.

Cafifa sai. Rosa esfrega o dinheiro no sexo, depois guarda numa caixinha.

6. *Intermezzo* de *agit prop*: declaração de greve geral

Um coro de atores assiste à projeção de imagens históricas da greve de 1917 em São Paulo. A cena é um corpo estranho na narrativa do espetáculo. Não deve ser harmonizada ao conjunto. É como se fizesse parte de um estudo preparatório que foi banido do roteiro do filme.

CORO DE GREVISTAS Ei, soldados

Abram os portões.

Do cemitério.

SOLO DE UM CAMARADA Deixem-nos chorar.

CORO Antonio Martinez

SOLO DE OUTRO CAMARADA O camarada sapateiro

CORO Levou no bucho

Doze balas de fuzil.

SOLO DO INSPETOR DE POLÍCIA Atenção, homens da Força Pública.

Mantenham longe os baderneiros.

Cuidem que a família do sujeito

Reze em paz seu morto arruaceiro.

SOLO DA MULHER GREVISTA O sapateiro foi assassinado, Inspetor de Polícia. Suas mãos cheiram a sangue.

SOLO DO INSPETOR DE POLÍCIA Cambada criminosa de estrangeiros.

Voltem para as fábricas.

Deixem os mortos sossegados.

A ordem é manter a ordem.

A anarquia fora da última morada.

Voltem a seus postos de trabalho.

CORO DE GREVISTAS Aos poderosos diremos:

[*Cantam.*] Oferecemos nosso braço,

Nosso tempo e nossas vidas

E vós ofereceis vossas leis.

E prometeis felicidade.

SOLO DA MULHER GREVISTA Mas ela não chega nunca!

CORO DE GREVISTAS Por isso resolvemos tomar...

SOLO DA OPERÁRIA A exata decisão.

CORO DE GREVISTAS A greve geral é nossa arma contra a ganância dos donos da vida.

SOLO DE OPERÁRIO Abaixo essa República de cartaz e lantejoulas, em que as leis são ficções e cada governante um bufo de comédia.

OUTRO Fora a riqueza de poucos, a liberdade de ser escravo, a desordem burguesa.

MULHER Fora o Inspetor de Polícia, cão raivoso do patronato.

CORO GERAL Do Brás à Lapa, do Cambuci à Barra Funda, a greve parou toda a cidade de São Paulo.

7. No teatro de variedades, o número da besta-fera desperta os impulsos do burguês

A.

Bubu conduz Burgó pelos bastidores de um teatro. Técnicos andam para lá e para cá, como figurantes.

BUBU Espere aqui. Vou ver se ela pode recebê-lo antes do espetáculo. É um momento sagrado para o artista. [*Após olhar o urdimento.*] Então, não é excitante estar nos bastidores? Mas não a assista daqui: quando o teatro é visto do avesso, toda ilusão morre.

B.

Bubu entra no camarim e arranca o cigarro da boca de Rosa, que está se paramentando.

BUBU Rosette Bebé, minha libra de carne, trouxe um presente para você.

ROSA Aquele sujeito lá fora? Já me deu coisa melhor.

BUBU Aquele é um presente para mim. O seu está aqui no meu peito.

ROSA Sempre traz badulaques quando peço para voltar à França.

BUBU Não quer ver?

ROSA Mostra. [*Ela pára de se vestir e presta atenção. Ele desabotoa parte da camisa e mostra o peito. Ela observa que a tatuagem que ele traz no peito, com o desenho do rosto dela, foi retocada.*] Um colar de pérolas.

BUBU Completei sua tatuagem. Enfrentei a agulha por você.

ROSA Estava com saudade da minha cara no seu peito. Não me ama mais.

BUBU Se um dia eu for esfaqueado no coração, você cairá junto, onde estiver, como um vodu de um sacerdote africano.

ROSA [*Muda de assunto.*] Quem é o sujeito?

BUBU É o herdeiro da Tecidos Burgó. [*Rosa assobia, feliz.*] O café um dia cai, Rosa Bebé, nosso futuro está na indústria.

ROSA Diz a ele que tem um quadrúpede dentro de mim.

C.

O fragmento se passa sobre o palco de um teatro, do ponto de vista da platéia. Música exótica. Em seu número, Rosa Bebé utiliza uma máscara de gorila. Entra em cena numa dança que se converte numa atitude de fera prestes a atacar. Bubu e Burgó assistem da coxia. Quando a macaca se aproxima do público, ouve-se ao longe um grito dilacerado. Black out.

8. Interrogatório de Maria Getúlia. Interna, noturna[3]

A iluminação da cena é dramática. O operador de luz está visível e se movimenta acompanhando o deslocamento dos atores. As mudanças rápidas da luz sugerem cortes cinematográficos. O ambiente é de uma cela, no fundo de uma delegacia. A operária Getúlia tem o olho roxo. Seus cabelos, antes longos, foram cortados. Ela está agachada segurando os restos de sua cabeleira.

INSPETOR [*Entra para dar seqüência ao trabalho do Tenente.*] Como vai minha linda idealista, a noiva dos cadáveres?

TENENTE Insiste em dizer que não é anarquista nem comunista.

3. Este título é anunciado ao público, como se fosse uma referência antes da claquete que anuncia uma tomada de cinema.

INSPETOR Então a senhora fazia o quê caída na tumba?

GETÚLIA Bati a cabeça.

INSPETOR E foi culpa do fantasma-tropeço ou da alma-empurrãozinho?

GETÚLIA Caí sozinha.

INSPETOR Conhecia o sapateiro morto?

TENENTE Era íntima do maldito anarquista?

GETÚLIA Não.

INSPETOR Trabalha mesmo onde?

GETÚLIA Tecidos Burgó.

TENENTE A senhora acha que seu patrão explora vocês?

GETÚLIA Setor de mercerização.

INSPETOR Acusa seu patrão de ser "mercenário"?

GETÚLIA Eu trabalho quatorze horas porque preciso.

INSPETOR E defende quantas horas, como ideal de trabalho?

TENENTE [*Grita.*] Oito horas, oito horas? Fala, vagabunda!

INSPETOR O que seu marido pensa de seus passeios noturnos no cemitério?

GETÚLIA Não sou casada.

INSPETOR [*Ameaçador.*] Estava numa reunião clandestina do Grupo de Defesa Operária.

GETÚLIA Fui ver o luzeiro que sai da terra.

INSPETOR Luzeiro que sai da terra: espetáculo da podridão. [*Grita pela primeira vez.*] Era amiga do sapateiro morto.

GETÚLIA Senhor, eu fui a um encontro.

BUBU [*Observa o interrogatório, sai de um canto obscuro.*] Me permite, Inspetor... Essa não pertence aos comandos da greve. Eu nunca a vi pelas bodegas, e sabe que não esqueço um rosto de mulher.

INSPETOR [*Ao Tenente, após notar um ferimento no rosto de Getúlia.*] Cretino, eu falei para não deixar registro.

TENENTE Ela já chegou assim.

INSPETOR Quem lhe agrediu, mocinha?

GETÚLIA Eles cortaram meus cabelos. [*Mostra o chumaço de cabelos que tem nas mãos.*]

INSPETOR Jura não conhecer nenhuma liderança operária?

GETÚLIA Eu não tenho amigos.

INSPETOR Trabalha quatorze horas por dia numa fábrica e não fez amizade?

Ela ergue a cabeça e o contempla no fundo dos olhos.

GETÚLIA Sou contra a classe das tecelãs.

INSPETOR [*Anima-se.*] Classe! Ela usou a palavra classe. Só os agitadores consideram os operários uma classe.

GETÚLIA Senhor, acredite, sou solitária.

INSPETOR [*Desiste e a ajuda a se erguer.*] Ficou bem de cabelos curtos. Na Europa as mocinhas só usam assim.

9. O cáften Bubu resgata Getúlia para a circulação

A.

Numa rua do centro da cidade, próxima à delegacia. Getúlia anda envergonhada, tenta esconder o rosto. O cáften Bubu tira o paletó, desarruma o cabelo e se aproxima dela.

BUBU Sei que não me conhece, mas não tenha receio.

GETÚLIA Quem é o senhor?

BUBU [*Com ar de homem simples, injustiçado.*] Me pegaram também. Não sei o que têm contra trabalhadores como nós. Em vez dos tubarões, perturbam lambaris.

GETÚLIA Já me viu antes?

BUBU Aceite minha ajuda, passei pelo mesmo.

GETÚLIA Não preciso de nada.

BUBU Sou honesto, ajudo por vocação. Eu te pago um almoço, vem.

GETÚLIA Que quer de mim, senhor?

BUBU Sinto que nossos caminhos se atalham. Vamos juntar nossos talentos e ambições.

GETÚLIA Devo estar com muita fome.

BUBU Aprecio nas mulheres o apetite.

B.

Num restaurante. Um garçom serve ao casal uma entrada de pão e manteiga.

GETÚLIA [*Enquanto come.*] Cortaram meus cabelos e machucaram minhas mãos.

BUBU A polícia é uma máquina de transformar o ocasional em eterno. Aceita mais um pãozinho?

Dá metade do pão a ela e arranca o miolo da parte restante, que utiliza para esculpir alguma coisa.

GETÚLIA Com os anarquistas foi pior.

BUBU Ah, a juventude, ela tenta os homens novos dos países jovens.

GETÚLIA [*Fantasia uma biografia.*] Fui desonrada na minha cidade, abandonada no altar. Mando dinheiro para minha mãe, que cuida de uma filha que nunca vi. Minhas roupas de operária devem envergonhá-lo. Na fábrica em que trabalhei faziam peças lindas, mas éramos revistadas na saída.

BUBU Gosto de fazer bonequinhos com o miolo de pão.

Ele mostra o bonequinho de pão.

BUBU Aceita um pedaço?

GETÚLIA Aceito.

Bubu mastiga a cabeça do bonequinho e dá o corpo a ela.

C.

Dentro de uma loja de roupas, no centro, ela olha a cidade pela vitrine.

BUBU [*Põe um chapéu de abas largas em Getúlia.*] Um presente. Gosta?

GETÚLIA Muito. É lindo.

BUBU [*Mexe nas abas.*] E assim?

GETÚLIA Magnífico.

BUBU Uma boa embalagem eleva o valor de qualquer produto. É uma sábia lei da economia.

GETÚLIA Por que diz isso?

BUBU [*Abraça-a.*] Quando vejo uma fêmea, linda como você, se dar por um naco de pão, isso me revolta. Vocês amadoras põem em queda o mercado. Mas comigo seu esforço será bem pago. Vai aprender a vender sua juventudezinha criminosa. [*Beija-a, terno.*] Vou cuidar de você.

GETÚLIA Juro que serei sua como jamais fui de ninguém. Quero grudar em você, ser sua abotoadura, sua corrente de pescoço, seu charuto mais precioso.

BUBU Sei cuidar dos meus bens. Sou um comerciante de peles.

Dançam abraçados.

D.

Na frente da casa de Rosa Bebé, Bubu puxa Getúlia pela mão e mostra seu novo lar.

BUBU Então?

GETÚLIA É mesmo lindo como você disse. Grandes janelas e cortinas rosadas.

BUBU Vai conhecer uma ovelha na plenitude de sua lã. Uma artista, a maior no seu gênero: Rosette Bebé. É ela quem vai te ensinar.

GETÚLIA Ela só trabalha para o senhor, não é?

BUBU Digamos que é a minha pele mais fina. Ela já ganhou muito comigo. [*Aponta a casa de novo.*]

GETÚLIA E essa... Rosette? Ganhou tudo isso na horizontal?

BUBU Logo saberá, cabecinha sem cérebro. [*Sutilmente ameaçador.*] Vamos nos dar bem: parece uma moça de boa mentalidade, dócil, nada feminista.

GETÚLIA Todos nós temos desvios, sr. Bubu, mas cedo ou tarde achamos o caminho.

BUBU De agora em diante vai aprender a caminhar com saltos mais altos.
A sonhar com talheres, cristais,
Camisolas de seda, pantufas,
Sais de banho, licores do Reno,
Cintas-liga e calçolas a bom preço.

10. No templo de Rosa

Dentro da casa de Rosa Bebê, em seu quarto. Entre um quadro e outro, a cena se modifica: altera-se a disposição espacial, o estilo de atuação, o padrão da trilha sonora, como se estivessem sendo experimentados efeitos cênicos numa ilha de edição.

A. Rosa mostra a mercadoria a Burgó

ROSA [*Grita.*] Ei, Burgó! [*Salta no colo dele vestida de camisola, com a máscara de gorila.*]

BURGÓ [*Desiste do jogo.*] Eu canso fácil das coisas.

ROSA Gosta das minhas calçolas? [*Bate nas próprias ancas, sedutora.*] Seda Burgó.

BURGÓ Malha 3247, mercerizada.

ROSA Me disseram que duram muito.

BURGÓ Mentira.

ROSA Acho feio isso, jamais venderia gato por lebre.

BURGÓ Sua trama é tão fina que não enxergamos o sangue dos dedos que a produziram.

ROSA Se é porcaria, posso abrir um buraquinho. [*Ela ri e ameaça fazer um furo na região da genitália.*]

BURGÓ [*Agressivo.*] Quem pergunta pela lógica de tudo, destrói a maravilha das coisas. [*Rosa permanece sentada, estática.*]

B. Burgó confessa uma trágica experiência de vida

BURGÓ [*Em aparte.*] Por diversas vezes tenho pensado que o meu grande prazer vem das outras pessoas. Por isso estranho quando percebo que elas não se divertem tanto, e dou um jeito de prometer uma compensação complementar, o pagamento algum dia melhor.

Durante a fala anterior, Burgó manipula Rosa como uma boneca. Finalmente, estala os dedos e ela volta "à vida."

BURGÓ Apesar de rico, tenho uma trágica experiência de vida. Não fui talhado para o comércio.

ROSA [*Mimosa.*] Você é tão inteligente. Fico comovida com seus olhos porque sei que pensas em coisas absurdas. [*Segura o próprio sexo.*]

BURGÓ Já cansei das suas caretas de prazer, minha... putinha.

ROSA A palavra tem realidade demais. Até ontem me chamava de "égua de Afrodite."

BURGÓ Amo você, Rosa Bebé, pelo animalzinho humilhado que tem dentro de mim.

ROSA Não fique, se não lhe agrado.

BURGÓ Vou lhe arranjar todo dinheiro de que precisa.

ROSA Para eu recomeçar honestamente?

BURGÓ Tão limpa como uma operária.

ROSA Mais. Eu preciso de um pouquinho mais: em Buenos Aires a alegria custa caro.

BURGÓ Empresto o que for preciso.

ROSA Empresta?

BURGÓ A fundo perdido.

ROSA Fundo perdido, bonita expressão. Está contente?

BURGÓ Muito.

Rosa oferece sua boca. Burgó despreza o beijo e a empurra.

C. Cafifa é incorporada ao jogo

Na porta do quarto, Cafifa, encachaçada, canta e dança.

CAFIFA O cordão do eu comigo
Está de carro na avenida,
Fumegando pela pista,
Sem tristeza nem fadiga.

Rosa vai até a empregada e a puxa para o quarto.

ROSA Cafifa, hoje você entra em cena e não vai ser como criada.

CAFIFA Pinto a cara de branco?

ROSA Não. Hoje você faz papel de negra.

D. Cafifa é oferecida a fundo perdido

Rosa e Cafifa cantam e dançam enlaçadas, lúbricas.

ROSA e CAFIFA *J'adore café au lait...*
ROSA *J'Adore la politique du café au lait.*

Burgó atua num plano de representação. Como se contracenasse diretamente com a câmera. No outro plano, estão as duas mulheres. Por vezes as falas se encontram como se estivessem no mesmo plano.

BURGÓ Eu quero ficar aqui. Só vendo. Em silêncio, Rosa Bebé. [*Elas param de cantar.*] Estou enjoado da representação. [*Ambas desmontam como se fossem bonecas mortas.*] Fogo! Fogo pela vida verdadeira. [*Ele põe uma garrafa no centro do palco.*] Vê a garrafa? Talvez pudéssemos experimentar certos limites.

A cena volta a assumir um registro mais realista.

ROSA Cafifa, alguém nos observa, precisamos adivinhar seus desejos, suas vontades. Ele não quer ser tocado, não quer ser saciado, só quer manter aceso um desejo após o outro. [*Rosa se põe embaixo das pernas de Cafifa e mostra a calcinha da criada.*] Senhor, ela também veste calçola Burgó. Não rasga, não deforma, não perde a cor original. Na primeira vez que nos deitamos você disse: "com você tive apetite pela vida verdadeira".
BURGÓ Fogo.
ROSA Fogo, fogo pela vida verdadeira. Ei, senhor, certos limites custam caro. A menina pode se machucar.
BURGÓ [*Tira um maço de notas do bolso e o enfia na boca da garrafa.*] Precisa de mais argumentos, Rosa?

Rosa indica o dinheiro a Cafifa.

ROSA Olha bem aquilo, Cafifa. Vê como é bonito? Aquele papel tudo pode, ele alarga os caminhos, dilata as leis da natureza.

CAFIFA [*Observando a garrafa.*] Em mim?

As atrizes mudam de posição. As duas falas anteriores são repetidas mais dramaticamente.

ROSA [*Monta em Cafifa, que está de quatro.*] "Quem não tem dinheiro para gozar a vida, não tem necessidade de gozar a vida."

CAFIFA Metade para mim?

ROSA Não seja ambiciosa. Será que você agüenta tudo, Cafifa, no fundo perdido?

CAFIFA Agüento, Rosa Bebé, agüento tudo, até o fim, no fundo perdido.

ROSA Será que vai caber?

CAFIFA Tudo cabe. [*Simula.*] Aaaah, aaaah!

E. Bubu defende seu patrimônio

O quarto de Rosa Bebé é invadido por Bubu e Getúlia.

BUBU [*A Rosa.*] O que acontece, *Sacré-Coeur*? Se dou as costas um dia sequer, já começa a perversão? Tenho que ser o capataz brutal, senão se gastam na bebida, no baile, ou defecam sobre os clientes? Onde estão os princípios da conduta humana? É este o espetáculo que temos a oferecer ao nosso tempo? É assim que agradece, cafetina? [*A Cafifa.*] E tu, miserável? Acaso não te dei trabalho honesto? Emprego de padrinho? Não mando todo mês dinheiro para tua avó em teu nome? Escuta, capeta, quando Sebastião, teu pai, foi nocauteado no décimo segundo *round* e se esborrachou na lona como um abacate, jurei, no seu minuto final, cuidar da tua honra. [*A Burgó.*] Não basta ser proprietário dessas mulheres, temos que ser psicólogos, médicos, higienistas, juízes. Onde está a ética, meu amigo?

BURGÓ Rosa procurava me alegrar. [*Rosa manda um beijo para Burgó.*]

BUBU Você é cliente, pode pedir o que quiser, mas não vou admitir que lucrem com o meu trabalho.

Interrupção da ficção. Os atores param e olham à frente, como que regidos por um comando vindo de fora da cena. A seguir, deslocam-se ao mesmo tempo, tendo a garrafa com o dinheiro como eixo. Mudam de marcação, para que a cena se reinicie com maior intensidade dramática. Rosa chora convulsivamente.

BUBU [*A Getúlia.*] Não se assuste, minha querida, não é o usual. Rosa Bebé, esta é Getúlia, a minha mais nova aquisição. Trate-a como um dia eu a tratei, com educação. Qualquer cena esdrúxula no meu estabelecimento tem que passar pelo meu caixa.

ROSA [*Aos pés de Bubu.*] Você sempre tem razão quando me repreende! Não reclamo, Bubu, se me agride é porque mereço.

CAFIFA [*Toma coragem.*] Eu tenho vinte e quatro anos, não tenho marido e não sou feia de corpo. Quero abrir as pernas, não as portas. [*Chora.*]

BUBU Ah, Sebastião, amigo, por que puseste esse traste no mundo?

Burgó pega o dinheiro que tinha enfiado na garrafa.

BUBU [*A Rosa.*] Por enquanto fica barato assim, uma prova de que ainda confio em você.

Bubu percebe que o dinheiro sumiu e, com um gesto, cobra o pagamento de Burgó.

BUBU Senhor, aqui no nosso ambiente existem regras, e as perversões são mais caras. [*Arranca o maço de notas da mão de Burgó e tira a quantia que lhe parece justa. Devolve o resto.*] O dinheiro não é um bálsamo que tudo cura... mas não vamos desprezar seu poder analgésico. [*Aponta Rosa.*] Observe que, todavia, eu não a matei. Não se quebra uma máquina a soldo. Contentamo-nos, por vezes, em sacudi-la um pouco nervosamente. [*Os homens saem.*]

Rosa examina Getúlia, aperta-lhe partes do corpo.

ROSA Getúlia, nome estranho.

GETÚLIA Rosa Bebé, parece que já ouvi antes.

ROSA [*Ríspida.*] Tira essa roupa. [*Getúlia permanece imóvel. Rosa vai até ela e tira sua saia.*] Cafifa, o *peignoir* velho. [*Com a ajuda de Cafifa, veste-a. Rosa passa a mão no seio de Getúlia.*]

ROSA [*Murmura.*] Getúlia...

11. Coreografia das máquinas a soldo

Formação em pas-de-trois. *Trocam-se os pares. Batidas na mão marcam o movimento. Simulação de sexo mecânico. A alegoria representa as portas sendo abertas por Cafifa e a iniciação de Getúlia no trabalho com Rosa. Ouvem-se versos esparsos.*

Tão incrível
Tão incrível, num único dia.
Tão incrível num único dia,
Tantos clientes ao mesmo tempo.

BUBU [*Enquanto a coreografia se desenvolve e se decompõe, faz um "balancete."*] Tem idéia de quanto custa uma mulher, meu amigo? Anote aí. No mundo atual artigo de luxo virou necessidade básica. Cafifa, por exemplo, não demanda cremes de beleza mas exige setecentos contos de ajuda para a avó. É minha afilhada, o que posso fazer? Entra nas despesas sem retorno. Com Getúlia foram cinco mil para os camaradas da polícia, mais o custo variável de roupas e águas de cheiro. É principiante, a receita insignificante. Rosette Bebé, minha máquina mais azeitada, mantém positivo o balancete. Mas o senhor não imagina o quanto custa repor o desgaste da utilização. [*A máquina coreográfica de Rosa se quebra.*] Quanto às minhas outras peças menores, as desgarradas, contabilizo como quebra de estoque, faz parte do negócio. Essa profissão não é ofício para um pai de família.

12. Rosa mostra a Getúlia o lado belo da vida[4]

A.

Quarto de Rosa Bebé. Ela recolhe do chão um caco de vidro, pedaço de um vaso quebrado. No quarto em desordem existem vários objetos quebrados, sugerindo uma briga violenta que acabou de ocorrer.

GETÚLIA [*Abalada, se recompõe.*] Quatorze horas por dia, eu tecia de manhã até a noite, trabalhava no ritmo da máquina, meu tempo era o tempo deles, quatorze horas por dia, e agora eu não sou mais operária, na horizontal meu tempo tinha que valer mais, eu vim para cá para mandar no meu tempo.

CAFIFA [*A Rosa.*] Ela quebrou coisas de que você gosta. Se fosse comigo, eu estava com a cabeça rachada.

4 O título é anunciado em voz alta pela atriz que representa Cafifa.

ROSA [*A Getúlia.*] Em tudo você lembra homem, menos na força de trabalho.

GETÚLIA Por que não posso deitar com Burgó? Não quero vinte velhos doentes, quero um homem jovem, endinheirado, generoso.

CAFIFA [*Tenta chamar a atenção de Rosa.*] Burgó gostou de mim... ganindo.

ROSA Eu trabalhei como um preto a vida inteira, e você acha que sou dona do meu tempo? Acha?

GETÚLIA Bubu disse que eu teria mais autonomia.

ROSA Você é mesquinha, tudo o que junto é para nós. Eu guardo, guardo e tudo se dissipa.

CAFIFA [*Provoca Getúlia.*] Burgó não aprecia qualquer tipo de mulher.

GETÚLIA E a peruca que você me prometeu? E os pingentes para minha orelha?

ROSA [*Pensativa.*] Burgó tem tanto dinheiro, que só um pouquinho dele pagava nosso trabalho por anos. [*Parece ter alguma idéia. Ergue o queixo de Getúlia.*]

CAFIFA Eu estou satisfeita com o que tenho, não precisa me comprar nada.

GETÚLIA Quando Bubu disse que me amava, eu já intuía que isso significava um novo emprego. Você me ama?

ROSA O quê?

GETÚLIA Você me ama, Rosa Bebé?

ROSA Amor é palavra de ignorantes.

GETÚLIA Eu te amo.

CAFIFA [*Corre para beijar Rosa.*] Eu também te amo.

ROSA Cafifa, querida, fica lá fora. [*Pausa. Cafifa sai. Rosa pega o caco de vidro e mostra-o a Getúlia. É uma lente de aumento.*] O segredo dessa profissão é ser outra pessoa. Esse caco serve agora para lhe mostrar a vida expandida, a vida mais bonita do outro lado do vidro. Burgó tem muito dinheiro, se soubermos diverti-lo em paisagens sem odores, em imagens que acredite, ele nos salva, basta fazer com que se sinta vivo. [*Carinhosa, apresenta a sua idéia: masculinizar Getúlia.*] Engrossa a voz, meu homenzinho.

GETÚLIA [*Com a voz grave.*] O segredo dessa profissão...

ROSA Mais.

GETÚLIA O segredo dessa profissão é ser outra pessoa.

[*Título.*] Canção da pimenta e da libélula à moda de Bashô.

"O tolo diz: uma libélula, se lhe tiro as asas,
uma pimenta.
O sábio diz: uma pimenta, se lhe ponho asas,
uma libélula."

ROSA Dois anos mais nisso e junto o bastante. Compro minhas mulheres e vamos descansar.

GETÚLIA Por que o amor é sempre tão violento comigo?

B. Rosa consulta uma vidente cigana

Imagem da fantasia de Rosa. Ela está deitada no chão, submissa em relação à cigana.

ROSA Nem amor nem saúde, vá direto ao que interessa.

CAFIFA COMO CIGANA *El dinero que tienes no te basta?*

ROSA Para dinheiro gerar dinheiro é preciso somas monstruosas.

CIGANA Mira, Rosa, teu clamor se realiza: o fumo sai das tuas narinas, da boca um fogo devorador. Só o trabalho alheio gera riquezas. Mas esteja atenta às moedas incandescentes. Quanto mais se ganha, mais se queima *la pele*. [*Pergunta ao próprio anel, que tem a forma de um grilo.*] Não é certo, meu grilozinho? Tão selvagem é a vida endinheirada?[5]

5. Na montagem da Companhia do Latão, esse texto era enunciado em espanhol.

c. Rosa e Cafifa no plano real

De novo no quarto, Rosa embriagada no chão.

ROSA Cafifa! Eu sei da vida de cada moeda nesta casa. Nem um tostão caminha sem que eu veja seus passinhos.

CAFIFA Você não me dá oportunidade. [*Rosa ri.*] Meu pai Sebastião, pavor negro da Barra Funda, era um artista no negócio da luta. De você, paizinho, ninguém desgostava. Em você, paizinho, todo mundo apostava.

ROSA Você tem sangue de artista, minha Branquinha, como toda fêmea que trabalha: "a prostituição é a enésima hora da mulher operária."

Rosa desmaia de sono.

13. Bubu dá uma boneca a Rosa Bebé

Manhã. Luz intensa. Bubu entra no quarto de Rosa Bebé e a encontra dormindo, ainda de sapatos e com a roupa da noite.

BUBU O sol tão alto, e ela aqui tombada. [*Rosa se levanta como uma boneca.*] Quantas vezes tenho que lhe dizer para não dormir maquiada? Assim a pele estraga. Deitada de sapatos outra vez? Assim os sapatos estragam. Onde estão Getúlia e Cafifa? A raposa dorme e as galinhas saem para ciscar. Ânimo, minha boneca, hoje tem visita extra: uma comitiva do Rio de Janeiro. Ânimo, adorada. [*Abre uma caixa com presentes, e tira de lá um vestido.*] Veja o que trouxe para você. Custou-me os olhos. Quero que use esta noite. Vamos ver como fica. [*Veste-lhe a roupa.*] É assim que deve ser. Como é graciosa a minha gazela de Albi.

ROSA [*Doce, com medo.*] Bubu, não gosto quando perco o controle, mas ando esgotada, os homens daqui são indecisos, não querem só nosso traseiro, querem também nosso colo maternal.

BUBU Já passou, já passou.

ROSA Tenho saudades da França, os homens lá eram silenciosos e iam direto à ação.

BUBU [*Vê o resultado de sua arrumação em Rosa.*] Está linda de novo.

ROSA Você sempre tem razão quando me passa o pito: beleza requer disciplina.

BUBU Confiança, meu queijinho de cabra, sabe que se um dia eu perder a confiança em você, meu coração se enfurece, fico um animal, e não quero que nenhum mal lhe aconteça.

Ele aperta o rosto dela com força. Ela reage. Inesperadamente a cena se torna muda. Vemos uma discussão em que não se ouvem mais os sons emitidos pelos atores, como se alguém tivesse abaixado o volume. Assim como sumiram, subitamente os diálogos se tornam audíveis, quando a discussão já arrefeceu.

ROSA [*Cordata.*] Sempre sonhamos com isso: um restaurante perto do mar, a criadagem à espera dos veranistas. Na Europa, o mundo gira sem pressa.

BUBU [*Tampa os olhos de Rosa.*] Tenho outro presente para você.

ROSA Deixa ver.

Pega uma boneca, cujo suporte é também uma caixinha de música. A boneca veste uma roupa parecida com a que Bubu vestiu em Rosa. É um presente.

BUBU Ganhei no carteado de um caixeiro belga. Não vá deixar cair.

Imagem fantasiosa. Bubu abre a boneca, ouve-se o som da caixinha. Ele passa a se mover como um boneco.

ROSA [*Á boneca.*] Rosette Bebé,
Lhe arranco os cabelos
E deles faço fios
Para máquinas perfeitas de bordar.
Seus nervos são agulhas
Pontilhando o desenho sempre ignorado
Numa trama sem falhas,
De homens invisíveis.
Não importa o uso que faça de si mesma
Só importa por quanto será trocada.
Este é o seu verdadeiro valor
Por quanto será trocada.

Rosa e Bubu formam um casal lírico de bonecos.

14. *Intermezzo* de *agit-prop*: coro dos avanços da greve com a correspondente reação do patronato

Como da primeira vez, um coro de atores assiste à projeção de imagens históricas da greve de 1917 em São Paulo. É uma cena musical, que destoa do "filme" sobre Rosa Bebé e Burgó

CORO DE ANARQUISTAS [*Canta.*] Mordem-se de raiva
Os lobos da indústria
Agora que não controlam
Suas ovelhas aflitas.

DO ALTO, OS MAIORAIS DA FORTUNA [*Falam.*] Operários, ficai longe das influências estranhas, que manipulam vosso espírito simples e sugestionável.

CORO DE OPERÁRIOS [*Fala.*] Nunca mais concorrentes
Divididos, orgulhosos de raça.
Juntos somos muitos
Impondo o direito
Do punho proletário.
CORO DE CAPITALISTAS [*Fala.*] O que pretendem, arruaceiros
Intimidar com arrogância
A paz dos honestos?
CORO DE GREVISTAS [*Canta.*] Um preço mais justo
Pelas carnes operárias
No mercado do gozo
Capitalista.
CORO DE MAIORAIS DA FORTUNA [*Fala.*] Se querem o desdém da boa-fé
Moeremos na engrenagem da lei seus ossos mesquinhos.
Se querem romper a virtude das fábricas
Reagiremos à bala.
CORO DE GREVISTAS [*Canta.*] "Acaso não vedes
Que o ponteiro está chegando na hora.
Acaso não vedes
Que o ponteiro chega sempre na hora.
Do crime hediondo
Ruirão não por milagre
Os muros
Ruirão forças e fortalezas
Acaso não vedes..."
CORO DE MULHERES [*Canta.*] "...que a mão da criança
Se arma de espanto?
Entre os motores
As tramas do medo."[6]

6. Fragmento retirado do poema-libreto "Café", de Mário de Andrade.

CORO DE HOMENS [*Fala.*]

A teimosia infantil
Dos porquês
Sem resposta
"Se a vida é boa
Por que viver
Lutando à toa?"[7]

CORO GERAL [*Canta.*] Acaso não vedes
Que nunca é o animal que se rebela?
São os homens...

CORO DE GREVISTAS MULHERES [*Fala.*] E as mulheres também.
Na caldeira do ódio
Ferverão nossas forças.
Não retornaremos às fábricas.
Não seremos vencidas nessa guerra
Em que mil raivas se combatem.
Rebentar, destruir, matar
Por nossos filhos.

15. Numa alfaiataria, Getúlia é travestida de Burgó

Getúlia está fazendo a prova de um terno. O velho alfaiate faz os últimos ajustes. Rosa e Burgó observam. Cafifa está num canto, com sua roupa de passeio. Um grande espelho ao fundo. No início do quadro, apenas Cafifa se move. Todos os outros estão estáticos.

CAFIFA [*De forma narrativa a Getúlia.*] Rosa quer lhe fazer Burgó, o dono da vida. Tome cuidado, Getúlia. Meu pai, que muito criança teve o nariz quebrado, me ensinou uma canção sobre a ganância.

7. Mário de Andrade, op. cit.

Canta.

Pior do que a fome querida,
É o olho maior que a barriga.
São sete os buracos do corpo,
Sete entradas e saídas.
E nessa conta não entra a vista.

O quadro ganha vida.

ALFAIATE [*A Burgó, enquanto ajusta o terno.*] Vendo assim a obra acabada, a idéia não parece tão estapafúrdia. Seu pai, o saudoso Burgó, dizia que eu sou criativo. Estava errado, sou um conservador incorrigível. Está pronto. [*A Getúlia.*] Vire-se.

Getúlia vira-se. Rosa também. Interrupção da ficção. Todos os atores olham para frente, como se atendessem a um comando violento lançado da platéia. Em seguida, todos voltam os olhos a Cafifa, que obedece a um novo comando imaginário e se posiciona ao fundo da cena. É como se um diretor estivesse ordenando a ela que ocupasse uma posição secundária no quadro. A atriz-Cafifa fica constrangida. Depois, a ficção é retomada.

ROSA [*A Getúlia.*] Estás linda, meu homem burguês. Agora tua beleza não come na mão de ninguém. Tu és meu senhor: a ti me sujeito. Só falta agora consumir-te na ação.

Nova interrupção da ficção. Todos olham para frente de novo, atendendo a uma ordem imaginária. Voltam, mais impacientes, os olhos para Cafifa, que é levada novamente a mudar de lugar e atitude, e se afastar ainda mais do grupo de atores.

ALFAIATE [*Observa fascinado Getúlia, que parece um homenzinho.*] Se eu não tivesse a educação que tive, faria um hino à pederastia.

GETÚLIA [*A Burgó.*] O que deseja? Quer me ver de perfil? Que entreabra os lábios? Entorte a cabeça? Vamos, o que deseja?

BURGÓ O que você deseja?

Silêncio.

ROSA [*Em tom narrativo.*] Getúlia estufa o ventre como um dono da vida. Com a fumaça do grosso charuto, bafora por-favores e obrigados. Getúlia escarra de lado e solta gargalhada medonha.

Cafifa, ao fundo da cena, na posição de uma figurante desprezada, ri alto, para chamar atenção. Todos olham para o ponto de onde viria a voz imaginária do suposto diretor. Ela pára de rir, como se ouvisse uma repreensão. Burgó ajoelha-se e começa a chorar.

ROSA Não chora, *mon petit chien*, senão me dá ganas de lhe oferecer o bico do peito.

CAFIFA [*Avança agressivamente sobre os outros.*] Eu também sou uma artista. Esperei tanto por isso. [*Aponta o alfaiate.*] Ele pode usar a fita métrica comigo. Eu também sou uma artista.

16. Getúlia, Rosa e Cafifa são eternizadas por Burgó

Estúdio fotográfico. Diante de um fundo de veludos que encobrem móveis, Burgó acompanha uma sessão de retratos eróticos da qual participam Rosa, Getúlia e Cafifa. Num plano paralelo, em seu opiário, Papoula oferece mais ópio a Burgó.

GETÚLIA [*No estúdio, a um fotógrafo imaginário na platéia.*] O que quer? Um pouco mais de alegria? Só mais um pouquinho? Não é difícil representar.

PAPOULA [*No opiário, a Burgó.*] "Como não sou diferente de você
Atrás de mim o frio e na frente a discórdia.
Sem chegar a ser o que eu poderia
Também eu me refugio
No assombro dos entorpecidos.
Ganho assim algum esquecimento
E interesse pelo mundo.
À noite estou tão em desordem
Como a cidade em que vivo."[8]

ROSA [*No estúdio, fuma e lê um jornal anarquista.*] Nós não vamos mais existir.

GETÚLIA De novo falando em velhice.

ROSA Estamos mais velhas agora que há cinco minutos. É verdade. Basta prestar atenção e ouvir o mundo girando... nunca mais nossos corpos serão tão jovens. Vocês pegaram o jornal dos anarquistas?

CAFIFA Claro que sim, é proibido.

GETÚLIA Eu detesto política, tudo o que consegui na vida foi sozinha.

ROSA Não era da greve que falava, é de amor.

As três dão início ao trabalho fotográfico. Ficam de quatro, com o rosto virado para a platéia. Modificam as poses eróticas, conforme comandos imaginários.

PAPOULA [*No opiário, lê um jornal anarquista ao mesmo tempo em que as fotos estão sendo feitas.*] "A emancipação da mulher só pode ser obra dela própria. Como pode o proletário, após uma jornada de doze horas, ter força para exprimir o seu carinho pela companheira? Quem tem o direito de amar nessas condições? Serão as mulheres

8. Texto livremente inspirado em passagem de *A compra do Latão*, de Bertolt Brecht.

os atores do amor livre. Não se trata do comércio amoroso, sujeito à lei da oferta e da procura, como a ideologia burguesa quer fazer crer. É impossível o amor entre pessoas que se oprimem, que vivem sob o regime da dependência e da posse. O caftismo e a prostituição deixarão de ser necessários. É o amor camaradagem que acabará com a exploração feminina, com as figuras humilhantes criadas pela representação burguesa dos papéis atribuídos à mulher." [*Pára de ler e comenta.*] Esses anarquistas querem que os jóqueis desçam e corram ao lado dos cavalinhos.

ROSA [*No estúdio, enquanto prepara uma nova pose.*] Não é bonito como nessa imagem estamos para sempre jovens?

BURGÓ [*Ao fotógrafo imaginário.*] A libertinagem levada a esse ponto se transforma em uma coisa parecida com a inocência.

ROSA Nós não vamos mais existir. [*Última foto das mulheres. Ela se ergue e se dirige a Burgó.*] Quem vai fazer o homem no filme?

17. Burgó espanca um mendigo à maneira de Baudelaire

Numa rua deserta do centro de São Paulo, Bubu leva Burgó ao encontro de um vendedor de cocaína. No caminho vêem um mendigo. A cena é mostrada de modo desconstruído: os atores contracenam sem se relacionar diretamente, como se estivessem oferecendo suas faces a câmeras imaginárias.

BUBU Anda esquivo, poeta da indústria. Rosa Bebé disse que não tem aparecido.

BURGÓ Sou livre para ir e vir.

BUBU Pois então venha mais à nossa casa. Não gostou de Getúlia?

BURGÓ O que pensa da liberdade, sr. Bubu? O que um cáften pensa da liberdade?

BUBU O mesmo que um dono de indústria. Tenho uma idéia clara sobre o tema: só é igual ao outro aquele que dá prova disso, só é digno de liberdade aquele que a conquista na marra. Desde Robespierre as coisas são assim.

BURGÓ Sempre perfeita a teoria. Mas no Brasil elas não funcionam.

BUBU São universais. Não acredita? Veja aquele velho mendigo.

O mendigo estende a mão a ambos.

MENDIGO Uma moeda.

BUBU [*A Burgó.*] Faça com ele a prova. [*A cena se confunde com a narração. Burgó executa as ordens de Bubu e irá espancar o mendigo.*] Erga-o pela gola, aperte sua garganta e o chacoalhe. Dê-lhe um murro que lhe quebre os dentes da frente, chute-o na região das costelas, pegue sua cabeça e a bata contra a parede.

BURGÓ [*Fora de si, após executar as ações.*] E agora, meu demônio?

BUBU [*Provoca o mendigo.*] É um verme, está provado, não tem orgulho nem vontade de homem livre.

Na distração de Burgó, o velho reage e desfere um forte murro.

BUBU Milagre, a carcaça reagiu. Agora sim. [*Controla a briga e fala ao mendigo.*] O senhor provou que é igual a ele. Merece a moeda.

BURGÓ [*Sorri com um fio de sangue no canto da boca e saca uma moeda do bolso.*] Tome.

O mendigo pega a moeda sem entender. Deixa a cena perplexo.

BUBU Não é teoria, eu disse. Veja como ele entendeu. É universal.

Burgó e Bubu se congelam em uma série de fotografias.

BUBU Vai precisar de quanta cocaína?

18. O coração de Getúlia sucumbe a tanta diversão

Na sala da casa de Rosa Bebé. Os móveis desarranjados. Burgó, Getúlia, Cafifa e Rosa estão drogados ou alcoolizados, semivestidos.

CAFIFA [*Bêbada, anuncia uma nova brincadeira.*] E agora, o número da cega que rasga o vestido no prego da cerca. [*Atravessa o palco de modo teatral, com uma calçola na cabeça. Muda de voz para fazer a "personagem."*] Ó negra escuridão, ó breu. [*Põe a mão na nádega e finge surpresa.*] Ai de mim, fendeu-se minha seda tão macia.

GETÚLIA [*Divertida.*] Ei, mocinha, cuidado com o prego, não vá desfiar os fundilhos. [*Assume a personagem de um anão.*] Olhe para baixo, tem um anão que quer te bolinar. [*Põe-se entre as pernas de Cafifa.*]

BURGÓ [*A Rosa.*] Não está feliz, Rosa Bebé, a felicidade não te excita?

ROSA Você vê na alegria dos outros só aquilo que lhe diz respeito.

CAFIFA [*Continua a atuar.*] Socorro, socorro! Ei, anão tarado, tira as mãos daí, isso não é propriedade particular. [*Interrompe-se, já interessada em outra coisa.*] Burgó, me dê mais uma carga.

ROSA Cafifa, não!

GETÚLIA Também quero, Burgó.

BURGÓ [*Pega a calçola de Cafifa e a atira na cara de Rosa.*] Calçolas Burgó. [*Ergue, então, um pacote de cocaína, olhando desafiadoramente para Rosa.*] O alimento que sustenta energias espirituais. Diga a ela, Getúlia, que você está feliz porque me vê feliz.

ROSA [*Tenta afastá-las de Burgó.*] Chega. Precisam trabalhar amanhã, acordar com a pele viva, senão gasto litros de pomada. Getúlia amanhã vai ter vinte entradas e Cafifa de ressaca não presta nem para as portas.

CAFIFA [*Desafia Rosa.*] Não.

BURGÓ [*Olha agressivo para Rosa.*] Veja, Getúlia, Rosa te ama. Não é bom servir de motivo para o sofrimento de alguém? Não será esse o sustento mais doce do seu orgulho? E o que é a felicidade? Não é o orgulho satisfeito?

Rosa olha desesperada para Getúlia.

GETÚLIA [*Abre os braços.*] Vou espatifar a alma na parede. [*Corre para beijar Rosa.*]

ROSA [*Abraça com força Getúlia.*] Vamos, meu amor, é hora de descansar, porque amanhã a vida recomeça, como todos os malditos dias, e temos poucos anos de alegria.

Começam a dançar.

ROSA [*Cantarola no ouvido de Getúlia.*] "Cadê Maria Rosa, cadê Maria Rosa? Tipo acabado de mulher fatal, como sinal uma cicatriz, dois olhos muito grandes, triste boca e um nariz, mas com Maria Rosa eu sou feliz."

BURGÓ [*Tira um maço de dinheiro e oferece agressivo enquanto elas dançam.*] Precisa de mais um argumento, Rosa? Rosa! Rosa! Rosa! [*Bate muitas vezes a mão cheia de pó numa poltrona.*]

ROSA Cala a boca! Não me atrapalha, burguês nojento, é hora da minha diversão.

Rosa agarra-se de novo a Getúlia, que é puxada por Burgó. Cafifa também se pendura nele.

BURGÓ [*A Rosa.*] Deixe a roda girar.

CAFIFA Deixe a roda girar.

BURGÓ [*Estende a mão com mais droga a Getúlia.*] Você pode. Você quer?

ROSA [*A Getúlia, agressiva.*] Vai. Não agüenta mais? A juventude tudo regenera, vai, segue teu coração, sem resistir, ele tem nervos de ferro como de um homenzinho.

BURGÓ Ouviu sua Rosette? Está por conta própria. Qual o seu limite? Você pode? Você não quer? Qual o seu desejo?

ROSA Vai, Getúlia. Você pode!

Rosa dá um abraço desesperado em Burgó para o afastar de Getúlia.

GETÚLIA Eu quero. [*Depois de se drogar, sai de cena.*]

BURGÓ É assim que tem que ser. Tudo o que a rodeia se submete à sua vontade.

O quadro fica estático. Cafifa narra o final da cena.

CAFIFA Pela janela aberta eu via Getúlia caída na calçada. Moça adestrada pelas máquinas, seu coração não agüentou tamanha diversão. Na manhã escura de julho, no ano da grande greve, São Paulo era uma cidade morta.

19. Na delegacia, o Inspetor mostra um filme a Bubu

Na sala do delegado de polícia. Sobre a mesa, um projetor de cinema. Um lençol foi estendido como tela numa parede do fundo. Um funcionário, silencioso, acompanha a conversa.

BUBU Como foi?

INSPETOR Tombou na calçada. A cabeça estraçalhada em plena avenida. *Causa mortis*: excesso de gozo. Precisa cuidar melhor do seu gado.

BUBU Esse tipo de reclame não é bom para os meus negócios.

INSPETOR Mandei enrolar num tapete e jogar no Tietê. Quando o corpo voltar à tona, enterramos como indigente. Tudo em nome da velha amizade.

BUBU A que preço?

INSPETOR Sua conta já foi paga.

BUBU Burgó?

INSPETOR "Uma coisa acorda os vivos, é a morte." O Dr. Burgó ontem renasceu. Parecia o pai. Compareceu até à reunião dos Patrões Unidos Contra o Avanço da Influência Vermelha.

BUBU Destroçou meu patrimônio e foi cuidar do dele. E o inquérito?

INSPETOR São tempos de baderna, não temos contingente para a segurança privada. O caso está resolvido.

BUBU Tem notícia de Rosa?

INSPETOR Trouxe um presente para você. [*Mostra um projetor de cinema.*]

BUBU O que é isso?

INSPETOR Encomendei o aparelho.

BUBU Sem Rosa, vou à ruína.

INSPETOR Passarinho de gaiola não voa. [*Ao funcionário.*] Apague a luz, vai começar a sessão.

BUBU Não quero diversões.

INSPETOR Mudará de idéia.

BUBU O que pretende?

INSPETOR Prepare-se para ver uma imagem da felicidade.

A projeção tem início. É um filme pornográfico em que Rosa e Cafifa são possuídas por Getúlia, disfarçada de homem.[9]

BUBU Mas o que é isso, minhas mulheres, a carne do meu ofício?

INSPETOR São devaneios de um onanista.

BUBU [*Descontrola-se.*] Traição, traição. Minha vida, meu capital! Saiam dessa tela e voltem para mim. O que fizeram com elas? Transformadas em estampa de tecido. Saiam da tela e voltem para a minha vida. É o fim, o que foi feito do meu patrimônio? Ó dia de desgraça e dor.

INSPETOR Agora vem a melhor parte. Podemos acelerar a imagem.

9. Na montagem da Companhia do Latão, a silhueta das atrizes era projetada em sombra chinesa numa tela.

A pornografia se acelera até o grotesco.

BUBU Chega. Não quero mais ver isso.

INSPETOR Ah, Bubu, você é um sentimental. Não percebe o que tem nas mãos? Este é o futuro de nossa vida em sociedade, o prazer da ação eternizada. [*As imagens do filme são congeladas.*] Ainda vai me agradecer por isso.

BUBU Depravado, imoral.

20. Em meio aos festejos dos grevistas, Bubu encontra Cafifa bêbada. Coro e anticoro das conquistas proletárias

Numa praça de São Paulo, num bairro operário. Após uma festa, a multidão se dispersa. Cafifa, ainda bêbada, quer continuar comemorando. As imagens da cena misturam a situação real dela com visões de coros operários.

CAFIFA [*Alegre, reproduz as vozes da comemoração.*] Como é doce ouvir o galo
Às três horas da matina.
Avante, operários
Vem nascendo um novo dia.
Todos ao trabalho
As máquinas têm fome.
No céu vermelho da manhã vitoriosa
Só os pardais são mais felizes
Que a classe laboriosa.
[*Fica mais nítida a visão dos coros operários.*]

CORO [*Canta.*] Não encham, não encham suas cabeças com frases vazias.

VOZ OPERÁRIA A conquista é provisória enquanto existir antagonismo entre as classes. O individualismo é a alma da burguesia ordinária.

CORO [*Canta.*] Mas as feras do poder

As feras do poder assaltam

Assaltam, nos assaltam

E assaltam.

CAFIFA [*Cita.*] "Salários em dia, as criancinhas longe dos teares, jornada inglesa de oito horas... sadias."

VOZ OPERÁRIA Para que a riqueza não seja jamais compartilhada. Para que os interesses de classe nunca se organizem. Para que continue morto o direito ao confronto.

MULHER OPERÁRIA Mas a dentada é tão forte que põe em risco a arcada.

CAFIFA [*Ainda imitando os coros operários.*] Para que os interesses das classes proletárias nunca se organizem.

Subitamente, apenas o plano real da praça permanece. Bubu entra em cena e agarra Cafifa pelo braço.

BUBU Faz três dias que eu te procuro, peso falso. Onde está Rosa?

CAFIFA Pai Bubu, não maltrata tua afilhada.

BUBU Se não me disser onde está ela, vai ficar branca para sempre.

Ela ameaça fugir, ele a segura. Ao notar olhares de operários que passam, dança com ela como se ela fosse uma boneca de pano.

BUBU [*Baixo.*] Não grita, vamos dançar.

CASAL DE OPERÁRIOS Larga da menina, burguês nojento, ela não parece gostar desse agarramento.

CAFIFA Fiquem fora disso, ele é meu padrinho. [*Os operários saem.*]

BUBU Colônia barata!

CAFIFA Quando Getúlia morreu, Rosa Bebé fugiu para Buenos Aires sem me deixar nenhum tostão. Pedi para ela ficar, implorei, ela não quis me levar.

Chora dramaticamente arremedando um bebê. Bubu, em câmera lenta, dá uma navalhada em seu rosto.

21. No cabaré de Papoula, Bubu relata como queimou seu amor

Espaço do opiário, enevoado. Papoula fala em ritmos distorcidos, ora a voz está acelerada e aguda, ora grave e lenta. Como se sua voz estivesse sendo manipulada numa ilha de edição sonora.

PAPOULA Jürgen, você é um fraco, um fracote imoral e covarde. Se fosse um herói, estaria na Europa aos pedaços: o tronco na trincheira, os braços decepados, a cabeça rolando pelo mato. Arrebentado pela guerra do Kaiser e dos velhos proprietários. Que bom ter salvado a pele, alemãozinho, veio alegrar as noites brasileiras do meu opiário. Eu que não fumo, eu que só finjo, gosto de ver suas mãos inteiras deslizando pelo teclado. Lindo Jürgen, você é tão jovem e já sabe que a melhor política é a supressão do adversário.

A imagem da cena se torna mais real. Entra Bubu, transtornado.

PAPOULA Já fechamos a casa, coração, mas você é pai, não é padrasto. O que foi? Parece um camundongo assustado, os olhinhos brilham no escuro.

BUBU Fui a Buenos Aires
Atrás de Rosa Bebé.
Meus companheiros de La Boca
Me deram a letra.
E eu a encontrei
Na rua Corrientes,
numa matinê de cinema,

chupando pastilhas.
Trouxe-a de volta comigo
amarrada no porão do navio
para que não ouvisse seus pedidos.
Minha cabeça se embranqueceu em três dias.
Chegamos em Santos
subimos a serra num carro alugado
ela compreendeu que era melhor voltar calada.
Parei, mandei-a descer
Ela disse que era só minha
Dei-lhe um murro.
Joguei gasolina na sua cara.
Acendi o fósforo.
Meu maior título de renda feito cinza.

PAPOULA Como você é primitivo, Bubu, uma vagabunda tão linda.

Bubu tira a camisa e mostra suas tatuagens. A maior figura é Rosa Bebé, ocupa o centro do peito do cafetão.

BUBU Foi uma homenagem. Dei a ela um lugar que não daria para minha mãe. Fiz na primeira semana em que nos conhecemos. Por ela ter se deitado cento e trinta e duas vezes em sete dias. Uma produtividade incrível. Cento e trinta e duas vezes desfez os laços das sandálias. Acredita? Eu estava apaixonado.

PAPOULA Fuma, coração, fuma, depois você compra outra. [*Enfia um cachimbo na boca de Bubu. Ao público.*] Um homem imagina um produto, cria um nome, investe no invólucro, satisfaz o gozo dos clientes, e um dia a coisinha quer ter vida própria, consumir-se a si mesma. É um duro assunto conduzir esse mundinho.

BUBU [*Parece estar vendo Rosa.*] Rosa Bebé, por que a ganância? A ganância estrangula o mundo. Você vivia tranqüila, não tinha problema com subordinados. Não podia ter feito isso comigo, eu administrava a sua vida.

PAPOULA E onde está o corpo?

Surge a imagem de Rosa Bebé.

BUBU Eu não a matei. Apenas queimei sua beleza. Nunca mais será Rosette, *la Rubra*, agora é Maria, a Calabresa.

Rosa Bebé mostra o rosto desfigurado.

DITO POR ROSA BEBÉ Se deseja aberrações
E veio atrás da Calabresa
Seja ao menos delicado
E toca a bochecha desfigurada.
Mas se veio pelo passado
Sou ainda Rosa Bebé
A bela violenta
E posso, eu quero, andar de quatro.
Não precisa tirar as botas
Vai ser bom mas muito rápido
Com uma fila longa dessas
Despeje logo o seu jato.
O prazer de olhar a fogueira
Vem do aparente movimento
Fogo, fogo, fogo
Mudança no mesmo estado.

PELO CORO DE ATORES Vocês conhecem, Maria Calabresa
Rainha dos lixeiros lá do forno do Araçá.
Mercadoria de sete vidas
Rainha dos Lixeiros lá do forno do Araçá.
A boca é uma chaga, pele decomposta

Mas nada atrapalha o comércio de Maria Rosa.
Bom na vida é circular
Não importa a companhia, Calabresa.
Sempre alguém pode comprar
Teu sorriso distorcido, Calabresa.

ROSA BEBÉ CANTA Meu corpo quer rodar na madrugada, meu corpo quer vibrar na madrugada...

A imagem de Rosa Bebé, agora Maria Calabresa, desaparece.

BUBU Papoula, eu preciso de um capital sólido, livre das flutuações do mercado. A burguesia do crime trabalha de mãos limpas.

PAPOULA É a parte que não gosto: a ascensão social sempre requer violência.

BUBU Não vou mais lidar com gente, melhor vai ser usar as mulheres aos pedaços, fazer retratos, calendários, películas para o cinematógrafo. Negócio sem gente é mais sossegado. [*Abraça Papoula.*] Eu só tenho você! Você e alguns camaradas da polícia.

JÜRGEN *Und wie lange haben wir schon Friede?*

BUBU O que ele disse?

PAPOULA Alguma coisa sobre a inexistência da paz.

22. Tempos depois, em meio às névoas do incinerador de lixo do Araçá, o novo negócio de Maria Calabresa

Ao fundo do grande depósito de lixo, não muito distante de um forno incinerador.

TODOS [*Cantam a* Canção dos lixeiros do Araçá.] Restos de carniça fresca
Sobras de flores azuis

Cacos de garrafas velhas
E patê francês
Sobras de garrafas frescas
Restos de patês azuis
Cacos de carniça velha
Flores ao burguês.

Uma tenda, num terreno baldio próximo ao depósito de lixo, Cafifa controla a porta de entrada. Homens em fila esperam sua vez.

CAFIFA [*A um lixeiro.*] Volte amanhã senhor, Maria Calabresa não faz caridade.

LIXEIRO Diga a ela que é o homem do rato, sou eu, o dono do rato sábio. [*Imita uma suposta voz de bicho e põe o tridente na cara para simular uma grade de gaiola.*] "Estou apaixonado. Abra minha jaula, menina."

CAFIFA Espere atrás dele, vamos, ratinho. Vou ver o que faço por um roedor desse tamanho.

OPERÁRIO [*Assume o primeiro lugar na fila.*] Ela está demorando... quero ver se comigo vai durar tanto tempo. Está lá faz vinte minutos.

CAFIFA Rosa Bebé nunca fez nada mal feito e com Maria Calabresa é a mesma coisa. Se o cliente é lento, ela não apressa. É uma artista.

LIXEIRO Ei, posso pagar com essa lata? Achei no lixo, é um produto estrangeiro.

CAFIFA Está vazia.

LIXEIRO Mas tem uma marca famosa.

OPERÁRIO É um alívio quando você sabe que é o próximo. Faz tempo que quero me deitar com ela, mas só posso pagar agora que meu salário aumentou.

CAFIFA Todo dia tem essa fila enorme. Calabresa é muito famosa.

OPERÁRIO Dizem que está rica.

LIXEIRO [*Filosofa.*] Todo trabalhador devia ter direito a uma puta uma vez por mês.

CAFIFA O que posso dizer, camaradas, é que cada mercadoria encontra seu comprador.

Sai um homem da tenda, de cabeça baixa.

OPERÁRIO É a minha vez, já posso entrar?
CAFIFA Espera um pouco.

Cafifa entra na tenda.

OPERÁRIO [*Ao lixeiro.*] Veja aquele, escondendo o rosto. Por que no final sempre saímos arrependidos e envergonhados?
LIXEIRO Você fala por você.

Rosa Bebé põe metade do rosto para fora da tenda.

CALABRESA Quem é o homem do ratinho?
LIXEIRO Estou aqui, Rosa Bebé Calabresa. [*Imita de novo a voz do rato com o tridente na frente do rosto.*] "Estou apaixonado, com falta de ar, estou morrendo."
CALABRESA [*Ri.*] Meu capetinha da porta do inferno, não existe trabalho sem proveito. [*Ao operário.*] O senhor pode entrar. [*Ao lixeiro.*] Enquanto eu alegro a vida dele um pouco, meu camundongo, procure em você alguma coisa para me dar em troca.

23. O diretor de cinema agradece o trabalho dos figurantes

Num estúdio de cinema, Burgó, que também é o diretor do filme, dirige-se ao público.

BURGÓ Serei o melhor dos patrões, conselheiro e guia, padrinho e amigo. Não cumprimento pessoalmente cada um de vocês, mas sintam-se colaboradores desse projeto. Nosso objetivo é fazer um bom produto, que toque o coração do público. Minha assistente fará um resumo. Em três minutos começamos. [*Sai.*]

ASSISTENTE DE DIREÇÃO [*Afetada.*] Boa noite. Para que os senhores compreendam o que vai se passar a partir de agora, saibam que é a história de uma prostituta libertária, que no começo do século, em meio a agitações políticas, lutou sozinha contra um sanguinário cafetão. O contexto histórico é apenas pano de fundo para a vida dessa heroína que foi perseguida, humilhada e queimada. Uma mártir. Os senhores estão aqui para contribuir com esta obra de arte social. Por favor, me acompanhem: a cena se passa do lado de fora.

O público sai com a ajuda da assistente.

24. Fora do teatro, a metamorfose de Rosa Bebé em Maria Calabresa

Num jardim ou rua em frente ao teatro. O público é posicionado ao redor da cena. Grandes refletores de cinema. Vê-se a atriz que faz Rosa Bebé com um robe sobre o figurino, passando suas falas. O ator que faz Bubu também se prepara. O diretor também dá instruções à equipe. As assistentes corrigem os adereços. A cena do filme é aquela em que Bubu pára seu automóvel à beira da estrada Santos-São Paulo e queima o rosto de Rosa Bebé.

DIRETOR Estamos por quem? Vamos começar.

ASSISTENTE Preciso de mais alguns minutos, por favor.

DIRETOR [*Ao público.*] Figuração, vocês representam a alucinação da protagonista.

ASSISTENTE DE DIREÇÃO Vocês não devem fazer nada. Apenas olhem.

DIRETOR Prontos? Vai câmera, vai grua, vai luz, claquete.

CLAQUETE O Incêndio de Maria Calabresa, cena 37, tomada 1.

DIRETOR Ação.

Bubu desce do carro. Arrasta Rosa para fora. Ela grita. Ele a joga no mato. Pega um galão de gasolina.

ROSA [*Grita.*] Eu sou só tua. Eu sou tua!

Ela se ergue e recebe um soco na barriga. Cai. Bubu joga gasolina no rosto de Rosa.

BUBU [*Melodramático.*] Por que fui me apaixonar por você?

Risca o fósforo e o aproxima dos olhos dela.

DIRETOR [*Grita.*] Corta!

Os atores se recompõem fazendo piadas inaudíveis.

ASSISTENTE DA CLAQUETE [*Ao público.*] Figuração, muito obrigado. Obrigado de coração. Podem retirar os sanduíches junto à produção. Sem vocês, nós não seríamos nada.

NOTA

Durante o processo de escrita de *O mercado do gozo* foram utilizados: Albert Londres, *Le chemin de Buenos Aires* (Paris: Albin Michel, 1927); Charles Baudelaire, *Pequenos poemas em prosa* (Rio de Janeiro: José Olympio, 1980); Boris Fausto, *Crime e cotidiano: a criminalidade em São Paulo – 1880-1924* (São Paulo: Brasiliense, 2001); Margareth Rago, *Os prazeres da noite: prostituição e códigos da sexualidade feminina em São Paulo – 1890-1930* (Rio de Janeiro: Paz e Terra, 1991) e *Do cabaré ao lar, a utopia da cidade disciplinar* (Rio de Janeiro: Paz e Terra, 1987); Paulo Sérgio Pinheiro, *Classe operária no Brasil: 1889-1930* (São Paulo: Brasiliense, 1981); João do Rio, *A alma encantadora das ruas* (São Paulo: Companhia das Letras, 1997); Walter Benjamin, *Charles Baudelaire: um lírico no auge do capitalismo* (São Paulo: Brasiliense, 1989); Hiroito de Moraes Joanides, *Boca do Lixo* (São Paulo: Labortexto, 2003); Wolfgang Haug, *Crítica da estética da mercadoria* (São Paulo: Editora da UNESP, 1997); e Marx, *Grundrisse*.

Contribuíram para a pesquisa temática os professores Margareth Rago, Roberto Schwarz, Maria Rita Kehl, Iná Camargo Costa, além de diversos convidados que integraram o ciclo de debates *Mídia e poder* (Mino Carta, Raimundo Pereira, Fernando Haddad, Eugênio Bucci, Marcelo Coelho, Nélson de Sá e Teresa Cruvinel), realizado no Teatro Cacilda Becker durante o período de ensaios.

Visões siamesas

Texto
Sérgio de Carvalho, Márcio Marciano e Helena Albergaria

Colaboradores
Ney Piacentini, Marina Henrique, Émerson Rossini, Fernando Paz, Alessandra Fernandez, Izabel Lima, Heitor Goldflus e Victória Camargo

Visões siamesas estreou no Teatro Sesc-Anchieta, São Paulo, em 21 de outubro de 2004, pela Companhia do Latão, com direção de Sérgio de Carvalho e Márcio Marciano, direção musical de Martin Eikmeier e co-direção musical de Walter Garcia, cenografia e figurinos de Fábio Namatame, iluminação de Domingos Quintiliano, produção de Ney Piacentini, assistência de pesquisa de Rogério Marciano, sendo os papéis desempenhados pelos seguintes atores: Émerson Rossini, Fernando Paz, Heitor Goldflus, Helena Albergaria, Izabel Lima, Marina Henrique (depois Alessandra Fernandez), Ney Piacentini e Victória Camargo.

PERSONAGENS

Kinara, uma camponesa migrante, que tem visões com o Rei do Sião
Kalafanko, rei mítico do Sião que aparece no sonho de Kinara
Ganan, velha mãe de Kinara
Mestre U-Tong, Sai-Bile e Sai-Baba, acadêmicos do Sião
Sr. Tchong, um latifundiário do arroz
Sra. Calam, a cozinheira da fazenda
Figura risonha, cocheiro, capanga, camponeses
Taberneira, dona de um estabelecimento na beira do rio
Garçon Kwon
Srta. Chin
Marinheiro
Primeiro comerciante
Segundo comerciante
Catador de lixo
Xun-Ih-Ah
Mamuang, um negociante de papel
Jung
Macaco Constantino
Cobrador
Sra. Falcão, uma mafiosa
Fiel da balança
Irmã de Caridade
Mi-Fu
Soldado Wei, imagem de um guarda da fronteira
Soldado Chin, imagem de um guarda da fronteira
Capitão, imagem de um capitão de posto da guarda
Viajante marido, Viajante desgarrada, Viajante velho,
Viajante agenciador, Viajante agressivo, Viajante esposa

1. Prólogo dos Acadêmicos do Sião

Dois discípulos de um templo filosófico, patéticas criaturas, Sai-Baba, o mais ingênuo, e Sai-Bile, o mais amargo e grave, entram em cena, cumprimentam o público à moda oriental. Sai-Bile senta-se empertigado a olhar o céu: abre uma carta celeste no chão e a compara ao firmamento. Sai-Baba demonstra excitação infantil.

SAI-BABA [*Após o terceiro gongo, grita em direção à platéia.*] É o sinal, é o sinal. Mestre, venha reconhecer a esperada visão. Mestre!

U-TONG [*Vindo da platéia, gordo, ao público.*] Não precisam se levantar. [*Sobe ao palco.*] Não acreditem em metade do que virem e ouvirem aqui. Bom espetáculo. [*Subitamente.*] Acreditam?

SAI-BABA Mestre, olhe para o céu. Já é visível entre nós o alinhamento planetário previsto pelas academias do Império.

SAI-BILE É exatamente como está no mapa. [*Todos olham para o alto. Suspensão.*]

CORO Lá estão os sábios
De frente para a noite estrelada.
Sempre meditando, imóveis.
Como a coruja
No toco.

Uma atriz se destaca do coro e assume o papel da coruja. Faz ruídos durante a cena.

SAI-BABA Mestre, é verdade que os astros enfileirados representam o advento de um novo Deus, no centro do Céu Econômico?

U-TONG Planetas alinhados nem sempre indicam uma verdade comum.

SAI-BILE Permita-me Mestre, o mapa diz que o novo Deus é inquestionável.

U-TONG Deixa ver. [*Pega o mapa.*]

SAI-BABA Então, Mestre, qual será a nova orientação para a Academia?

SAI-BILE Devemos agir como jardineiros que respeitam as estações.

SAI-BABA Ah é? Eu perguntei para ele.

U-TONG [*Lendo a carta.*] e SAI-BILE [*Decorado.*] "Como jardineiros, adubar o chão e tomar cuidado com as ervas daninhas, para que a influência divina se manifeste."

O mestre caminha preocupado.

SAI-BABA Será que vai chover na nossa hortinha sapiencial?

SAI-BILE O novo Deus somos todos nós. Graças a ele bilhões e bilhões de pessoas – egoístas como você – serão obrigadas a produzir não aquilo que querem, mas sim aquilo que os outros querem.

U-TONG [*Resigna-se.*] Parece mesmo um sinal. Reconhecível, mas não representável. E tem o carimbo do Panteão Imperial das Idéias Prontas.

CORO [*Cantado.*] Um mistério, um paradoxo, um grande mistério. [*Pio da coruja.*]

SAI-BABA Bendita revelação, ó Deus generoso que corrige os egoístas. Meu avô sapateiro não vai acreditar quando eu contar isso.

U-TONG Não vai mesmo. [*Devolve o mapa.*] Vamos embora. Fila única atrás de mim.

SAI-BABA e SAI-BILE [*Enquanto caminham apressadamente em passos curtos, disputam a posição atrás do mestre.*] Mestre, marchamos passo a passo nas suas pegadas. Copiamos sua voz, seu sorriso, sua expressão.

2. Os últimos momentos da casa-grande de Tchong: a fuga para a capital

Uma grande fazenda de arroz. Próximas à cerca, a adolescente Kinara segue sua mãe, Ganam, que anda apressada. A menina traz um livro na mão e um saco de roupas. Fica para trás e narra um sonho, como que em transe.

KINARA Eu tive um pesadelo. Uma coruja me levava presa no bico. A senhora gritava: ela não é um peixe arrancado do charco. A coruja me soltou no palácio do rei Kalafanko. Ele era gigantesco. Erguia-me pelos cabelos, sorria, olhava bem fundo no fundo dos meus olhos. Dizia: ei, menina. Mandei te buscar antes que o sol do meio-dia transforme as águas num deserto.

A mãe volta para puxá-la pelo braço.

KINARA Mãe, não quero devolver o livro.

GANAM É para lembrá-lo de que somos diferentes dos outros.

KINARA Quando eu era criança, sempre que o sr. Tchong vinha nos visitar, ele me perguntava em que parte do livro eu estava e depois me mandava brincar no quintal. Às vezes eu voltava para espiar vocês dois pela janela.

GANAM [*Seca.*] Pessoas como nós dependem da boa vontade alheia. Vamos, antes que terminem de carregar a carroça.

Afastam-se em direção ao pátio da propriedade do sr. Tchong. Sob o alpendre da casa-grande do latifúndio, uma carroça é equipada. Dentro dela, sra. Calam, a cozinheira, amante do patrão, dá as ordens. Alguns camponeses, juntamente com o cocheiro, descem pelas escadas da varanda carregando um pesado andor, sobre o qual vemos uma estátua da Figura Risonha Sentada.

SRA. CALAM [*Sai do casarão.*] Tudo estranhamente vazio. [*Sobe na traseira da carroça, junto à carga e grita para o grupo de camponeses que carrega o andor.*] Ei, vocês! Cuidado com essa estátua. Ela custa uma fortuna. Se acontecer alguma coisa com a Figura Risonha, sr. Tchong esfola vocês, e a mim também.

PRIMEIRO CAMPONÊS [*Após uma pausa de descanso.*] Vamos! Erguemos no "três". Um, dois... hum.

COCHEIRO [*Também carregando, mas fazendo menos força, indica o caminho.*] Por aqui, reservei lugar na traseira.

Os camponeses gemem ao levantar o andor. Vozerio: "Está escorregando!". "Não pára! Não pára!"

SEGUNDO CAMPONÊS No chão. No chão. Não agüento mais. [*Os camponeses depositam o andor.*] Mau jeito no braço.[1]

SRA. CALAM Mas o que é isso? Nem parecem homens. Querem que eu desça e faça o serviço?

PRIMEIRO CAMPONÊS [*Indignado.*] O que ela está dizendo? Pesa muito, senhora.

COCHEIRO [*À cozinheira.*] Essa não é aquela figura que o patrão mandou buscar na cidade?

SRA. CALAM Você pergunta demais.

COCHEIRO Quando eu trouxe parecia mais leve.

PRIMEIRO CAMPONÊS Puseram pedras aí dentro.

SRA. CALAM O que puseram não é da sua conta. O sr. Tchong quer a estátua em cima da carroça antes que anoiteça.

PRIMEIRO CAMPONÊS Nós não temos que ouvir isso, temos?

SEGUNDO CAMPONÊS Pense no saquê: o velho prometeu uma garrafa.

1. Na montagem da Companhia do Latão, a estátua da Figura Sentada era representada por um ator, que entrava em cena e ocupava o andor quando os camponeses paravam para descansar. Quando o andor estava em movimento, o ator assistia à cena de pé, num canto, com um sorriso nos lábios.

COCHEIRO Ainda faltam as canastras com os vestidos da defunta.

SEGUNDO CAMPONÊS Vamos.

COCHEIRO E as caixas com os cristais.

PRIMEIRO CAMPONÊS Um, dois... hum.

Erguem a estátua e caminham mais um pouco. Gemem e resmungam. Kinara e sua mãe se aproximam da carroça.

GANAM Pode subir, Kinara, o sr. Tchong gosta de você.

KINARA É melhor esperarmos.

GANAN [*Indica a carroça.*] Ponha sua bagagem na carroça.

SRA. CALAM [*Da carroça ao ver a menina chegar perto.*] Ei, bastardinha, aqui não tem espaço. Diga à sua mãe para sair do caminho.

COCHEIRO [*Fica para trás do grupo que carrega.*] Tanta bagagem e só um carro. É peso demais para os meus cavalos. [*A sra. Calam, enquanto os camponeses murmuram uma cantilena de trabalho.*] Eu devia estar aí em cima: no máximo organizar a carga. Cada um no seu ofício: puxar as rédeas e alimentar os bichos, é para isso que sou pago.

KINARA Os senhores precisam de ajuda?

CAMPONÊSES Não! Cuidado! Meu braço!

GANAM Sra. Calam, gostaríamos de ser recebidas pelo sr. Tchong. Eu e minha filha viemos para nos despedir. A senhora poderia chamá-lo?

SRA. CALAM Ele está muito ocupado.

PRIMEIRO CAMPONÊS [*Desiste.*] Eu não carrego mais isso. [*Eles põem a Figura no chão.*]

GANAM [*Ainda tenta falar a sra. Calam.*] Como disse?

SRA. CALAM [*Grita aos camponeses.*] Bando de vagabundos. Vou mandar dar uns tapas nas caras de vocês.

PRIMEIRO CAMPONÊS E quem vai dar? O sr. Tchong? Está mais bêbado que um camelo.

SRA. CALAM Quero ver se continuam com esta crista empinada na frente do patrão.

PRIMEIRO CAMPONÊS Eu não nasci para ouvir ordem de quem é mais miserável do que eu.

SEGUNDO CAMPONÊS É isso mesmo, devia engolir sua língua de macaca!

PRIMEIRO CAMPONÊS Vou me juntar aos outros. É lá que devia estar. [*Decide ir embora, contrariado, e grita de longe.*] E nenhuma carroça vai sair daqui enquanto o sr. Tchong não pagar o que nos deve.

SEGUNDO CAMPONÊS [*Subitamente corajoso, de longe.*] Se ele não pagar as dívidas, tocaremos fogo em tudo aqui.

KINARA [*Aos camponeses.*] Por favor, não vão embora. São os valores de uma vida.

SEGUNDO CAMPONÊS O velho Tchong leva valores mas deixa os homens para trás.

KINARA O sr. Tchong vai pagar o que nos deve. E a sra. Calam não pode carregar uma carroça sozinha. É o último favor que prestam a quem nos deu abrigo e comida.

PRIMEIRO CAMPONÊS Se eu fosse vocês, ia embora também.

SEGUNDO CAMPONÊS [*Ao cocheiro.*] Você fica? [*Pausa; o cocheiro não responde.*] Só lamento pela garrafa de saquê prometida. [*Sai.*]

SRA. CALAM O velho faz bem em não pagar esses miseráveis. [*Aponta a estátua ao cocheiro.*] Você, faça alguma coisa.

COCHEIRO Sozinho, eu não carrego. Não mesmo.

A estátua muda de feições. Parece cada vez mais risonha. Surge no pátio o sr. Tchong, bêbado.

SR. TCHONG [*Narrativo.*] Não me tragam problemas no momento da despedida. Digam aos camponeses que não é hora para a palavra "dinheiro". As dívidas permanecerão na terra, como uma erva rasteira que não se pode arrancar. Eles que se entendam com o novo proprietário. Vou deixar umas garrafas na adega, para quem for fiel a meu nome. Quero guardar do meu povo o melhor dos sentimentos no coração: as tardes tépidas no arrozal, o carinho dos meus afilhados nos domingos de churrasco.

SRA. CALAM Sr. Tchong, os camponeses foram-se embora. [*Mostra a estátua.*]

SR. TCHONG Ah, gente sem fé. As tradições estão acabando. Mas não tem problema. Eu mesmo carrego. Cocheiro! Ajude!

SRA. CALAM Mas senhor...

GANAM Sr. Tchong, preciso lhe falar!

SR. TCHONG Agora não, velha, estou trabalhando. [*À Estátua da Figura Risonha Sentada, com intimidade.*] Quando chegarmos à capital, vou construir um altar novíssimo para você. Cocheiro, força!

A velha e Kinara, sempre com o livro na mão, se aproximam do sr. Tchong e seus empregados.

GANAM Sr. Tchong! Sou eu, Ganam. Veja como está linda a sua afilhada. Viemos nos despedir.

SR. TCHONG [*Olha a jovem admirado e fala a Ganam.*] Kinara... É a sua cara trinta anos atrás. [*Ao cocheiro.*] São minha gente, muito apegados. [*A Ganam.*] Vai ser duro viver sem vocês. Mas agora tenho que colocar a estátua em cima da carroça.

KINARA O senhor precisa de ajuda?

COCHEIRO Sim.

SRA. CALAM Não!

SR. TCHONG É com muitos gravetos que se forma um feixe. Vamos!

GANAM Sr. Tchong, nós não viemos até aqui apenas para nos despedir, mas também para fazer um pedido.

SR. TCHONG Trabalho, trabalho, trabalho. [*Sr. Tchong instrui, com gestos, o modo de erguer o andor.*] *Tchô! Gnai! Nihiu!* [*Todos se congelam no esforço de erguer a estátua.*]

FIGURA RISONHA [*Ao público.*] Sou o ator que representa a Estátua da Figura Risonha. Minha forma física simboliza o peso do dinheiro que o fazendeiro Tchong depositou no oco de minha santidade. A nova constelação do Céu Econômico obrigou o velho a abandonar o cultivo dos arrozais. Agora ele parte, deixando para trás centenas de sombras camponesas. Vai viver de renda e cultivar as saudades de um tempo em que o trabalho se media pelo suor no rosto. [*Ergue-se.*] Para poupar o esforço de meus colegas atores e para que esta cena chegue a bom termo, subirei eu mesmo à carroça.

Todos voltam a se movimentar, sugerindo o esforço de carregar a imagem.

SR. TCHONG [*Aos gritos.*] No canto. Não risque a estátua, com carinho. No canto. Ah! Bendita força camponesa! Cocheiro, vá até a adega, busque uma garrafa de saquê para comemorarmos.

GANAM Sr. Tchong, eu lhe peço que não se esqueça de nós.

O sr. Tchong dá um abraço em Ganam, para desgosto da cozinheira.

SR. TCHONG Ganam, Gananzinha, você faz voltar um tempo da minha vida: o cheiro da terra encharcada, o sangue quente na água geladinha.

SRA. CALAM [*Interrompe o momento amoroso.*] Sr. Tchong! O sol já está se pondo.

SR. TCHONG O sol já está se pondo, e daí?

GANAM Não é por mim que eu peço. Olhe bem para ela. Não reconhece nela o que eu fui um dia? Dedicada e silenciosa.

O velho, malicioso, tenta segurar Kinara pelo braço. Ela recua.

SR. TCHONG [*A Kinara.*] Ora, ora, você já não é uma criança, é uma moça muito bem-feita, venha tomar um trago com o velho Paizinho! Na adega, vem?

Ganam faz gesto a Kinara para que devolva o livro.

KINARA Sr. Tchong! Minha mãe manda que lhe devolva o livro. O senhor me deu quando eu era criança. Já sei de cor.

SR. TCHONG Fui eu mesmo quem lhe deu o livro? [*Rememora.*] Como fui generoso. Isto toca meu coração amargurado.

GANAM Só um lugar na carroça para que ela possa seguir em frente. Na capital, a menina vai ser professora. Mostre como aprendeu a ler, Kinara, recite o poema do rei Kalafanko. O trecho que você mais gosta: o momento em que o rei troca de corpo com a pobre mendiga.

KINARA [*Dança e canta, constrangida, sob os olhos da mãe.*]
Por sete noites o Kalafanko
Com a estranha mendiga sonhou.

O resto da canção fica encoberto pelas falas.[2]

SR. TCHONG [*Emociona-se ao lembrar.*] Eu sou o rei Kalafanko na alma de uma pobre pedinte!

GANAM O talento não pode apodrecer no charco, como arroz que não se colhe.

SR. TCHONG [*Grita.*] Cocheiro! Saquê! [*Pega a garrafa da mão do cocheiro e bebe. Depois põe a garrafa na boca de Ganam.*] Beba, tristes são as despedidas da minha gente. [*A velha bebe com gosto.*] Não chore, velha.

NARRATIVA DO COCHEIRO Quando a camponesa Ganam era moça e molhava as pernas vigorosas no transplante das mudas de arroz, o velho Tchong a admirou e decidiu visitá-la às sextas-feiras. Então, de uma mãe solteira nasceu a linda Kinara, a quem o senhor Tchong ensinou as letras e tratou como filha, enquanto teve interesse pela primavera e energia para os tratos miúdos. Isso ocorreu bem

2. "Por sete noites o rei Kalafanko, com a estranha mendiga sonhou, foi então que na sétima noite, uma estranha coisa se deu..."

antes do inverno da casa-grande, época das massagens sobre o feno, feitas pelas mãos gordas da cozinheira Calam.[3]

SRA. CALAM [*Gritando.*] Basta sr. Tchong! Precisamos partir. [*Kinara pára a exibição dançada.*]

SR. TCHONG É verdade. Muito obrigado pela visita. Pode ficar com o livro. Adeus.

GANAM [*Desespera-se.*] Sr. Tchong! Não reconhece este rosto? [*Segura o queixo de Kinara.*] É a sua afilhada. Desde a infância, ela tem no senhor um verdadeiro pai!

SR. TCHONG [*Irrita-se.*] *Tchui-ah-yah-no-gah*! Ah, devolver o livro, está claro o propósito de sempre. [*Decide pegar dinheiro dentro da estátua.*] Vejam, vejam como o céu está bonito. [*Pausa. Grita para que todos olhem para o lado contrário da carroça.*] O sr. Tchong ordena que apreciem o sol poente!

Soa o gongo. Todos olham para o outro lado. Menos Kinara, que o observa disfarçadamente e tem, então, sua primeira decepção. O sr. Tchong pega uma moeda de ouro na estátua da figura risonha. Entrega a Ganam.

SR. TCHONG Ratazanas... sempre roendo a colheita dos outros. Aqui está. O suficiente para comprar o material escolar da menina. E não me procure mais. Este mundo acabou. Vamos.

Aparece no pátio um grupo de capangas armados.

CAPANGA Sr. Tchong! Meus homens podem garantir a sua passagem, mas os camponeses lá fora são muitos, não estão com cara de bons amigos, nunca vi essa gente assim. Pode haver um banho de sangue.

SR. TCHONG Mas por quê? São eles que me devem. Trabalharam, comeram, dormiram nas terras de graça. Eu nunca cobrei nada

3. O relato do cocheiro não foi incluído na montagem da Companhia do Latão.

de ninguém. Essa gente nunca entende nada. Por mais que você explique a situação. "Já entendi, patrão." Entendeu o quê? Simplesmente não entendem. Os camponeses do Sião não têm alma...

CAPANGA Sr. Tchong!

SR. TCHONG Mas vão sentir saudade da minha voz de comando, da minha silhueta na varanda... apesar de tudo eu gosto deles...

CAPANGA É uma centena de camponeses, podem fechar a entrada da fazenda, estão armados com paus e tochas. Dizem que ninguém vai sair enquanto não receberem o pagamento atrasado.

KINARA Os camponeses não querem lhe fazer mal. Eles são bons. O senhor é bom?

SR. TCHONG Ah! Todos são muito bons. [*Ao capanga.*] Faça sua parte.

CAPANGA Eu faço como o senhor mandar. Mas se em algum lugar o senhor tiver algum dinheiro escondido, digo, um pouco, para abrir o caminho, melhor dar.

SR. TCHONG Estou ficando com o ouvido duro para essa conversa.

CAPANGA Estão falando da traseira da Figura, do ouro para pagar a produção, vai evitar muita cabeça rachada.

SR. TCHONG Fale mais alto! Não estou escutando!

CAPANGA Eu não quero atirar em ninguém para defender uma estátua.

SR. TCHONG Escute aqui, rapaz! Quem violar a imagem vai sofrer um castigo divino, terrível. A Figura Risonha é sagrada. Eu não tenho nada, só a minha velhice. Os banqueiros de Bangkok me arrancaram tudo.

KINARA O Sr. Tchong é justo como o rei Kalafanko! [*Mostra o livro.*]

SR. TCHONG Sou um pobre rei miserável. Menina, diga para eles: se eu tivesse algum dinheiro, eu não repartiria com todos?

Pausa.

KINARA [*Olha para a mãe.*] Repartiria.

SR. TCHONG Oh! Agora reconheço a cor dos teus olhos nos meus. [*Ao capanga.*] E você! Se eles quiserem ver o céu cuspir fogo e pólvora, eu lhe paguei para isso! Faça o seu trabalho. E agora vamos para a capital! Ca-pi-tal!

Mudança de luz. A cena se torna irreal, acompanhando a visão de Kinara que transmuda Tchong no rei Kalafanko.

3. Primeira visão de Kinara com o rei do Sião

Quando a carroça começa a se mover, Kinara enxerga no gesto de adeus do sr. Tchong um aceno do rei Kalafanko. Faz um apelo a ele.

KINARA [*Chama.*] Rei Kalafanko do Sião! Sou eu, Kinara, a tua miserável, a tua favorita. A mulher-pássaro que te espreita do jardim. Por favor, não me deixe aqui, nesta miséria.

SR. TCHONG COMO KALAFANKO Há sete noites que me visitas em sonhos e agora te vejo em meu jardim. [*A alguém do seu lado.*] Mas eu não a escuto. Não escuto!

A visão se desfaz. Após a partida da carroça do sr. Tchong, Kinara e sua mãe olham para o horizonte. Têm às suas costas o casarão da fazenda, as sombras da plantação de arroz, o céu da primeira estrela.

KINARA A casa-grande de Tchong
Morre ao anoitecer
Nessa hora.
Em que parece mais fácil morrer.

4. Coro dos camponeses expulsos

Em frente ao portão da fazenda, uma centena de camponeses olha para a estrada. Estão de partida para outras terras. O coro de atores sugere essa imagem através da atitude gestual e da canção.

CORO [*Canta.*] "Ratazanas, ratazanas
Não comam nossa colheita!
Por três anos labutamos
E vós nem sequer notastes.
Por fim nós vos deixaremos
Buscaremos terra mais farta
Terra mais feliz
Onde construir
Um lar.
Ratazanas, ratazanas."[4]

5. Numa estalagem próxima à capital, Kinara atravessa o segundo véu da ilusão

Numa sala dos fundos de uma estalagem. No fundo uma porta revela o salão dos hóspedes, com mesas, num dos lados vê-se a cozinha. A taberneira explica o trabalho a um grupo de três ou quatro camponesas, entre as quais Kinara e Ganam.

TABERNEIRA Sou Huen, a taberneira. Meu estabelecimento fica na zona portuária da capital. Acabo de contratar duas camponesas dentre as levas de migrantes expulsos dos arrozais. A mais nova vai cuidar das mesas; a mais velha se virar na cozinha. É uma tarefa brutal ser patrão. Levo escondida no íntimo a crença na igualdade de todos.

4. Poema chinês em *Escadaria de jade.*

Aproxima-se de Kinara. O grupo de camponesas parece satisfeito com as condições do trabalho.

TABERNEIRA O pagamento é a moradia dos fundos e uma tigela de boa comida. E é claro, a oportunidade de juntar gorjetas. Em tempos de calamidade é o que posso oferecer.

GARÇON KWON [*Irônico.*] Muito generosa.

TABERNEIRA "Para quem não quer, o mundo está cheio." Sr. Kwon, mostre a cozinha à velha senhora e às outras. [*A Kinara.*] Você fica.

Uma moça da estalagem, Chin, muito maquiada e coxa, espreita o grupo. Dá risadas nervosas. Percebe o interesse da taberneira por Kinara e se aproxima dela.

CHIN [*Fala numa língua estrangeira.*] *Wok-aia-ichia-comida.*

GANAM [*Servil, antes de sair.*] Obrigada, senhora taberneira. Eu e minha filha somos muito gratas por ter nos escolhido no meio da multidão. Isso só pode ser obra dos céus.

Mãe e filha fazem reverências. Chin ri nervosa.

GARÇON KWON [*Saindo com Ganam e as outras.*] Vamos.

CHIN [*Tenta se comunicar com Kinara.*] *Inferno-chon, inferno-chon.*

GARÇON KWON A sua filha vai se ajoelhar pela senhora.

CHIN *Nã-bom, nã-bom.*

TABERNEIRA [*Repreende a empregada.*] Chin! [*Para Kinara.*] Com o tempo você entende a língua dela.

KINARA Sra. Huen, minha mãe me ensinou a arte da gratidão.

TABERNEIRA [*Ri.*] É uma moça bonita, vai aprender outras artes. Vocês, camponesas, vêm para a cidade sem entender os novos tratos. Escute com todo o seu corpo. [*Levanta Kinara.*] Aqui, você mesma é seu patrão. Vai ganhar pelo que fizer. Se agradar aos nossos hóspedes, vai ser por eles recompensada. Saiba, eu detesto dar ordens. Até porque certas coisas não se ensinam, não é?

KINARA [*Sempre sorrindo satisfeita.*] Entendi. Não vou receber salário. Devo me contentar com as gorjetas que porventura deixarem sobre as mesas.

CHIN *Wok.*

TABERNEIRA Você tem alguma doença?

KINARA A vista às vezes me embaça.

Taberneira e Chin riem.

TABERNEIRA Eu quero dizer da cintura para baixo. [*Kinara nega com a cabeça, sem entender o comentário.*]

GARÇON KWON Senhora taberneira, entram no recinto de nossa estalagem aqueles dois irmãos do comércio que causaram problemas. Eles exigem os serviços da srta. Chin, a famosa arrumadeira coxa, mais habilidosa do que a média na arte de esticar bem a fronha.

Chin apavora-se ao ouvir seu nome, cai no chão, segurando os pés da taberneira, balançando a cabeça, como se tivesse ouvido falar de dois demônios.

CHIN *Wok-aia-dada.*

TABERNEIRA Chin! De pé! [*Para Kinara.*] Você aprenderá que na vida tudo é uma questão de arte. E que os sentimentos não existem. Não é, Chin?

CHIN [*Indo até o garçom e pedindo ajuda para evitar o serviço.*] *Wok-ai*! *Wok-ai*!

GARÇON KWON Agora é tarde para me dar valor.

CHIN [*Aponta Kinara, sugere que ela vá em seu lugar.*] *Wok-ai.* Bonita! Bonita!

TABERNEIRA Chin!

KINARA Não sei se compreendo, senhora, mas o amor existe.

No salão principal da estalagem, entram os dois comerciantes.

PRIMEIRO COMERCIANTE Rio abaixo tem muito arroz. Rio acima, gente que precisa do arroz.

TABERNEIRA Sabe, Kinara, os homens do comércio costumam chegar muito fatigados das barganhas no cais do porto. Cabe a nós oferecer-lhes um pouco de descontração. Em um mundo ideal, eu seria para sempre jovem.

A taberneira faz com que Kinara observe a cena, para começar seu aprendizado. Chin se joga aos pés dos homens, tira os sapatos deles e dá início a uma massagem.

PRIMEIRO COMERCIANTE E se estocarmos o arroz nos armazéns? Pagarão mais caro por ele. Os barqueiros trabalharão ainda menos e tão mais barato será para nós.

SEGUNDO COMERCIANTE O arroz... O que é realmente o arroz?

PRIMEIRO COMERCIANTE Eu sei lá o que é o arroz.

SEGUNDO COMERCIANTE Se nós não sabemos, quem saberá?

PRIMEIRO COMERCIANTE "Saber o que é o arroz... Eu sei o seu preço!"

O primeiro comerciante dá um chute em Chin, que estava a seus pés. Os comerciantes riem. Kinara quer interceder, mas a taberneira a impede. O segundo comerciante puxa Chin, mais amoroso, em direção à escada dos quartos de cima. Chin se desvencilha deles e corre em direção à taberneira.

CHIN *Azwora... Nã-bom! Nã-bom!*

TABERNEIRA [*Em voz baixa.*] Chin, minha querida, você quer comprar sua casa, não quer? Então se fixe nessa idéia: a sua casa. Agora, vá!

CHIN *Su-casa. Su-casa...*

Chin sobe as escadas com os comerciantes. A taberneira também sai. Entra o garçom e se dirige a Kinara.

GARÇON KWON Ouviu a sineta? Vá abrir a porta, e não me pergunte nada. Aqui não tenho amigos. As gorjetas que eram poucas, agora são metade. Isso me obriga a pensar apenas em mim. A isso se chama concorrência.

Soa o gongo. Ruídos estranhos.

GANAM [*Com uma ave na mão.*] Sr. Kwon, já posso depenar a galinha?
KINARA Que barulho foi esse?
GARÇON KWON A srta. Chin começa a arrastar os móveis.

Na rua em frente à porta da estalagem, diante do salão principal, aparece um marinheiro coberto de fuligem. Parece um mendigo. Tem uma bolsa amarrada no corpo. Ele toca a sineta da estalagem.

MARINHEIRO Chego a uma estalagem dos homens de alta classe. Nos meus sonhos, eu costumo me embriagar num lugar assim.

Enquanto isso, Kinara limpa as mesas com um pano úmido. Parece distraída e decide abrir seu livro, como se procurasse uma passagem em particular.

KINARA [*Lê o livro.*] Por sete noites, o rei Kalafanko com a estranha mendiga sonhou.
MARINHEIRO [*Vê o vulto da moça dentro do estabelecimento.*] Ei!

A sineta toca pela segunda vez. Kinara só presta atenção no marinheiro do lado de fora quando o garçom entra e faz um gesto de cabeça. Ela, então, deixa o livro e se aproxima da porta. Olha através das vidraças e cortinas.

KINARA Um miserável! Devo enxotá-lo daqui. [*A ele.*] Ainda não abrimos, senhor.

MARINHEIRO Que tipo de comida servem aqui, Irmãzinha?[5]

KINARA Temos três classes de refeição.

MARINHEIRO Quais são?

KINARA Primeira classe. Classe média. Classe Baixa.

MARINHEIRO O que servem na alta classe?

KINARA É para autoridades e homens de negócio.

MARINHEIRO Diga o cardápio da classe média?

KINARA É a comida dos servidores do Estado.

MARINHEIRO Você acha que eu só posso comer na classe baixa?

KINARA Não preciso lhe ofender.

MARINHEIRO Prometo que não me ofendo.

KINARA Quem traz unhas sujas e calos à vista não come aqui nem os restos da classe baixa.

[*Para si.*] Ele me sorriu
Como um cão que fareja.
E eu reparei
No seu dente de ouro
Único
No vão da gengiva suja
Com cheiro de saquê e peixe salgado.
Ele me olhava como quem
Vê além do corpo.
Eu também sorri
De sua realeza
Na porta da estalagem.

5. Esse diálogo do marinheiro com Kinara, até a frase "louvável inválido da pátria", não foi incluído, por razões cênicas, na montagem da Companhia do Latão.

[*Ao marinheiro.*] Vá até os fundos que lhe ofereço um chá quente. Isso não custa nada. E digo à patroa que serviu na guerra, um louvável inválido da pátria.

MARINHEIRO Irmãzinha, estou pronto para uma caneca de vinho que esvazie meu coração e a tudo o mais que essa taberna possa me oferecer.

KINARA O senhor me desculpe, mas não posso mesmo deixá-lo entrar.

MARINHEIRO Já é noite, qual é seu nome?

KINARA Não tenho um.

MARINHEIRO Por trás da empregada deve haver um nome.

KINARA Eu não quero dizer! Se eu disser, o senhor chamará a empregada pelo nome.

MARINHEIRO Prometo que não chamo.

KINARA [*Após hesitar e olhar ao redor.*] Kinara.

MARINHEIRO Belo nome. Ei! [*Mostra um saquinho de moedas de prata para Kinara.*] Você muito se enganou: hoje pode me tratar como o rei do Sião.

KINARA [*Num aparte.*] Será possível? Vou deixá-lo entrar.

Marinheiro entra na estalagem.

MARINHEIRO Ah! [*Olha ao redor.*] Você trabalha numa bela casa. "Kinara", não é?

KINARA [*Repentinamente enfurecida.*] Devolve! Devolve!

MARINHEIRO O que é que devolvo?

KINARA O meu nome!

MARINHEIRO Já entendi, irmãzinha, já entendi. Bem que me disseram que a taberneira Huen só trabalha com as mais belas flores. Julga-me pela fuligem do vapor no rosto, mas não sabe que sou ajudante do comandante, manejo o timão do grande cargueiro que chegou ontem ao porto, a transportar ricas mercadorias pelos quatro cornos do mundo.

KINARA [*Sorri constrangida.*] O senhor pode se sentar aqui, do lado escuro.

MARINHEIRO [*Encosta-se a Kinara por trás.*] Hehehe, do lado escuro, hohoho.

Soa o gongo. Chin, num dos quartos de cima, grita com dor, de modo incompreensível. Ouvem-se ruídos e risadas dos dois comerciantes.

MARINHEIRO Que barulho é esse?

KINARA [*Em aparte.*] O que a sra. Huen espera de mim? [*Desvencilha-se.*] Ei, marujo, ali! Na janela! Um homem que reluz medalhas.

MARINHEIRO [*Solta-a.*] Onde?

KINARA É o chamado do comandante.

Kinara vê a sra. Huen. A taberneira espreita seu trabalho e chama-a com um gesto. Quando Kinara se aproxima, Huen lhe sussurra alguma ordem no ouvido.

MARINHEIRO [*Iludindo-se, procura seu comandante.*] Sim, senhor! [*Pausa. O marinheiro nota o logro. Ao público.*] Ela percebeu que estou pronto a receber comandos superiores.

Kinara, sob o olhar da taberneira, volta a aproximar-se do marinheiro. Tenta esconder sua tristeza e sorri do mesmo modo que Chin fez antes com os comerciantes. Chega a mancar de uma perna e afinar a voz para imitar a outra serviçal.

KINARA Estou pronta para servi-lo, senhor. Mas antes preciso ter uma resposta. [*Imita a risada de Chin novamente.*] Se eu fosse agora um homem, um grande homem, que deseja ir embora, atravessar a praça e pegar um barco para um país distante. O que eu deveria fazer para poder embarcar?

MARINHEIRO Pagar a passagem. [*Pausa.*] Está insinuando que quer ver o dinheiro?

KINARA É isso. É o que minha patroa cobrará de mim – o dinheiro.

MARINHEIRO [*Contente por ter dinheiro.*] A lua brilha através da janela, e o círculo de prata da noite derrama delícias na boca do rei.

O marinheiro põe a moeda na boca, tenta beijar Kinara. Ela se afasta e chora.

MARINHEIRO Ei, irmãzinha. Disseram que você não precisava gostar de mim. O que está esperando?

KINARA Eu vou buscar uma jarra de vinho, senhor. [*Ela sai.*]

MARINHEIRO [*Em aparte.*] Dou uma baforada na concha da mão, e sinto um cheiro podre. Não sei se vivo muito tempo. [*Alto.*] Irmãzinha, pode me servir sem medo.

Na cozinha, Kinara encontra o garçom Kwon.

KINARA Sr. Kwon, se um miserável tem dinheiro, nós podemos servi-lo?

GARÇON KWON Um miserável é sempre um miserável. Por que não sobe as escadas logo? Aqui se junta nas camas o que não se consegue nas mesas.

Ganam aproxima-se com um pedaço de carne.

GANAM Filha, veja se acertei no sal. Eu nunca preparei um pernil. Nas festas do sr. Tchong eram sempre assados na fogueira, nunca cozidos. [*O garçom faz sinal que se vá.*] Só quero saber se está do gosto da dona.

Entra na cozinha a taberneira Huen.

TABERNEIRA [*Ao garçom.*] Sr. Kwon, vejo daqui um estranho homem sentado no restaurante. Vá ver se não é um vagabundo qualquer. E não chegue tão perto assim da nova criada de mesa.

KINARA Ele nos ensina a temperar o pernil.

GANAM É diferente dos porcos do campo.

TABERNEIRA [*Andando até o garçom, algo enciumada.*] Sr. Kwon é um homem muito generoso.

Ela se afasta e o Sr. Kwon joga a tigela ao chão.

TABERNEIRA Minha gamela!

GARÇON KWON Perdoe-me, senhora. Fui eu. Ando com a cabeça no céu estrelado.

A taberneira sai. Kinara recolhe a bandeja do chão.

GARÇON KWON Aprendi a revelar meu desprezo pelos patrões através de pequenas infrações. Ver a cara de espanto dessa gente me faz durar nos empregos. [*Sobre Kinara, a sua mãe.*] Eu tenho porque ela é bonita.

Um grito ensurdecedor vem de fora da cena e assusta Kinara e a velha Ganam, que correm para perto da escada e olham para cima.

KINARA [*Em aparte.*] Eu preciso trabalhar. Mas tenho medo de certos limites.

MARINHEIRO Irmãzinha, você ouviu o grito terrível?

Kinara, apavorada, faz um gesto de negativa. O marinheiro se levanta de sua mesa no salão e também corre para perto da escada.

TABERNEIRA [*Aproxima-se do grupo e fala ao marinheiro.*] Não foi nada, senhor. Isso faz parte do funcionamento normal de uma casa. O ser humano é ruidoso... e imprevisível. Sinal de que está vivo, não é?

MARINHEIRO [*Para o garçom.*] Marujo, onde é a confusão?

GARÇON KWON Isso não é da sua conta, rapaz. E agora tudo está em silêncio.

Ouve-se mais uma vez o grito que tudo o mais silencia. Ganam tenta consolar Kinara. Vê-se no fundo da cena sombras disformes dos corpos dos comerciantes com Chin. A imagem corresponde a um lampejo da visão de Kinara.

MARINHEIRO Tenho vinte anos de mar. Sei quando alguém está se afogando.

GARÇON KWON [*Para Huen.*] A senhora quer que o expulse?

TABERNEIRA Kinara? Quem permitiu que esse miserável entrasse na estalagem?

KINARA Fui eu, senhora. Ele traz dinheiro no bolso. É sua noite de rei.

TABERNEIRA Pois então acompanhe sua majestade para fora daqui. [*Kinara nega com a cabeça.*] Vá.

MARINHEIRO Irmãzinha, eu vou subir as escadas. Você vem?

KINARA [*Em aparte.*] Meu coração pressente que o marujo tem razão, mas minha consciência me diz: a razão da patroa é soberana. [*Olha para o marinheiro.*] Marujo, é a srta. Chin, nossa arrumadeira. Ela arrasta os móveis e faz barulho por conta própria.

Novamente os gritos são ouvidos. Kinara desmaia. A luz se transforma e as imagens e tempos se distorcem.

6. Segunda visão de Kinara com o rei Kalafanko

No mesmo espaço da estalagem, que agora se assemelha, pela mudança de luz, ao palácio do rei.

TABERNEIRA [*Com a voz estranhamente diferente.*] Kinara, sabe que se desmaiar aqui está despedida.

KINARA [*Ergue-se com um véu e fala ao marinheiro.*] Rei Kalafanko do Sião! Sou eu. A miserável que te espreita do jardim.

MARINHEIRO COMO REI KALAFANKO Ordeno que tragam até mim aquela que está nos arredores do palácio.

TABERNEIRA COMO CORTESÃ Realizo seu desejo, senhor, porque meu dever é obedecê-lo. [*Vai até Kinara.*] Olho de perto o búfalo e vejo um cisne de nadadeiras silenciosas.

REI KALAFANKO Ela é mais do que semelhante à figura dos meus sonhos.

CORTESÃ [*Puxa Kinara pela mão.*] Vem, linda mendiga. É preciso arte para tratar com um rei. Ficar de quatro qualquer uma fica.

KINARA [*Chora.*] De quatro qualquer uma...

CORTESÃ Venha. Observe, observe. [*Leva Kinara ao rei e a manipula como a um boneco. Kinara repete algumas falas da cortesã.*] Senhor, quero uma vida cheia de novidades. Sou capaz de tudo para me tornar a favorita, não hesitaria em esmagar a cabeça dos contrários à minha felicidade, em matar ou morrer. O senhor me acha egoísta?

KINARA Me acha egoísta?

CORTESÃ Está vendo Kinara? Não é difícil. É tudo uma questão de aparência de vida.

GARÇON KWON Aparência de vida.

Chin grita e entra em cena, no plano do sonho, como se fosse uma visão de dentro do quarto em que está com os comerciantes. Cai no chão em estranhas convulsões. Os comerciantes a seguem e formam um ser uno, como gêmeos xifópagos.

KINARA Rei Kalafanko? Não ouviu? Os gritos. A srta. Chin naquele quarto. Alguma coisa saiu do controle. Ela precisa da vossa ajuda.

COMERCIANTES [*As falas ora se distinguem, ora se reúnem.*] Nós, comerciantes de arroz, somos muito autênticos. Dizemos logo o que pensamos. Essa arrumadeira pervertida é triste demais para a quantia que

pagamos. O que se espera do povo é um pouco mais de sentimento. Nada de repetições mecânicas, gestos padronizados. Não custava nada à vagabunda ser menos morta. Esboçar um sorriso no rosto. [*Coro.*] Só demos umas pancadas para criar uma emoção autêntica.

Kinara ajuda Chin e exibe seu estado a Kalafanko.

KINARA A boca rasgada. Os dentes quebrados. A gengiva suja de sangue.

CHIN Me ajuda, Kinara. Você agora é a favorita. A tua vontade tudo pode.

REI KALAFANKO Venha cá, mocinha. [*Desculpa-se com Kinara.*] O rei precisa estimar os riscos e calcular o prejuízo. Eu só posso tratar dos grandes temas. Na verdade, eu não tenho causa alguma. São forças muito poderosas as que fazem o seu sonho sem sentido. Queria ser como você para subir até lá e arrebentar aquela porta.

Kinara corre do rei, sobe as escadas e vai bater na porta do quarto em que Chin está com os comerciantes, ignorando os braços abertos da mãe.

TABERNEIRA Quem disse que a srta. Chin precisa de ajuda? Ela tem vontade própria, e nada, nada está acima da liberdade do indivíduo. Não é minha querida Chin?

CHIN [*Começa falando uma língua incompreensível.*] *Agah-ueh.* Toda vez que eu sinto vontade de chorar, peço ao homem que morde a minha nuca que diga: falta pouco para você comprar a sua casa.

COMERCIANTES [*Juntos.*] Falta pouco para você comprar a sua casa.

CHIN A justa quantia, a carne sangra, a minha morada.

A taberneira ajuda Chin a se levantar. Kinara desmaia. A cena volta ao plano real. Chin se ergue, machucada.

GARÇON KWON Talvez eu esteja mesmo apático e não me importe com mais nada. Não é um tempo propício ao riso, à boa mesa, ao amor. Eu estou muito cansado.

MARINHEIRO O porão do cargueiro está abarrotado, meus superiores me chamam. Na noite em que pensei ter os prazeres de um rei, ouvi o grito da morte. Vou-me embora, aproveitar o meu pouco tempo em terra.

Todos saem. Restam, em cena, Kinara e Ganam.

GANAM [*Ajuda Kinara a levantar-se.*] Kinara. Kinara. Filha. Precisamos seguir em frente. Sempre em frente. Você é uma predestinada. Não será difícil conseguir outro trabalho.

KINARA Perdi meu livro.

GANAM Nós ainda temos a nós mesmas. Nosso capital são nossos dentes e pele. [*Abraçam-se.*]

7. Coro dos trabalhadores avulsos

A imagem do coro sugere um grupo de trabalhadores da cidade.

CORO [*Canta.*] Dentro de mim habita um patrão
Mas nossas ânsias nunca coincidem.
Enquanto um de nós rejeita o fracasso
O outro se alegra sempre na preguiça.
Proprietário e mão-de-obra
Nos desprezamos mutuamente
Em mundos incompreensíveis
Modéstia, conformidade
Estúpida sabedoria rastejante.

CORO-GARÇOM [*Fala.*] Sejamos cínicos!

CORO [*Canta.*] Sejamos cínicos e orgulhosos
Somente assim: sobreviventes
Escuta empregado-patrão
Empregado, patrão
Empregado, patrão
Empregado, patrão
Empregado
Patrão!

Dos últimos acordes do coro, distinguem-se as seguintes falas.

CORO-CHIN Quando o dia morrer, acende uma vela.
CORO-GARÇOM Quando o dia morrer, acende uma vela.
CORO-TABERNEIRA Quando o dia morrer, acende uma vela.

8. Kinara no depósito de lixo

Ganam recolhe papéis velhos num depósito de lixo e os reúne num feixe. Kinara traz na cabeça uma coroa de flores.

GANAM [*Cantarola.*] Não invada o meu pomar
Não esmague as minhas ervas.
Verdadeiramente
Sr. Tchong
Eu preciso te amar
Verdadeiramente
Sr. Tchong.

KINARA Desde que fomos escorraçadas da taberna pela sra. Huen, minha mãe faz o que pode para manter vivo o meu corpo. Mas ignora a realidade do meu sonho. Hoje me leva para conhecer Mamuang, um velho comerciante de papel que tem um filho que precisa ser casado.

Ganam põe na cabeça de Kinara uma coroa de flores e a enfeita enquanto canta.

GANAM Mas os rumores dessa gente
É preciso temê-los também
Verdadeiramente
Verdadeiramente.

KINARA [*Em aparte.*] Fosse eu o rei do mundo, toda a sujidade seria soprada como um papel para a província mais longínqua da alma.

GANAM Não se esqueça dos gestos de gratidão. Gire os olhos, dê um sorriso, seja gentil. Um homem gosta de uma mulher que parece estar de acordo.

KINARA Não quero conhecer ninguém.

GANAM Não se preocupe antes da hora, por enquanto só vamos vender papel.

Entram ao fundo dois miseráveis, o catador de papel e a moça Xun-Ih-Ah. Ambos as observam de longe.

KINARA Então por que as flores?

GANAM Porque elas são de graça, pertencem à natureza e são lindas.

KINARA Eu não vou me casar, mãe. Não espero mais nada dos homens.

GANAM Um marido, ainda ruim, é sempre melhor do que o melhor dos sonhos.

CATADOR [*Interrompe.*] Esse pedaço do lixo já tem dono!

GANAM Vamos, Kinara. Precisamos pegar mais papel.

CATADOR Vocês não podem ficar aqui! O território já foi marcado.

KINARA Desde quando lixo tem dono?

GANAM Não dê ouvidos, Kinara.

CATADOR Você não sabe o que quer dizer propriedade, não? Fora!

GANAM Cala a boca, cobra! Quem tem que sair daqui é você!

CATADOR [*Ameaçador.*] Eu vou chamar a sra. Falcão.

XUN-IH-AH Não!

CATADOR Ela é minha protetora!

GANAM Quem é a sra. Falcão? Ela está aqui? Sente o cheiro dela?

CATADOR Diz para ela Xun-Ih-Ah, diz quem é a sra. Falcão.

Xun-Ih-Ah nega com a cabeça.

GANAM É essa aí?

CATADOR É a maior comerciante da miséria.

KINARA Mãe, vamos procurar perto das grandes mansões.

GANAM Ninguém vai me dizer para onde andar.

CATADOR Mostra pra ela, Xun-Ih-Ah, mostra o que a sra. Falcão fez quando você meteu a mão na propriedade dela, vai.

XUN-IH-AH Eu também ia me casar! Mas depois disso...

A moça miserável abre a roupa e mostra uma horrenda cicatriz, que só Kinara e Ganam vêem. Ambas gritam.

XUN-IH-AH Foi ciúme.

CATADOR A sra. Falcão vai arrancar a pele de vocês e mandar enterrar aqui, o resto dos restos. Ou vocês acham que esse cheiro todo é de casca de banana e de cabeça de peixe?

GANAM Serpente agourenta. Você não vai estragar minha alegria. Hoje, minha filha vai conhecer o seu futuro e nada vai cruzar o nosso caminho. [*Para Kinara, que se aproximou de Xun-Ih-Ah, compadecida.*] Kinara! Kinara!

Kinara volta para perto da mãe. A hostilidade entre as duplas se sustenta por alguns segundos. Até que Ganam a puxa para ir embora.

9. Diante do fiel da balança, Kinara encontra um macaco

Sob um toldo, do outro lado do depósito de lixo, vêem-se montes de papel empilhados. Uma grande balança ocupa o centro da cena.[6] *Entram Mamuang, um velho comprador de papel, e seu filho Jung. Estão acompanhados do ator que vai representar o macaco.*

ATOR-MACACO Para a próxima cena, seria preciso trabalhar com um macaco. Como nenhum símio concordou em participar de narrativa tão estranha, farei eu mesmo este papel desumano.

Coloca uma máscara estilizada e atua como macaco. Mamuang, com seu bastão, faz brincadeiras com o chimpanzé. Seu filho, Jung, está sentado no chão, largado como alguém que se drogou.

MAMUANG [*Para Jung.*] Sente-se. Aprecie os progressos que eu fiz com o macaquinho. [*Para o animal.*] Constantino: cambalhota! Vai! [*Bate com o cajado no chão. O macaco obedece e bate palmas para si.*] Haha, muito bem, muito bem! Aqui, sua recompensa! [*Dá um biscoito. Olha para o filho.*]

JUNG [*Resmunga.*] Perda de tempo.

MAMUANG Veja, preste atenção, agora. Constantino: remar! Remar a piroga no rio Chao Praya. Atenção: reme! [*Mostra o gesto e passa o cajado ao macaco. O bicho se masturba com o objeto e joga o cajado longe. Mamuang fica contrariado.*] Sem recompensa! [*O macaco, então, faz outro número: tomba deitado, como um morto, e ergue a mão como um pedinte.*] Morto não, Constantino! Ah, está bem, aqui, toma... [*Dá outro biscoito. O macaco sai gritando aos pulos e sobe na balança. Mamuang fala ao público.*] Sou Mamuang, comerciante de papel velho. Para amenizar meu cotidiano de compra e

6. Na montagem da Companhia do Latão, a balança era representada por uma atriz.

venda de restos urbanos, adquiri um macaquinho de estimação. A essa criaturinha, Constantino, tenho dado o melhor de minha substância vital. [*Aponta Jung, menos animado.*] Esse aí ao lado é meu filho Jung. Sua mãe nos abandonou quando ele tinha dois anos de idade. Talvez por isso ele viva mergulhado no inconsciente.

JUNG Vou para casa.

MAMUANG Espera, filho. Hoje você vai conhecer uma pessoa.

Entram Ganam e Kinara.

MAMUANG Sra. Ganam!

GANAM Sr. Mamuang, trouxemos um bom fardo de papel.

MAMUANG Então essa é a menina, que beleza!

GANAM É Kinara. Tem muitas virtudes.

Kinara joga o papel no chão e observa o macaco.

MAMUANG Kinara, gostou do macaquinho? Quer passar a mão? Eu divido as mulheres entre aquelas que gostam de acariciar chimpanzés e as que não gostam.

GANAM Vá, Kinara, vá até o macaquinho. Vá até lá e veja se o pêlo é realmente macio. [*A Mamuang.*] Ela tem muitos talentos.

MAMUANG O meu Constantino também!

GANAM Sabe ler, conhece histórias de reis e rainhas, e tenho certeza de que será aprovada no concurso para professora, se o marido assim o permitir.

KINARA Ei, macaquinho. No fundo você detesta os homens. Você parece muito inteligente. [*O macaco foge dela.*] O que souber, me diga.

GANAM E seu filho, quando chega?

MAMUANG Aí está. [*Ambas notam o jovem Jung pela primeira vez.*] Jung, erga-se e venha cumprimentar a sra. Ganam. [*A Ganam.*] Ele é um bom rapaz, só espera uma oportunidade. Também tem estudo. Eu me sacrifiquei muito, tive que ser pai e mãe. [*A Jung.*] Filhinho, veja que beldade. Estenda a mão para a sra. Kinara.

Kinara avança. Jung recua, com vergonha de cumprimentar. O macaco pula alegre.

MAMUANG Ele tem dificuldades com as mulheres desde que sua mãe nos abandonou.

GANAM Um lar sem mulher é um funeral sem defunto.

O macaco impede Kinara de cumprimentar Jung.

JUNG Detesto esse bicho, herdou o pior de meu pai.

GANAM Não ponha o rosto perto, não se pode confiar num animal.

Kinara consegue passar a mão na cabeça do macaco; quando vai se afastar, o bicho se agarra aos joelhos dela, e tenta esfregar seu sexo nas canelas da moça. Kinara o repudia com força.

KINARA Bicho nojento!

MAMUANG [*Repreende.*] Constantino! [*A Kinara.*] Eu vejo que ele se afeiçoou muito a você. Dará uma excelente esposa.

KINARA Sr. Mamuang. Está na hora de pesarmos o papel. Eu e minha mãe dormimos perto do rio e, depois que anoitece, fica perigoso andar por lá.

MAMUANG Não vamos falar de dinheiro ainda.

Pausa.

KINARA Seu filho vai arranjar uma boa noiva, viu? Eu é que sou estranha. [*Para Jung.*] Eu.

Entra em cena uma gangue oriental, liderada por uma estranha mulher, a sra. Falcão. Ao lado dela está o cobrador, um rapaz musculoso, com um cajado de artes marciais na mão.

COBRADOR [*Interrompe a cena.*] Sr. Mamuang. A sra. Falcão veio pessoalmente tratar de negócios.

SRA. FALCÃO [*Fala uma língua incompreensível.*] *Kalimera, kalatapakal, adikous ploutos bebaios esti.*

COBRADOR Ela disse: é com grande pesar que tive que deixar o escritório para cobrar o que é meu.

MAMUANG [*Baixo ao sobrinho.*] Não precisava trazê-la aqui, meu sobrinho, não precisava.

COBRADOR Não estou aqui como sobrinho.

GANAM [*Percebe a situação tensa.*] Sr. Mamuang, nós voltamos depois.

SRA. FALCÃO [*Bate palmas risonhamente débil e depois grita.*] *Strudkielle-dedineira, dineira.*

COBRADOR [*Violentíssimo, com um pau.*] Não se atrevam. Todos no chão, você também, racho a cabeça do primeiro que se mexer.

O macaco pula no cobrador. Ele o expulsa.

COBRADOR Constantino!

MAMUANG [*Ao público.*] Eu pago proteção a essa mulher. Vou resumir meus sentimentos: "Não sejam brutos, não tenham pressa, eu próprio arregaço as calças". São versos do cancioneiro popular.

COBRADOR [*Para Kinara e Ganam, que tentam ir embora.*] Não se atrevam, eu já disse.

MAMUANG Sobrinho Deng, pergunte a sua patroa, eu sempre paguei em dia!

COBRADOR O prazo acabou, meu tio.

MAMUANG Se existe algum parente atrás de sua máscara de cobrador, eu lhe peço um dia! Dois dias. Eu lhe suplico.

A sra. Falcão vê a cena e faz uma negativa com a cabeça.

COBRADOR Meu tio, ponha a mão no bolso e pague pelo menos uma parte das dívidas.

MAMUANG Eu não tenho nada. [*Mostra Jung, que está encolhido no canto.*] O seu primo queimou tudo no ópio.

JUNG [*Como que acordando.*] Ah! Visões. Visões terríveis!

COBRADOR Seu dejeto. [*Olha bem para o tio e vai até sua patroa.*] Sra. Falcão. Ele não tem mesmo o dinheiro.

Falcão faz cara de insatisfeita e agressiva. Segura o cobrador pelo queixo, diz algo em seu ouvido e o beija na boca.

COBRADOR Ela deu mais uma semana de vida para sua dívida...

MAMUANG Obrigado sra. Falcão, eu agradeço...

SRA. FALCÃO [*Fala na sua estranha língua.*] *Bebaios esticetirietal.*

COBRADOR Mas como garantia, ela exige a pele do macaco.

MAMUANG Constantino?

O macaco se deita, fazendo o número do morto pedinte, como um defuntinho.

COBRADOR Se preferir eu quebro sua fonte de renda, a balança.

FIEL DA BALANÇA Eu sou o fiel da balança, o pêndulo da metamorfose, converto moedas em papel, papel em sal, sal em carne, carne em moedas. Sem mim, Mamuang, perderás a medida.[7]

Mamuang, após olhar para suas posses, controla a vontade de chorar.

MAMUANG A balança não. [*Faz um gesto para chamar o macaco.*] Aqui, Constantino. Venha, venha. Aqui. [*Agarra o bicho com carinho.*]

7. A fala da balança não fez parte da encenação da Companhia do Latão.

Me escuta, criaturinha irracional. Eu cuidei de você, lhe ensinei bons truques, e em paga você me ajudou a suportar o peso dos meus dias. [*Já não segura as lágrimas.*] O que vou fazer não é por estar insatisfeito com o seu trabalho. Você é um contrapeso maravilhoso. [*Aponta Falcão e o Cobrador.*] Vê esses dois? Eles exigem a sua pele. Perdoe-me, Constantino. Mas eu vou ter que rachar a sua cabecinha.

Põe o macaco no chão, dá a ele um amendoim. Ergue, então, o cajado, mirando a cabeça do bicho. A cena se congela quando Kinara e Jung gritam "Não!".

10. A terceira visão de Kinara: a troca das almas

Mesmo espaço, iluminação, música e ritmos gestuais diferentes, a sugerir outra visão de Kinara.

KINARA [*Corre para salvar o macaco.*] Não!

JUNG COMO REI KALAFANKO Não!

KINARA [*A Jung, que assumiu a aparência de Kalafanko.*] Você não se parece nada com o rei que eu via no meu jardim. O rei das minhas visões tudo podia.

JUNG COMO REI Menina, eu sou um sujeito empalhado. O indivíduo está sendo liquidado com ossos e tudo. É por isso que eu a admiro tanto. Nos meus sonhos, você tem uma liberdade que eu desconheço.

KINARA Eu?

REI KALAFANKO Pertenço ao mundo das imagens míticas, quando era mais clara a diferença entre liberdade e exploração.

KINARA Mas quem além de você fez isto com você mesmo?

REI KALAFANKO Foi ele. [*Aponta Mamuang.*] Certos homens têm dependências muito pesadas.

Kinara corre a Mamuang.

MAMUANG Uma só bordoada na base do crânio. O macaco morre e eu ganho mais uma semana de vida.

KINARA Mas quem além de você fez isto com você mesmo?

MAMUANG Ele. [*Aponta o Cobrador.*] A quem amei mais do que meu próprio filho, até a chegada do Constantino.

COBRADOR [*Diante da aproximação de Kinara.*] Se vai me perguntar, foi ela [*Aponta Falcão.*] quem me iniciou nos tráficos mais fluidos.

MACACO Eu queria aprender a língua dos homens, e mil sinônimos da palavra "dinheiro".

Kinara gira, desorientada.

REI KALAFANKO [*A ela.*] Está vendo? Existe uma impossibilidade técnica de nos sentirmos livres e de quebrar o ciclo das calamidades.

KINARA E você, sra. Falcão, na cena a mais perversa, me diga: de quem é a culpa?

SRA. FALCÃO [*Com a voz aguda.*] Eu! Eu não sou a falcão de garras recurvas! Meu coração é o de uma fênix, meu antepassado. Ah! [*Grita como a ave. Fica com a voz normal.*] Se eu não levar a prova de que a dívida se eterniza, é a minha pele que será arrancada. Pois tudo pertence à grande cadeia de causas e efeitos das dívidas que sustentam as dívidas num labirinto infinito.

REI KALAFANKO [*A Kinara, de modo estático, tira sua coroa.*] Toma. Agora é tua esta coroa que oprime meu cérebro.

Põe a coroa em Kinara. Os joelhos dela se dobram com o peso.

REI KALAFANKO Eu quero ser livre como uma miserável.

KINARA Ela tem o peso de mil gerações bem-nascidas.

REI KALAFANKO [*Tira o manto.*] Ah, veste meu manto.

Põe-no em Kinara.

KINARA Os adornos são lindos, mas não protegem do frio.

GANAM Faça com que as coisas sejam diferentes, minha heroína. Você não precisa de mais ninguém.

REI KALAFANKO [*Toca o rosto de Kinara. Seu êxtase cresce.*] Quero ser como você. Livre como uma mulher do povo!

KINARA E eu quero a tua pele.

Kinara toca o rosto do rei como quem lhe arranca as formas. Age como se puxasse a pele do rosto de Kalafanko e, a seguir, a vestisse como um máscara. Ela se convence de que as almas foram trocadas.

VOZ DE GANAM [*Canta.*] Inverte as almas
De endereço duvidoso.

O coro engrossa o canto. A troca das almas se consuma no giro da balança e na movimentação dos atores. A visão se desfaz e Kinara volta a enxergar o mundo da realidade empírica.

MAMUANG Perdoe-me, Constantino. Eu vou ter que rachar a sua cabecinha.

Quando Mamuang ergue o cajado para desferir o golpe, o macaco salta e toma a arma em suas mãos para, em seguida, fingir que está remando. Realiza, assim, enfim, o número da canoa no rio Chao Praya, que foi tantas vezes treinado sem sucesso por Mamuang.

MAMUANG A piroga! Nós conseguimos. [*Chora.*] Eu não posso. Seria como matar a mim mesmo!

11. Entreato dos Acadêmicos do Sião: a canção da causalidade sistêmica

No proscênio do teatro. Entram os três sábios e encaram a platéia.

SAI-BILE Senhores espectadores, preocupados com o rumo do espetáculo, nós, os Acadêmicos do Sião, sugerimos que procurem outras diversões, menos deprimentes.

SAI-BABA Eu não ganhei nada em macaquear as idéias humanitárias deste velho. Um sábio que nunca afirmou nada? Me sinto traído. [*Ao U-Tong.*] Tudo que você diz está fora de moda, é arcaizante, ultrapassado pela nova ordem.

U-TONG Vocês não acreditem em metade do que virem aqui, mas qual metade?

O mestre anda pelo palco confuso, enquanto seus discípulos continuam no proscênio. Vez ou outra se aproxima deles, para falar.

SAI-BABA O velho mestre está desalinhado.

U-TONG Deve existir alguma alternativa. Não é possível que os nossos destinos estejam traçados no Céu Econômico.

SAI-BILE É a cegueira de um pateta.

SAI-BABA É incrível que eu tenha caído nessa esparrela toda.

SAI-BILE Ele ainda acredita na crítica da economia política. Nós já estamos na crítica da linguagem.

Subitamente, U-Tong passa a ser agressivo com os discípulos.

U-TONG Vocês, vocês também têm culpa pela desgraça social.

SAI-BABA Ora, mestre.

U-TONG [*Grita.*] Traidores! Traidores!

O mestre avança sobre Sai-Bile e começa a estrangulá-lo.

SAI-BILE Aaaaaaah!
SAI-BABA Mestre, mestre!
SAI-BILE Faça alguma coisa!
SAI-BABA Mestre! Mestre!

Sai-Baba pega um cajado e bate na cabeça no mestre com violência. O velho sábio resiste antes de tombar em sangue.

SAI-BABA Nós não temos culpa! [*Bate mais.*] Não temos! A desgraça social provém de uma causalidade sistêmica...
SAI-BILE ...de um determinismo congênito...
SAI-BABA ...uma fatalidade randômica...
SAI-BILE ...uma esqualidez famélica...
SAI-BABA ...uma idiossincrasia climática...

Suas falas se convertem num canto, engrossado por muitas vozes. Durante a canção, os sábios dançam endemoninhados.

CORO [*Canta.*] A desgraça social provém
A desgraça social provém...
De uma desigualdade cósmica
Uma injustiça atávica
Uma exclusão endêmica
Uma desnutrição telúrica
Uma miséria clássica
Uma causalidade sistêmica
De inexorabilidade inequívoca
Uma pindaíba trágica.
SAI-BILE [*Fala.*] Não tem alternativa!
SAI-BABA [*Fala.*] Não tem, não tem!

JUNTOS COM O CORO [*Dançam e cantam.*]

Não tem alternativa
Não tem alternativa
Não tem, não tem!
Não tem alternativa
Não tem alternativa
Não tem, não tem!
Não tem alternativa
Não tem alternativa
Não tem, não tem!
Não tem alternativa
Não tem alternativa
Não tem, não tem!

UMA VOZ Nãoooooooo!

SAI-BABA [*Ao fim da canção.*] Diante dessas circunstâncias, nós, os Acadêmicos do Sião, decidimos descer das esferas e entrar na história da peça, para melhor divulgar nossa doutrina.

12. No átrio do grande templo, em busca de um prato de sopa

Nas cercanias de um templo da Figura Risonha, na grande cidade. Kinara está visivelmente alterada, parece fora de si. Acredita que está no corpo do rei Kalafanko. Deixa-se guiar por sua mãe pelas ruelas, e olha para os lados como um soberano que sai do palácio pela primeira vez.

GANAM Veja as luzinhas do templo, é logo ali. [*Pausa. Vê que a filha enlouquece.*] Kinara, o que você tem? Eu já não agüento mais, me sinto como se estivesse sendo cuspida. Às vezes me pergunto se não seria melhor desistir logo desta encarnação. [*Kinara balança a cabeça positivamente.*] Durante um cochilo na sarjeta, uma barra de ferro caridosa podia rachar a minha cabeça, caridosamente.

Kinara ri e grita como quem dá ordens a alguém.

GANAM [*Se aproxima de Kinara e a segura firme pelos ombros.*] Olhos de pedra! Você só tem a mim. Rápido, filha, nós precisamos da sopa.

KINARA [*Com os olhos vidrados, mostra sua palma calejada.*] Um segredo, velha: eu, que conheci a miséria, já não tenho as mãos estragadas.

GANAM [*Sem entender.*] Um dia alguém reconhece o seu valor.

As duas saem na direção da entrada do templo.

13. Dentro do templo, Kinara tem a chance de praticar a grande pedagogia

Dentro do templo, ocupado pelos jovens sábios do Sião, vemos o velho mestre U-Tong, sentado como um inválido, com a cabeça enfaixada. Algumas mulheres fiéis cuidam da limpeza do espaço. Ao fundo, uma estátua da Figura Risonha de Pé – semelhante ao rei Kalafanko – está coberta por um véu. Após a interdição de U-Tong, Sai-Baba ascendeu ao Conselho Acadêmico. Está ali numa viagem de inspeção aos templos do bairro. Coincidentemente, é o templo administrado por seu antigo colega Sai-Bile.

SAI-BILE [*Explica a sua proposta administrativa.*] Seguimos as ordens da Academia. Só servimos sopa para aqueles que estão dispostos a dar algo em troca.

SAI-BABA [*Afetado.*] Muito bom. Isto fortalece a vontade, a obstinação, a esperança cega. Hoje em dia rejeitamos as velhas virtudes acomodatícias.

SAI-BILE [*Mostra o canto em que está a figura risonha.*] Este é o lugar das relíquias, da época em que adorávamos figuras. As irmãs ajudam no serviço do templo.

Uma mulher dá sopa ao mestre desfigurado. Outra está ajoelhada diante da Figura Risonha encoberta. Reza. Quando se vê observada, levanta-se como quem foi flagrada em delito.

SAI-BILE Essa aí ainda não se convenceu de que o novo Deus não está na pedra, e sim dentro de nós. Insiste em ficar meditando, perto da velha Figura Risonha. Como as contribuições estão em dia, eu não me oponho.

U-TONG [*Com esforço motor, incapaz de articular palavras.*] *Ugururugugu.*

SAI-BABA [*Com ar de deferência.*] E o velho mestre, como está?

SAI-BILE Depois, bem, do acidente, tornou-se um rabanete. Sra. Mifu! [*Ela se aproxima.*] Já decorou o novo mantra – o do vazio fundamental?

MI-FU [*Delicada.*] Eu gostava mais do antigo.

SAI-BILE [*Didático.*] Nada traduz tanto o vazio quanto esse mantra.

Sai-baba começa a cantar. Os outros o seguem.

TODOS *Oooo-co, Ooo-co, O-co.*

Ganam e Kinara entram. Ganam se dirige a uma irmã de caridade.

GANAM Viemos pela sopa.

IRMÃ DE CARIDADE A essa hora não servimos mais sopa, senhora.

GANAM Qualquer coisa, uma colherada e depois um canto para dormir.

MI-FU A velha não está nada bem. Olhe a cara dela.

Kinara atravessa o templo. Acena como o rei e se dirige à Figura Risonha. Mexe no véu.

IRMÃ DE CARIDADE Aqui nada é de graça. O novo Deus exige algo em troca.

GANAM Minha última moeda.

IRMÃ DE CARIDADE [*Aceita a oferta.*] O que vale é o princípio, a troca.

Kinara arranca o véu da estátua e o veste. Grita, autoritária.

KINARA Por que o manto sobre a Figura Risonha?

As mulheres a observam, perplexas. Sai-Bile e Sai-Baba estão do outro lado, ainda sem notar o comportamento estranho de Kinara.

SAI-BILE É difícil tirar o mito da cabeça deles.

SAI-BABA Talvez seja preciso um método mais violento, para que o novo pensamento se enraíze como cabelo em suas cabeças.

U-TONG [*Murmura sofrido.*] *Ururugugu.*

Ganam se aproxima da filha com uma tigela de sopa.

GANAM Kinara, filha, tome a sopinha. Mas devagar, para não doer o estômago.

Kinara cheira a sopa e faz cara de nojo.

KINARA Quem lhe deu isto, mulher.

GANAM A irmã do templo.

KINARA E ela provou?

Ganam faz que não.

KINARA Hã?

GANAM Não.

KINARA [*Andando até Mi-fu.*] No meu Sião, o rei prova a comida antes do povo, para que ele não morra envenenado.

Kinara bebe a sopa e cospe. Depois atira a tigela no chão.

MI-FU A sopinha!

KINARA [*Para a estátua, como se cobrasse um acordo não cumprido.*] Eu não troquei de corpo para isso!

GANAM Você enlouqueceu.

Kinara dá um grito estridente. Ganam dá um tapa no rosto da filha. Kinara chora.

SAI-BABA [*Interfere no caso.*] Deixem. Está bem, menina. Achou a sopinha tão ruim assim?

GANAM Não foi nada, senhor. Basta arrumar um pano e eu limpo tudo.

KINARA De hoje em diante, o rei Kalafanko do Sião determina que sejam servidas três generosas refeições por dia.

SAI-BILE Gente ingrata!

U-TONG [*Nervoso.*] *Urururubugugu.*

SAI-BABA Então é amiga do rei?

KINARA Não. Eu sou o rei! [*Pega a tigela de sopa no chão e esfrega os restos no rosto de Sai-Baba.*] Experimenta, morto-vivo!

SAI-BILE [*Grita.*] Saiam daqui.

GANAM [*Se ajoelha.*] É uma criança grande, senhor. [*À filha.*] Kinara, peça desculpas sem causar antipatia!

Kinara ri estranhamente.

SAI-BABA [*Controla sua raiva.*] Não é preciso. Ela tem as virtudes que procuramos ensinar. Tem orgulho, determinação, auto-estima. [*Irônico, trata Kinara como criança.*] Se a sopinha não presta, o que devemos fazer, majestade? Tirar o óleo das lamparinas e encher as panelas? Ou cortar os remédios do velho mestre? Nós não temos dinheiro para tudo.

SAI-BILE As contribuições são irrisórias.

MI-FU [*Ofende-se.*] Irrisórias? Nós damos quase tudo o que ganhamos para este templo.

IRMÃ DE CARIDADE Cuidamos do velho mestre, damos carinho a ele.

MESTRE *Ugugugugugugu.*

SAI-BILE Silêncio, velho.

SAI-BABA Então? Vê alguma alternativa? [*Tira da cintura um saco de dinheiro.*] Aqui está, tudo que eu arrecadei nos templos deste bairro. [*Kinara ri.*] Toma. Pega! [*Kinara recusa.*] E então? Pensa que é capaz de fazer melhor, de manter as paredes de pé e essa gente conformada? Sem perder a esperança, a capacidade de se autovalorizar?

KINARA Para salvar o meu povo eu preciso de mais.

SAI-BABA É o que temos.

KINARA Então tem alguma coisa errada.

Joga o saco de dinheiro no chão.

14. Delírio de Kinara-Kalafanko no templo

Mesmo espaço, modificado pela luz e pela variação dos ritmos musicais e gestuais.

KINARA [*Narra.*] Sou eu o rei que se ajoelha no templo.

ESTÁTUA DA FIGURA RISONHA [*Transformada no rei Kalafanko.*] Ou sou a miserável que espreita em meu jardim ao cair da noite?

KINARA Olho ao redor e descubro que tudo é o mesmo.

KINARA E ESTÁTUA E não é o mesmo, não é o mesmo.

Kinara pega a coroa da Estátua da Figura Risonha e toma também seu cajado, que usa como se fosse um grande cetro. Dá pancadas no chão. A estátua ganha vida e se movimenta. Kinara assume seu lugar e pose. Permanece estática durante a cena.

ESTÁTUA-KALAFANKO É este o meu passo?

A Estátua abre a boca e Kinara grita. A partir daqui Kinara diz o texto e a Estátua-Rei ilustra gestualmente as falas, mexendo a boca.

KINARA E KALAFANKO Por que esta voz que ressoa em mim tem os ritmos das ordens que eu costumava dar? Sou eu o espectro do rei ou sou a miserável que me espreita em meu jardim ao cair da noite? Por que tão pouco dinheiro é destinado ao povo?

SAI-BILE E SAI-BABA A vida humana é dependente e condicionada. O problema do dinheiro está no centro do império e [*A fala começa a se desordenar.*] o império está em toda parte, dentro de cada um de nós.

Kinara comanda as ações da Estátua ao bater com o cajado no chão. A estátua agride os sábios, que passam a falar de modo invertido.

SAI-BILE Não tem alternativa. Não tem, não tem alternativa. *Vopo, vopo...*

A velha Ganam degola Sai-Bile com ajuda dos outros. Sai-Baba cai, também morto. O mestre ri. A visão é de uma coreografia de assassinatos, desvairada.

KINARA E KALAFANKO A percepção do rei não conhece limites; ele imagina a barriga do povo... [*A partir daqui, a Estátua emite voz audível.*] E eis que sacia a sua fome. O pensamento do rei não conhece obstáculos; ele toca a ignorância do povo e eis que se acende a compreensão. A vontade do rei não conhece freios; ele reconhece a necessidade do dinheiro e eis que seu rosto nas moedas se multiplica...

ESTÁTUA ...se multiplica.

KINARA ...se multiplica.

Desfaz-se o delírio de Kinara. Entretanto, a atriz que representa Kinara está na posição inicial da Estátua e o ator que representa a Figura Risonha está sentado no chão, com a atitude de Kinara. É a ele que Ganam se dirige.

GANAM Kinara, eu tive uma visão. Você era pedra, sem ranhuras para a dúvida ou para crença, para coragem ou para angústia. Só uma vaga esperança, como uma inscrição funerária.

15. Coro dos pedintes do templo

KINARA [*Canta.*] As coisas deveriam morrer
Antes de ficar por aí
Perambulando mortas.
CORO [*Canta com Kinara a partir da frase anterior.*]
Perambulando mortas
As coisas deveriam morrer
Antes de ficar por aí
Perambulando mortas
Perambulando mortas.

16. No limite do grande império, bem distante do Sião, o corpo de Kinara viaja em meio a levas de emigrantes que procuram trabalho

Num posto militar, de madrugada, à frente do deserto azulado, um soldado monta guarda. Seu companheiro cochila num canto. O capitão dá ordens de comando antes de se recolher ao seu quarto. A cena é feita por quatro atores que encenam simultaneamente os papéis de Chin e Wei. Tudo em cena parece duplicado. Pode ser lida como outra visão de Kinara.

CAPITÃO Soldado! Onde está seu companheiro?

SOLDADO CHIN 1 [*Grita em tom militar.*] Está descansando, senhor.

SOLDADO CHIN 2 Está descansando, senhor.

CAPITÃO Olhos bem abertos!

SOLDADO CHIN 1 Sim, senhor.

CAPITÃO Quando menos se espera, aparece alguém.

SOLDADO CHIN 2 Sim, senhor.

CAPITÃO Repita as ordens da madrugada.

SOLDADOS CHIN [*Juntos, mas em descompasso.*] Sou o soldado da fronteira, na terceira noite da lua vazante minha missão é impedir a entrada dos bárbaros.

CAPITÃO Muito bom, agora não faça barulho. Preciso repousar. Quero sonhar com a guerra. Levar a liberdade aos povos. Que meu sono seja pesado.

SOLDADO CHIN 2 Pesado, senhor.

SOLDADO CHIN 1 Durma bem, capitão.

CAPITÃO Quero ouvir em sonho o murmúrio do sangue correndo na planície.

O capitão se deita. O soldado Chin 1 mata uma mosca. O soldado Chin 2 procura enxergar através da noite escura, enquanto espera ser rendido. Cada um atua em seu plano. Monologam de início. Quando o soldado Wei, em suas duas versões, acorda e procura o companheiro, estabelecem-se dois diálogos em paralelo.

SOLDADO CHIN 2 Mais uma noite apontando estrelas, ganhando verrugas.

SOLDADO CHIN 1 Mais uma noite ganhando verrugas nas mãos.

SOLDADO WEI 2 [*Bêbado, com uma garrafa e um copinho de prata.*] Ei, Chin!

SOLDADO CHIN 2 Quem está aí?

SOLDADO WEI 1 Ei, Chin!

SOLDADO CHIN 1 Quem está aí?

SOLDADO WEI 2 Sou eu, Wei.

SOLDADO WEI 1 Sou eu, soldado Wei.

SOLDADO WEI 2 Eu não consigo pregar o olho. Ando tendo visões.

SOLDADO WEI 1 Eu tive um sonho. O luar me converteu num peixe e as areias do deserto num mar que ondulava.

SOLDADO WEI 2 O luar da planície transformava a areia em água. E eu num peixe.

SOLDADO WEI 1 Tudo em movimento, o ambiente escapava de mim.

SOLDADO WEI 2 Tudo ondulava, tudo escapando de mim.

SOLDADO CHIN 1 Passe para cá essa garrafa.

SOLDADO WEI 1 É o último trago, depois o mundo se acaba.

SOLDADO WEI 2 Um peixe, deve ser tomado com dignidade.

SOLDADO WEI 1 Eu vou te servir. No copo, como a um amigo!

Servem a bebida.

TODOS Ei-lo, ei-lo, ei-lo, ei-lo, ei-lo.

SOLDADO CHIN 2 Pronto.

SOLDADO CHIN 1 Cheio até a borda.

SOLDADO WEI 1 [*Mostra a garrafa.*] E vazia.

SOLDADO WEI 2 Conteúdos trocados. [*Enquanto o outro bebe, ele olha no fundo do gargalo.*] Não é fácil ser um peixe, Chin.

SOLDADO WEI 1 Ser um peixe é viver sem entender o todo.

SOLDADO CHIN 2 [*Animado com a bebida.*] Grande saquê, o capitão tem bom gosto.

SOLDADO CHIN 1 Precisamos agradecer o saquê ao capitão.

Os dois Chin aproximam-se do militar que dorme. Fazem reverências irônicas.

SOLDADO CHIN 2 Esqueci de ofertar ao Deus.

SOLDADO CHIN 1 Excelente saquê, capitão. Excelente saquê, capitão.

Subitamente, os dois Wei parecem enxergar algo que se aproxima.

SOLDADO WEI 2 [*Assustado.*] Ei, Chin, estou tendo visões outra vez.

SOLDADO WEI 1 Você também vê?

SOLDADO WEI 2 É uma criatura, é um sujeito!

SOLDADO CHIN 1 Aquilo não é gente, não. Parece outra coisa...

SOLDADO WEI 2 É um indivíduo, uma pessoa, um homem!

SOLDADO CHIN 2 Passe para cá a garrafa.

O soldado Chin 2 olha pelo gargalo da garrafa, usando-a como luneta. Eles se atrapalham com as armas e bebidas na mão.

SOLDADO WEI 1 É uma criatura...

SOLDADO CHIN 2 Devemos acordar o capitão?

SOLDADO WEI 1 ...caminha sobre duas pernas, tem dois braços, ainda uma boca, tem nariz, dois olhos, parece um sujeito.

SOLDADO CHIN 2 Alto lá! Não se aproxime! A fronteira está fechada por decreto imperial!

SOLDADO CHIN 2 Se é humano, vai nos causar problemas.

SOLDADO WEI 2 [*Subitamente corajoso.*] Identifique-se! [*Ao amigo.*] Tem que dizer isso. [*À visão.*] Daqui ninguém passa!

SOLDADO CHIN 1 Vamos avisar o capitão.

SOLDADO WEI 1 Não. Nós temos autonomia.

SOLDADO CHIN 1 Então eu mesmo cuido disso.

Soa o gongo. O capitão se levanta. Olha para a visão.

CAPITÃO [*Narra.*] Venho sem ser chamado, feliz com a cena do conflito.

SOLDADO CHIN 1 A fronteira está fechada por decreto imperial!

SOLDADO CHIN 2 e WEI 2 O que devemos fazer, capitão?

CAPITÃO Não reconhecem a cabeça real de um estado vassalo? Olhem a vestimenta.

SOLDADO WEI 1 É só uma miserável.

SOLDADO CHIN 1 Vou deixá-la passar e atirar pelas costas.

SOLDADO WEI 1 [*Tenta pegar a arma do outro.*] Me dá isto aqui! Hoje eu não vou enterrar ninguém.

SOLDADO CHIN 2 e WEI 2 O que isso significa, senhor?

SOLDADO CHIN 1 [*Para Wei 1.*] Você está tendo visões.

CAPITÃO Olhem o chapéu.

SOLDADO WEI 1 Identifique-se!

SOLDADO CHIN 1 Sou um soldado da fronteira e a minha missão é impedir a entrada dos bárbaros.

SOLDADO CHIN 2 e SOLDADO WEI 2 O que isso significa, senhor?

CAPITÃO Olhem as sandálias.

SOLDADO WEI 1 Corre, menina! Foge!

SOLDADO CHIN 2 e SOLDADO WEI 2 O que isso significa, senhor?

CAPITÃO Que não é um homem! É a Figura do Inumano, representa o irrepresentável, entretanto reconhecível.

SOLDADO WEI 1 É só um peixe, como eu.

SOLDADO CHIN 2 Um paradoxo.

SOLDADO WEI 2 Um mistério.

Após uma pausa, o capitão faz um gesto para que seus soldados baixem as armas.

CAPITÃO Deixem-na passar, o deserto se encarrega dela. A pátria que ela procura não é deste mundo. É o lugar da liberdade. É o lugar dos não proscritos. É uma ilusão.

17. Um grupo de viajantes miseráveis encontra Kinara vagando pelo deserto

No deserto, perto do posto da fronteira, vemos Kinara carregando a mãe nas costas.

CORO [*Canta.*] Enquanto ela sonha
Olhai para o céu
Vede a Via Láctea
E sabeis que
E sabeis que
(Aqueles pequenos pontos
Cor de leite
São nossos semelhantes:
Pontos de luz cor de leite)
É a grande viagem
O destino: a fronteira, a fronteira.

Kinara pára de carregar a mãe. Ganam, de olhos vidrados, vira-se ao público. Kinara permanece imóvel, transtornada.

GANAM [*Ao público.*] Antes que esta cena comece, é preciso que vocês saibam: estou morta. Estava velha demais para agüentar a travessia do deserto. Sequei. Minha filha tentou me enterrar na areia, mas o vento soprava sem cessar e descobria o corpo. Então, seus olhos sideraram. [*Kinara agora encara o público.*] Não posso me queixar. Ela foi a melhor das filhas possíveis.

KINARA Não ouçam o que ela diz. Não escutem seus murmúrios mentirosos. [*Ri.*] Há alguns dias, essa velha simulou o seu último suspiro. Então eu, o rei Kalafanko do Sião, abri a areia com as mãos e, lá, depositei o corpo que julgava morto. Velha farsante! A terra cospe os corpos ainda com vida. Carrego a morta-viva para que testemunhe a minha glória.

Em torno das duas, monta-se a cena. Um grupo de viajantes, no meio da madrugada, num acampamento próximo à fronteira, está à espera do guia da travessia, o chamado coiote. O grupo é composto por um casal jovem, um velho, um agenciador e seu agressivo amigo, e uma mulher desgarrada. Kinara está deitada no chão, sob os olhares de todos, segurando no colo o cadáver de sua mãe.

VIAJANTE AGENCIADOR Quando me aproximei, vi que aquele que julgava ser o coiote, era na verdade uma moça que dizia ser rei. Nas costas, trazia um cadáver. O corpo decompunha-se e fedia. A moça não tinha dinheiro. Isso poderia me trazer problemas com os outros. Deixei-a ficar. O dinheiro não devia ser tudo.

Kinara manipula o corpo de Ganam; ela toma um tapa no rosto, dado por Ganam morta, que, no entanto, volta a se deitar. As roupas e corpos contraídos dos viajantes sugerem um frio intenso. Um sujeito, o Viajante Agressivo, risca um fósforo e tenta acender uma tocha, feita de pano e um graveto.

VIAJANTE AGENCIADOR [*Apaga a tocha.*] Ei, pare com isso. Quer que os guardas da fronteira saibam que estamos aqui?

VIAJANTE MARIDO [*Indicando a presença de Kinara.*] É preciso fazer alguma coisa.

VIAJANTE AGENCIADOR Vamos esperar o coiote, ele virá. É este o local marcado, a única grande pedra da região.

VIAJANTE MARIDO Ninguém vai enterrar o cadáver?

VIAJANTE ESPOSA Nós não temos nada a ver com isso.

VIAJANTE VELHO Chegou a temporada da morte. Esta mulher teria mais dez anos de vida se não fosse a ambição. É melhor voltar para casa.

VIAJANTE DESGARRADA Daqui não tem mais volta.

VIAJANTE AGRESSIVO Por que é que você a trouxe aqui? Por quê?

VIAJANTE AGENCIADOR À noite, sem lua, eu a confundi com o coiote.

VIAJANTE ESPOSA Nós não podemos fazer uma cova com as mãos.

VIAJANTE MARIDO O senhor está certo.

Kinara canta baixo e gesticula ao redor do corpo.

VIAJANTE DESGARRADA Desse jeito ela não atravessa. Tem os olhos fixos no vazio.

VIAJANTE AGRESSIVO Vamos deixá-la aí. Abraçada na carne podre.

Kinara tampa os ouvidos. O som do grupo cessa. Os homens continuam falando e se movendo, mas não se pode ouvi-los.

KINARA [*Com as mãos nos ouvidos.*] Não me interessa o drama estéril dessa gente.

Kinara ri. Alguém afasta as mãos dela dos ouvidos. O som volta.

VIAJANTE MARIDO [*A Kinara, delicado.*] Precisamos seguir em frente. Deixa ela descansar.

VIAJANTE DESGARRADA [*Descontrolada.*] Eu já sei! Quando o coiote chegar, ele decide o que fazer com ela.

VIAJANTE AGRESSIVO [*Interrompe.*] O coiote não vem. Ele nunca virá. Esse daí roubou nosso dinheiro.

VIAJANTE AGENCIADOR Eu? Estou no mesmo barco que vocês. Entreguei o dinheiro a ele porque vocês pediram. Ele virá. É esse o local marcado. A mil passos da fronteira. Primeiro dia da quarta lua.

VIAJANTE AGRESSIVO E para onde nós vamos sem o guia? Vamos levar um tiro pelas costas?

VIAJANTE AGENCIADOR [*Chora.*] Vamos procurar outra entrada. Me ajude!

VIAJANTE VELHO E ficar aqui? Para morrer de fome, de sede, de frio?

VIAJANTE DESGARRADA Não. Ele não pode estar mentindo. Isso não pode ser mentira. Se for mentira, minha vida perde todo o sentido. Daqui não tem mais volta!

Quando o grupo de desesperados chega ao impasse, Kinara se ergue, de novo investida da imagem do rei Kalafanko.

KINARA [*Profética.*] Nem a repressão nem a morte conterão os meus passos. Eu me ergo para romper as trancas da passagem. Guardas! O rei Kalafanko do Sião vai sozinho à fronteira do Grande Império desfazer o labirinto dos efeitos e das causas.

18. No deserto-palácio, Kinara e Kalafanko dissolvem a última miragem

O palco está vazio. A luz no chão reforça a imagem das areias do deserto na noite escura. À frente estão Kinara e o rei Kalafanko. Ao fundo, um grande coro de atores.

ATRIZ QUE REPRESENTA KINARA [*Ao público.*] A última cena da peça, a mais abstrata, é escancaradamente materialista. Ela exprime uma integração total, perversa. De um lado, os restos humanos do trabalho informal, a caminho do nada. Um anúncio do futuro do Ocidente. Do outro, voluntarismo e fatalismo, e o embotamento da vontade de agir coletivamente.

ATOR QUE REPRESENTA KALAFANKO Morre no deserto o corpo de Kinara na alma de Kalafanko. Morre no palácio a alma de Kinara no corpo de Kalafanko.

Kinara grita e toma o cajado do rei. Parece lutar com inimigos invisíveis. Ao fundo, o grande Coletivo dos Despossuídos observa a cena.

ATOR-KALAFANKO Rei Kalafanko do Sião! Desiste de uma ação inútil. Abandona a salvação de todos e goza! Solitariamente, goza!

ATRIZ-KINARA Eu não ouço mais nada! Eu não preciso de ninguém e me ofereço sozinho ao sacrifício.

Degola-se ironicamente com o cajado, grita.

ATOR-KALAFANKO Rei Kalafanko do Sião! Corrige a tua miragem. Transforma as areias do deserto no piso do palácio. Uma mulher muito branca te dará um beijo na testa e te livrará de toda a culpa.

ATRIZ-KINARA Eu não acredito na morte! Eu realizo o meu destino. E imponho ao império a minha glória imortal.

ATOR-KALAFANKO Rei Kalafanko do Sião! Mártir do individualismo. Sem exército. Sem lacaios. Sem um povo com quem se identificar. Se me fosse permitido, eu própria te mataria. Mas se eu te matasse, quem morreria?

Olham-se. Ela fica menos agitada.

ATRIZ-KINARA Por que só me ensinaram a sonhar no singular?

Ela cai de joelhos.

ATOR-KALAFANKO O corpo de Kinara se ajoelha no chão. O vento nas areias amarelas descobre os ossos brancos da Antigüidade. Outrora, a Grande Muralha foi construída para fixar a morada dos bárbaros. Kinara tenta respirar e engole areia.

GRANDE CORO [*Canta.*] O sistema já não se alimenta do teu trabalho. Tua miséria não coincide com a exploração.

[*Alguém fala.*] Antes de chegarmos aqui nós já comíamos e já bebíamos.

ATOR-KALAFANKO Alma delicada, tentaste tantas noites transpor o limite. Agora só te resta esperar.

ATRIZ-KINARA Os bárbaros somos nós. [*Grita.*] Kinara! Nós, os semelhantes da moeda.

GRANDE CORO [*Canta.*]

Nossas pretensões já não sabem ser impostas.
Os bárbaros somos nós.
Os que se movem
Se movem
Se movem
Se movem
Se movem

A atriz deita-se no chão indicando a morte da personagem Kinara.

GRANDE CORO [*Falado.*] É difícil fixar nossa morada.

ATOR-KALAFANKO É o prelúdio imediato do fim de todo um mundo e a emergência explosiva de um novo sobre seus fragmentos e ruínas.

O ator que representa Kalafanko deita-se ao lado de Kinara, em gesto semelhante. Ela se levanta.

ATRIZ- KINARA Conta a lenda que, para se quebrar a feitiçaria e desfazer o sortilégio, toda peça deve ser representada de trás para diante.

O ator se levanta também e se põe ao lado dela. Olham para frente. Para o nada.

NOTA

Parte do argumento de *Visões siamesas* se inspira no conto "As Academias de Sião", de Machado de Assis. A forma do texto se vale de diversos escritos da literatura clássica oriental, tais como a peça *O preço do vinho*, do repertório da ópera chinesa, e das muitas cenas sobre o macaco na tradição da comédia clássica japonesa, o *Kiogen*. Versos dos poetas T'ao Yuan Ming (Tao Ch'ien), Li-Po e To-Fu serviram de modelo ao texto. Foram utilizados fragmentos dos poemas anônimos de *Escadaria de jade: antologia de poesia chinesa: século XII a.c. – século XVIII*, seleção, notas e tradução de A. B. Mendes Cadaxa, entre os quais a canção *Ratazanas* (Rio de Janeiro: Graphia Editorial, 1988). Também foi utilizado como referência o livro de Marcel Granet, *Fêtes e chansons anciennes de la Chine* (Paris: Albin Michel, 1982).

III. RELEITURAS

Ensaio para Danton

Texto
Sérgio de Carvalho e Márcio Marciano
a partir do original *A morte de Danton*, de Georg Büchner

Colaboradores
Kil Abreu e Maria Tendlau

Tradução
Christine Röhrig e Marcos Renaux

Ensaio para Danton estreou no Teatro Cacilda Becker, São Paulo, em 18 de outubro de 1996, pela Companhia do Latão, com direção e dramaturgia de Sérgio de Carvalho, co-direção de Kil Abreu, direção musical de Lincoln Antonio, cenografia e figurinos de Márcio Medina, iluminação de Wagner Pinto, preparação corporal de Lelê Ancona, sendo o primeiro elenco integrado por Georgette Fadel (posteriormente Amazyles de Almeida), Gustavo Bayer, Gustavo Machado, Maria Tendlau, Marilza Batista, Nelli Sampaio e Otávio Martins. O texto aqui publicado corresponde a uma segunda versão do espetáculo, que estreou no Centro Cultural Banco do Brasil, no Rio de Janeiro, em 28 de julho de 1999, também com direção musical de Lincoln Antonio, cenografia e figurino de Márcio Medina, mas com direção e dramaturgia de Sérgio de Carvalho e Márcio Marciano, iluminação de Paulo Heise, sendo os atores Alessandra Fernandez, André Lopes, Deborah Lobo, Georgette Fadel, Gustavo Bayer, Heitor Goldflus, Maria Tendlau, Ney Piacentini e Otávio Martins.

PERSONAGENS

Cristininha, mulher do povo
Gauché, homem do povo
Danton
Robespierre
Camille
Lucille
Marion
Saint-Just
Julie
Legendre
Prisioneiros
Mulher
Bonequinhas
Mãe
Simon
Parisiense
Guardas, cidadãos, deputados, prostitutas

Prólogo na rua

Uma atriz com uma lanterna na mão vem chamar os espectadores. O cortejo segue até a porta dos fundos do teatro, onde está o restante do elenco. O público irá se acomodar dentro do palco. Ali acontece a encenação.

ATRIZ [*Ao público.*] Os senhores poderiam me acompanhar, por favor? [*Na porta dos fundos.*] À luz dos tempos que correm, tempos sangrentos e tenebrosos; à luz de uma desconfiança generalizada da razão, da qual continuamente se abusa, nós acreditamos que esta história pode ser contada da seguinte forma: primeiro ato, "a felicidade é uma idéia nova na Europa."

Os espectadores entram no palco, onde alguns atores já estão em posição de iniciar as cenas. A caixa cênica do teatro será, portanto, vista de trás. De início, a cortina está fechada. Não se vê o espaço da platéia vazia. Toda a encenação revela procedimentos teatrais. Por vezes os atores interrompem suas cenas para refazê-las, como num ensaio.

1. A execução de Hébert

No meio de uma praça, em meio à multidão que se aglomera em torno da guilhotina à espera da execução do revolucionário Hébert, uma jovem prostituta, Cristininha, come uma maçã do amor e cantarola. Ela flerta com um ou outro; a certa altura, vê um conhecido.

CRISTININHA Gauché! Você tem alguma moeda para mim, hoje?

GAUCHÉ [*Tenta enxergar o condenado.*] Chegou a vez dele, Cristininha, é por isso que a corja está feliz. Dá para acreditar? O pai Hébert? [*Ergue-se na ponta dos pés, movimenta-se até encontrar um lugar para assistir.*] Que vergonha, ele está chorando, o pai Hébert chorando.

CRISTININHA Me levanta, Gauché, levanta para eu ver. [*Sobe nos ombros dele e vê.*] Que covarde, chora no cadafalso.

GAUCHÉ Eu não quero ver isso.

CRISTININHA Espera, eu quero ver, eu quero ver. Já está amarrado na prancha. Por que eles estão demorando?

GAUCHÉ Tem muito sangue na lâmina.

CRISTININHA [*Narra.*] O carrasco fez o sinal. Vai ser agora. [*Suspensão do ruído da multidão. Após uma pausa, ela grita.*] Viva a República!

2. "Somos muito solitários"

Amplo salão. Garrafas pelo chão. Grupos de burgueses se divertem e jogam cartas. Julie tenta erguer seu marido Danton, que bebeu além da conta.

JULIE Georges, vamos embora, querido.

DANTON Veja aquela senhora, com que graça joga cartas! Dizem que para o marido ela abre em copas, mas para o resto entrega ouros.

JULIE As mulheres são assim. E você bebeu demais. Vamos.

DANTON Vocês são capazes de fazer um homem se apaixonar pela própria mentira.

JULIE Não acredita em mim?

DANTON E eu sei lá? Sabemos pouco um do outro. Somos todos paquidermes, Julie. Estendemo-nos as mãos e o esforço é inútil. Mal roçamos o couro grosso. Somos muito solitários.

JULIE Você me conhece, Danton.

DANTON Conheço? Sei que os seus olhos são escuros e a pele delicada. E você sempre me diz: "Georges, querido." Mas, e aqui? [*Indica a cabeça.*] Aqui? Os sentidos são rústicos. Conhecer um ao outro? Teríamos que romper o crânio e arrancar as idéias das membranas do cérebro.

JULIE Você me ama?

DANTON Ah, Julie, eu te amo... como o túmulo.

JULIE Vamos embora, Danton.

DANTON No seu colo já estou debaixo da terra. Sua voz é meu dobre de finados, seus peitos são o monte de terra sobre o meu ataúde, e seus lábios são sinos fúnebres.

3. A guilhotina e a privação

Na casa de Camille Desmoulin. Sua esposa Lucille entra com um pacote nas mãos.

CAMILLE Então? Conseguiu?

LUCILLE O que pede meu passarinho que no mundo eu não consiga?

CAMILLE Foi como eu disse, não foi?

LUCILLE Tinha tanta gente, Camille, as mulheres gritavam, a fila era enorme, até crianças, todos com medo que a manteiga acabasse. Mas eu tomei cuidado. O merceeiro deixou meu pacote pronto, como combinado. Fui até os fundos e um menino me entregou.

CAMILLE Uma mulher educada ter que passar por isso.

LUCILLE Sabe o que foi pior? [*Ri.*] Perdi as meias.

CAMILLE O que fez?

LUCILLE Não se aborreça. Uma menina me viu saindo, ela agarrou minha saia, não tinha oito anos e já parecia uma adulta, com o rosto pintado, dessas que se vendem nos jardins... "Madame, temos fome, madame, temos frio, misericórdia, dá-me uma moeda", e eu não tinha mais nada, imagine se me vissem com toda essa manteiga. Descalcei os sapatos e dei-lhe minhas meias ali mesmo. [*Percebe o marido contrariado.*]

CAMILLE Isso não é certo.

LUCILLE Eu tenho tantas... ah, Camille, não se aborreça. Era uma menina tão pobre, foi melhor do que eu correr, não foi? E temos agora manteiga, meu passarinho.

CAMILLE Aonde isso vai parar? Eles estão loucos, Lucille. Não podem continuar a nos impor essa loucura. [*Parece citar um texto.*] De um lado a guilhotina e do outro a privação. E a liberdade descomposta, tendo que fazer como você, se esconder nas vielas.

LUCILLE Eu gosto tanto de te ouvir falar.

CAMILLE Robespierre se tornou um criminoso. [*Mostra o esboço de um artigo, que contém o título "A liberdade descomposta."*] Não vou mais me calar.

LUCILLE Você não vai publicar isso, vai? Ele é seu amigo. Robespierre é um homem justo.

4. "Eles enriqueceram com a revolução"

Aposento da casa de Robespierre. Ele está sentado em frente a uma escrivaninha. Ergue-se. Saint-Just anda de um lado para outro.

ROBESPIERRE Não vou entrar para a história como um tirano, carrasco da liberdade, ceifador de cabeças. Não quero o meu retrato impresso em vermelho. O sangue da guilhotina não é uma tinta bonita.

ST.-JUST Você protege quem, Robespierre? Seus amigos? Danton, Camille?

ROBESPIERRE Eles ainda são homens da Revolução.

ST.-JUST Agora estão contra nós.

ROBESPIERRE Danton pode ser útil à República, ainda que não seja modelo de virtude. E Camille... esse é um misto de política e absurdo.

ST.-JUST Eles enriqueceram com a Revolução. São corruptos.

ROBESPIERRE Foram corrompidos, podem ser recuperados.

ST.-JUST Robespierre, nós somos uma ameaça aos cofres da Europa. Temos provas de que Danton e seu clamor de liberdade estão sendo financiados. Ou assumimos o controle agora, ou a Revolução será esmagada. Você não vê? Eles aumentaram os ataques no dia seguinte ao anúncio dos decretos econômicos?

ROBESPIERRE Se formos arbitrários, o povo ficará do lado deles.

ST.-JUST O povo não tem escolha quando está na miséria.

ROBESPIERRE Eu defendo o Terror como política revolucionária: punir apenas os culpados. Não vou pedir a cabeça de ninguém.

5. "Eu detesto violência"

Num quarto do casebre de Gauché. Ele está deitado, seminu. Cristininha se veste.

GAUCHÉ Você gostou de mim, não foi? O importante é deixar a garota contente. Quando era moço, eu não parava enquanto elas não pedissem "misericórdia." Isso lá pelo sétimo, oitavo bombardeio. Depois o sujeito amadurece e aprende: não é preciso uma artilharia pesada se uma única bala de canhão derruba o inimigo.

CRISTININHA Foi uma boa explosão para alguém da sua idade. Pena que não atingiu o alvo.

GAUCHÉ [*Sem ouvi-la.*] Antes eu era um exagerado, agora moderei.

CRISTININHA [*Para si.*] Mas teve a vantagem de ser rápida.

GAUCHÉ Mas algum radicalismo é sempre bom manter.

CRISTININHA A minha moeda, Gauché, preciso ir. [*Estende a mão.*] A minha moeda?

GAUCHÉ Cristininha, ontem mesmo, um canalha me assaltou num beco perto do rio.

CRISTININHA Assaltou você?

GAUCHÉ Eram dois patifes que se faziam passar por mortos de fome, desses que pedem dinheiro nas ruas. Se eu soubesse, teria esmagado a cabeça dos quatro contra a parede.

CRISTININHA Não eram dois os patifes?

GAUCHÉ Quatro canalhas. Ainda posso sentir o braço de um deles no meu pescoço. Me agarrou por trás, enquanto outros seis vieram pela frente e começaram a me socar a barriga.

CRISTININHA Seis, Gauché, mas não eram quatro ainda agora?

GAUCHÉ É como eu disse. Eram sete. Faça as contas, um por trás e seis pela frente. Fora aqueles três que estavam na saída, esperando com porretes na mão. Mas preferi não machucar ninguém. Eu detesto violência. Dei só uns tabefes para assustar. Basta humilhar os mais fortes, que o resto se acovarda.

CRISTININHA Valente... você foi valente mesmo. Gauché, se eu precisasse você batia num homem para mim? É um açougueiro que me maltratou. Você faz isso para mim?

GAUCHÉ Essa revolução aí não seria nada sem gente como eu.

6. "Muitos buracos no corpo"

Próximo a uma sarjeta, iluminada por um lampião, a prostituta entoa uma cantiga. Fala com suas companheiras e depois com os transeuntes. Cristininha junta-se ao grupo.

MARION Sai para lá! Eu não gosto que me olhem mijando. [*Pausa. Veste a calcinha apressada.*] Ei, cidadão, tem alguma coisa aí para mim? Desde ontem eu não ponho nada quente na boca. Você pode fazer o que quiser comigo, eu tenho muitos buracos no corpo. [*Parece ouvir algo.*] O que você quiser, por duas moedas. Uma serve. Não me acha bonita? Ei, cidadão, pode ser um naco de queijo ou um pedaço de pão. O quê? Quantos anos eu tenho? Tantos quanto o meu dedinho! [*Faz um gesto obsceno.*]

CRISTININHA Que indecente.

Fragmento de transição. Entram as atrizes que representam Marion e Julie. Pode ser inserido em meio à troca de cenário.

ATRIZ QUE REPRESENTA JULIE Camille disse a Danton que não se deve prometer a igualdade ao povo.

ATRIZ QUE REPRESENTA MARION Por quê?

ATRIZ QUE REPRESENTA JULIE Porque o povo pode acreditar.

7. "É você quem vai fazer o ataque"

Numa sala da casa de Danton. Ele discute com Camille. Julie está perto do marido.

CAMILLE A liberdade não é uma heroína de ópera, nem um barrete vermelho. A liberdade é a nossa maior conquista. É a própria Razão. Deve entrar em cena nua, absoluta.

DANTON Posso até ver os peitos dela.

JULIE Georges!

CAMILLE Esse espetáculo de sangue tem que acabar para que comece o tempo novo, dos indivíduos livres. Robespierre abusa da retórica da igualdade, mas quem era escravo uma semana atrás não se torna cidadão da noite para o dia. Nosso argumento será: "Só nos resta completar a obra da liberdade".

JULIE Você me leva ao teatro hoje?

DANTON Liberdade, propriedade...

JULIE Dizem que os atores são ótimos.

DANTON Camille, e quem é que vai pôr essas lindas coisas para funcionar?

CAMILLE Nós e as pessoas honestas.

DANTON O "e" aí no meio é uma palavra comprida, nos mantém um pouco afastados das pessoas honestas. E com elas não se pode contar para muita coisa. No máximo, dar a filha em casamento ou pedir dinheiro emprestado. É tudo.

CAMILLE Se você acha isso, me diga: por que um dia começou essa luta?

DANTON Porque aquela gente me causava asco. Eu não podia ver aquele bando de afetados sem ter vontade de dar um pontapé neles. Minha índole é essa.

Danton ergue-se e veste o casaco para sair.

JULIE Vai embora?

DANTON [*A Julie.*] Tenho que ir. [*Aponta Camille.*] Eles ainda vão me esfolar com a política deles.

CAMILLE É você quem vai fazer o ataque na convenção.

DANTON Eu vou, tu vais, ele vai. "Se vivermos até lá", como dizem as velhas.

Danton dá um beijo na testa da mulher e sai.

JULIE Deixe, Camille.

CAMILLE Eu sei, ele não vai ficar calado na hora do debate. Vai intervir. Nem que seja para passar o tempo, como num jogo de cartas.

JULIE Camille, você acha que eu poderia ser uma atriz? Se eu fosse atriz, eu assinaria: "Julie, uma mulher livre."

8. Teatro de rua: "morte aos que manipulam as filhas do povo"

Atmosfera de ensaio teatral. Os atores representam os fragmentos e param para assistir às cenas dos outros. Dois planos da ação: de um lado do palco, Simon, um funcionário do teatro, discute com sua esposa no meio da rua e pessoas do povo se juntam para ver a briga; do outro lado, Cristininha e Gauché próximos de um açougue de Paris.

SIMON Cafetina, sua sifilítica!

MULHER DE SIMON E você, seu alambique! Quer morrer de sede quando a fontezinha secar?

Ele ameaça dar um bofetão em sua mulher. Os atores treinam o gesto. Em paralelo, Cristininha corre até Gauché.

CRISTININHA Gauché, o açougue, escancarado.
GAUCHÉ Eu não vou bater no açougueiro, detesto violência.
CRISTININHA Costelas, lingüiças, músculo, chã de dentro, chã de fora... eles estão levando tudo, é um saque!
GAUCHÉ Saque? De política eu não participo.
CRISTININHA Não é política, Gauché, é carne.

Música.

ATRIZ QUE REPRESENTA MARION Cena 8: Morte aos que manipulam as filhas do povo!

A disposição cênica sugere um pequeno teatro de marionetes. Cristininha de um lado e Suzaninha, filha de Simon, de outro, são manipuladas por atores que controlam fios imaginários.

SUZANINHA [*Como marionete.*] Ei, revolucionário! Você me acha bonita?
CRISTININHA [*Como marionete.*] Ei, seu açougueiro! Me dá um pedaço de carne, por favor? Eu estou pedindo, por favor.
SUZANINHA [*Como marionete.*] Quer ver o que eu tenho aqui debaixo da blusa? Quer ver mesmo?
CRISTININHA [*Como marionete.*] O que vai acontecer se não me der a carne? Quer saber mesmo?
SUZANINHA [*Como marionete.*] Minha mãe disse que era para eu mostrar. Debaixo da blusa, tenho dois botõezinhos e também uma florzinha.

CRISTININHA [*Como marionete.*] Sem carne, eu vou retalhar o senhor com um caco de vidro e pendurar no gancho.

Música.

ATRIZ QUE FAZ A MULHER DE SIMON Nos jardins do Palais Royal, algumas mulheres comerciam as bocas de suas crianças e outras aberturas ainda vedadas pela natureza.

No meio da rua, Simon discursa ao ajuntamento de gente que parou para ver a briga.

SIMON [*Trágico.*] Onde está minha doce Ofélia? Diga: onde está a nossa menina? Não, menina não é mais a palavra. A mulher, a fêmea... a putazinha... eu já nem sei mais a palavra!

MULHER DE SIMON [*Aos transeuntes.*] É meu marido. Até que ele é um bom homem, mas não agüenta muito. Fica comovido quando bebe. E a nossa filha é uma boa menina, ela alimenta os pais. [*Sacode o marido.*] Simon, que calça você teria para vestir se os rapazes não baixassem as deles quando estão com ela?

SIMON Ah, ela reconhece! A cafetina.

Música. Cristininha e Gauché observam a multidão saqueando o açougue.

GAUCHÉ Cristininha, olha o tamanho daquela costela de boi. Eles vão despedaçar tudo. Vai lá pegar um pedaço para gente.

CRISTININHA Vai lá você.

GAUCHÉ Um mocotó, até o rabo serve.

CRISTININHA Gauché, é você que tem que ir. Ou será que ficou com medo?

GAUCHÉ Medo? Já lhe disse quantas barrigas eu furei nas invasões de setembro?

CRISTININHA Se você não for lá agora, eu não dou mais para você.

Briga de Simon e sua esposa. Retomam a primeira imagem da cena 8.

SIMON [*Narra ao público.*] Ah, ela reconhece. [*Agride a mulher.*] Cafetina, sifilítica! [*Bofetão.*]

MULHER DE SIMON E você, seu alambique? Trabalhamos com todos os membros, por que não trabalhar com esse também?

Música. A mulher de Simon sobe numa plataforma para discursar a quem passa.

MULHER DE SIMON Quando ela nasceu, a mãe dela teve que fazer força para ela vir ao mundo, e doeu, doeu muito. Por que agora ela não pode fazer uma forcinha para a mãe dela continuar bem no mundo? Isso já nem dói tanto. Conforme o caso, é até muito bom.

Sobre a mesma plataforma sobe agora Cristininha, e discursa à multidão que saqueia o açougue.

GAUCHÉ Desce daí, Cristininha, eu não quero ter que bater nessa gente.

CRISTININHA Não esqueçam que o casaco de vocês é furado, e eles têm a bunda quente. Vocês têm calos nas mãos e eles nunca trabalham. A nossa barriga vazia e eles arrotam pernil. Não me venham dizer que somos iguais a eles: eu nunca vi um pobre mastigar um bife que não fosse a própria gengiva. [*Exalta-se.*] Por isso vamos derreter a gordura deles e fazer a nossa sopa. Por isso levem tudo e não deixem nada, nem uma lingüiça para contar história. Morte aos que não têm buraco nas roupas.

GAUCHÉ [*Toma coragem e sobe na plataforma.*] Esse é o nome da coisa, igualdade. Igualdade é o nome da coisa.

Na rua, Simon dá gritos de revolta.

SIMON Morte aos que fornicam com as filhas do povo!

O ator que faz Robespierre ensaia a próxima cena.

ROBESPIERRE É preciso uma atitude extraordinária porque estamos em guerra.

Cristininha e Gauché correm com um pedaço de carne na mão.

GAUCHÉ Eu dei um chute no açougueiro, você gostou?
CRISTININHA Gostei, mas também, com ele caído no chão, Gauché.

St.-Just junta-se ao ensaio de Robespierre.

ST.-JUST Danton não vai dar as caras. Foi visto bêbado no Palays Royal.
ROBESPIERRE [*Anuncia a cena ao público.*] Senhores, o Clube dos Jacobinos.

9. O Clube dos Jacobinos

Abre-se, pela primeira vez, a cortina do teatro. Na platéia vazia, vários atores representam os deputados jacobinos em meio a um debate.

PARISIENSE Basta um padeiro do Marais dizer que acabou a farinha para que a multidão queira moer seus ossos. Será que eles não percebem que se os comerciantes não tiverem lucros razoáveis o povo não terá produtos para se alimentar? Será que nada disso entra em sua cabeça estúpida? Só pensam em violência contra cidadãos honestos como nós. Ontem saquearam um açougue na rua St. Éttiene e o pobre dono foi espancado porque se recusou a dizer onde escondia o filé-mignon. Nós ajudamos a destituir o rei, demos a essa plebe baderneira direitos de cidadãos livres. Agora somos tratados como inimigos. Eu proponho, como medida urgente, que os preços das mercadorias sejam liberados, para que o povo entenda que não é fiscal do ganho alheio, e o trabalho de um comerciante não pareça crime. A humanidade levou séculos para entender que o lucro livre é uma expressão elevada do espírito.

ST.-JUST É repulsivo ouvir um representante do povo usar a mesma linguagem da aristocracia decadente. A revolução será um monstro político e moral se ela garantir o bem-estar de algumas centenas de comerciantes, mas aumentar a miséria de 24 milhões de franceses. Nós instituímos a República para que toda a população francesa tenha o direito à liberdade, mas para que também tenha direito à igualdade, direito à propriedade. Por isso é nosso dever levar adiante os decretos econômicos do mês ventoso, controlar os preços das mercadorias e distribuir as propriedades dos inimigos da República ao povo. Enquanto houver mendicância na sociedade, enquanto a desigualdade interessar à ganância de alguns, nunca seremos um Estado livre.

LEGENDRE Vamos falar às claras, senhores. Se cada cidadão francês fosse reclamar seu direito à propriedade, aonde iríamos chegar? A França inteira seria retalhada. Se cada filho de mulher do povo fosse exigir seu direito à igualdade, o que iríamos fazer? Passar o dia contando feijões para evitar que uns comessem mais do que outros? O que está a nosso alcance é garantir um alimento mais vital do que o pão, uma riqueza mais fértil do que a terra. Eu falo do direito à liberdade. Pergunto ao deputado Robespierre e aos demais membros do Comitê de Salvação Pública: por que a liberdade da França está sendo esmagada pelo Terror de uma guilhotina que nos torna tirânicos e brutais aos olhos da humanidade?

ST.-JUST [*Tenta interromper.*] Deputado Legendre...

LEGENDRE [*Grita.*] Por que a justiça da República ficou tão surda aos apelos de misericórdia?

ROBESPIERRE Eu peço a palavra. Vocês querem a liberdade do indivíduo quando ainda não conquistamos a liberdade pública. Estamos em guerra, é preciso uma atitude extraordinária. Em tempos de paz, basta a virtude; em tempos de guerra devemos fortalecê-la com o Terror. O Terror, porque sem ele a virtude seria impotente. A virtude, porque sem ela o Terror seria nefasto. Vocês pedem misericórdia para quem? Para os monarquistas? Para os traidores da Revolução? Nunca. A verdadeira obra da misericórdia é combater os opressores dos homens comuns. Misericórdia sim, mas com o cidadão pacífico, misericórdia com os inocentes, misericórdia com os fracos. Misericórdia com a humanidade.

Aplausos intensos.

10. "Quem mais desfruta reza mais"

As duas prostitutas estão deitadas numa pedra, perto do rio. Noite.

CRISTININHA Tinha tanta carne. Comi até crua. Se eu quiser, não trabalho por três dias.
MARION Fecha a perna, menina, que está fedendo.

Danton se aproxima das mulheres.

DANTON [*Agacha-se e cheira o sexo de Cristininha.*] Como é delicado o cheiro da sífilis. Ei, pequena, sabe qual é a diferença entre um Adônis antigo e um Adônis moderno? É que o antigo era devorado por javalis, e o moderno pelas porcas. Vá se lavar, vai.

Cristininha foge com raiva. Danton puxa Marion para um canto. Ela tenta abraçá-lo. Ele a empurra. Ela ri nervosa.

DANTON Tira a roupa. Devagar. Eu não mandei sentar. Levanta. [*Ela ameaça fugir. Eles lutam. Ele a derruba de novo no chão.*] De quatro! Eu quero de quatro.

Ela decide obedecer. Fica de quatro e grita, autoritária.

MARION Anda! Vai. Vai!

Ele tenta penetrá-la, mas não tem desejo suficiente. Desiste e vai embora.

MARION Vai embora? Vai ter que pagar.

Danton joga de longe uma moeda.

MARION [*A Cristininha, que assistia à cena de longe e volta para ajudar a amiga.*] Quer um conselho? Tenha vergonha na cara. Filha de verdureiro ou puta, isso não vale nada. Você nunca vai ser nada para eles, não passa de uma cadela.

Repetição da cena: os atores ensaiam os gestos da história

O ator que representa Danton volta e encontra as mulheres na mesma posição do início. Os gestos são repetidos com qualidades e intenções diferentes.

DANTON [*Agacha-se e cheira o sexo de Cristininha.*] Ei, pequena. Até que você ficou com os quadris bem suaves.

CRISTININHA É que nós nos aperfeiçoamos todos os dias.

DANTON Eu admiro essas meninas, elas têm esperança. [*Puxa Marion para o canto e a abraça. Depois a empurra com suavidade.*] Não dá vontade de arrancar a roupa do corpo e copular de quatro, como os cachorros da rua?

Quando Danton tira parte da roupa para se deitar com Marion, entra Camille. A cena agora se passa num quarto pobre.

11. "Elas me dão pena, vêm só pelo jantar"

CAMILLE Danton, eu preciso falar com você.

DANTON [*Apalpa Marion.*] Agora não, Camille.

CAMILLE Escute, eu fui até os jacobinos.

DANTON Só isso?

CAMILLE Ouça o que aconteceu. Legendre fez um discurso precipitado, atacou os decretos econômicos e forçou-os a serem mais enérgicos.

DANTON Como?

CAMILLE Legendre falou demais e acabou desencadeando as coisas.

DANTON E Robespierre?

CAMILLE Disse que a virtude deve predominar pelo Terror. A frase me doeu na garganta.

DANTON Ele afia as lâminas da guilhotina.

CAMILLE Danton, o povo está miserável e isso é uma alavanca terrível. A bandeja de sangue precisa de uma cabeça pesada.

Danton se afasta de Marion.

DANTON Eles não vão se atrever, Camille. Nunca tiveram coragem sem mim, não terão contra mim.

CAMILLE Temos que agir.

DANTON Veremos.

CAMILLE Veremos, quando estivermos perdidos!

DANTON O tempo nos perde, Camille.

MARION Danton...

CAMILLE Com a sua hesitação você se precipita para a ruína e arrasta todos os seus amigos com você. Grite contra a tirania dos jacobinos, fale de punhais! Mas não nos deixe morrer desarmados e humilhados como o infame Hébert. [*Marion abraça Danton.*] Por que as coisas chegaram nesse ponto?

DANTON Nós não fizemos a Revolução, foi ela que nos fez. Agora eu prefiro ser guilhotinado a mandar guilhotinar. Estou farto.

MARION [*Beija-o e não é correspondida.*] Seus lábios esfriaram, Danton?

CAMILLE Elas me dão pena, vêm só pelo jantar.

DANTON [*Cita.*] "A liberdade e a prostituta são as coisas mais cosmopolitas sob o sol", Camille.

CAMILLE Eu espero que as coxas de *demoiselle* sejam sua única guilhotina. Boa noite.

DANTON Amanhã eu irei a Robespierre. Vou provocá-lo. Ele não vai poder ficar em silêncio. Amanhã. Boa noite, meu amigo.

Transição: Robespierre ensaia no escuro

Na casa de Robespierre. A transição acontece no escuro.

ROBESPIERRE [*Treina um discurso.*] As virtudes são modestas, até grosseiras, mas são o estandarte dos infelizes, o patrimônio do povo. Ao contrário dos vícios, que são requintados, insidiosos, herança aristocrática. A corrupção dos deputados do povo é a maior arma dos reis da Europa contra a República francesa. É contra os vícios que se ergue a guilhotina, é a favor da liberdade. [*Ouve ruído de passos.*] Ei, quem está aí? Quem está aí? Luz, luz! [*A luz se acende.*] Ah, você, St.-Just?

12. "Belas cabeças"

ST.-JUST Belo discurso Robespierre, mas não temos tempo para isso. Você viu como eles arreganham os dentes só com a idéia de perder os talheres de prata? A Revolução chegou ao estágio da divisão dos bens. Tudo o que eles puderem fazer para evitar os decretos econômicos, eles vão fazer. Ou é a cabeça deles, ou a nossa.

ROBESPIERRE O povo tem que saber que os nossos atos visam à liberdade.

ST.-JUST A sua hesitação nos torna vulneráveis e nos faz parecer tão desonestos quanto eles. Sabe qual é a feição dos representantes do povo na França? Todos têm o rosto de Danton: as bochechas coradas de quem engorda com a corrupção e se aquece no colo das putas.

ROBESPIERRE Eles vão gritar "tirania, déspotas, sanguinários". Já posso ouvir Danton aos berros: "uma ditadura se ergue sobre as vítimas da Revolução."

ST.-JUST Convoque o Comitê de Salvação Pública e decrete a prisão dele. E também de seus amigos.

ROBESPIERRE Fale mais claro.

ST.-JUST Todos os moderados: Lacroix, Hèrault-Sèchelle, Philippeau. [*Pausa.*] Camille.

ROBESPIERRE Esse não.

ST.-JUST [*Tira um papel do bolso e lê para Robespierre.*] "Robespierre, esse Cristo sanguinário, sacrifica e não é sacrificado..."

ROBESPIERRE [*Toma o jornal.*] "...e St-Just, o evangelista alucinado. Suas túnicas limpas são a mortalha da França..."

ST.-JUST Ainda prefere esperar?

ROBESPIERRE Só mais um dia, quero antes falar com Danton.

Transição

ATRIZ As pessoas vão ao teatro, lêem poesias, romances, mas para as coisas do mundo dizem: "que vulgar!". Segundo Ato: "A realidade detestável". O encontro entre Robespierre e Danton.

13. O encontro entre Robespierre e Danton

Na casa de Robespierre.

ROBESPIERRE Sua intenção não faz diferença. Aquele que me impede de me defender age como se me atacasse.

DANTON Não há mais do que se defender, Robespierre, isto é assassinar.

ROBESPIERRE A revolução social não está terminada, Danton. Aquela boa sociedade ainda não está morta. É a força do povo que vai tomar o lugar dessa classe degenerada. É preciso reprimir o vício.

DANTON Reprimir? Eu não entendo a palavra "repressão."

ROBESPIERRE Então, não temos mais o que conversar. [*Caminha até a porta.*]

DANTON Com a sua virtude! Você não aceitou dinheiro, você não dormiu com mulher nenhuma, você nunca se embebedou... você é escandalosamente íntegro, Robespierre! Eu me envergonharia de andar durante trinta anos entre o céu e a terra com a mesma feição moral só pelo prazer miserável de achar os outros piores do que eu. Não existe nada em você que às vezes diz baixinho, em segredo: "você mente, você mente?".

ROBESPIERRE Minha consciência está limpa.

DANTON A consciência, Robespierre, é um espelho na frente do qual um macaco se angustia. E cada um parte dessa angústia para viver como pode. Agora você acha que pode lavar a roupa suja dos outros porque sempre usou roupa limpa e escovada? [*Mostra o tecido sujo da própria roupa.*] Não consegue olhar para isso? Então cubra os olhos com um lenço. [*Pausa.*] É cruel pisar no seu calcanhar dessa maneira, não é verdade, "Incorruptível"?

ROBESPIERRE Você deveria ter mais cuidado, Danton. Em certas épocas, o vício é alta traição.

DANTON Você não pode condenar o vício, você deve muito a ele... por oposição, eu quero dizer. Ah, e antes de me ameaçar, pense no que é mais útil à República... e que é desumano atingir inocentes junto com os culpados.

ROBESPIERRE E quem disse que algum inocente foi atingido?

DANTON Então, não morreu nenhum inocente? [*Sai.*]

ROBESPIERRE Que vá!

Transição

Um dos atores que assiste à cena sopra um texto que será repetido por Robespierre.

PONTO e ROBESPIERRE "Porque se tratava de encontrar um futuro para a sociedade. Era preciso que a sociedade deixasse de ser a merda que ela é hoje por toda a parte. Eu não pensava em mudar o mundo sozinho, mas distinguia forças sociais que tentavam avançar. Eu achava que meu lugar era à frente delas."

14. Cenas de rua

Os fragmentos mostram personagens populares em diversos locais da cidade.

A. Quem mais desfruta reza mais

MARION As pessoas trabalham seis dias e rezam no sétimo. A cada ano que passa, se comovem no aniversário e fazem planos no ano novo. Eu não entendo nada disso. Apontam com o dedo para mim. São estúpidas. Dizem que é a minha natureza. O que se pode fazer? Deve dar na mesma onde cada um encontra sua alegria: em jogos infantis, flores, imagens de Cristo ou em corpos. No final, os que mais desfrutam têm que rezar mais.

B. O vômito de Gauché

GAUCHÉ [*Enjoado.*] Tem uma poeirinha de luz nos meus olhos se mexendo para lá e para cá.

CRISTININHA Agora vai ser sempre assim: sossego, moleza, presunto. Vou fazer como um deputado: eu vou falar, o negócio é falar.

GAUCHÉ Parece que o céu inteiro dança.

CRISTININHA Eu preciso de um sapato novo. Podia ser vermelho.

GAUCHÉ Cristininha, eu tenho um pressentimento.

CRISTININHA [*Preocupa-se.*] E um vidro de perfume também. Gauché, você acha estranho o meu cheiro?

GAUCHÉ [*Vomita e olha para sua obra.*] Tem pedacinhos de lingüiça.

CRISTININHA Que desperdício, era comida boa. Você nunca se controla.

C. A poeirinha

Uma madame empobrecida e sua filha Bonequinha. A mãe assopra o olho da filha para tirar um cisco.

BONEQUINHA [*Brinca com partículas que flutuam no ar.*] Era apenas uma poeirinha, uma poeirinha, uma poeirinha.

MAMÃE Diz para a mamãe, o que você vê?

BONEQUINHA Eu vejo que quando eu crescer vou ficar muito adulta. Aí eu vou ter um cabelo "de comprido", e vou ter sete empregadas para me pentear. E eu vou cuspir em todas elas.

MAMÃE A fragrância de uma flor, essas alegrias naturais, o prazer puro da natureza. Isso mesmo, Eugênia, nunca esqueça seus lindos sonhos.

BONEQUINHA Mamãe, tem um velho sujo olhando para a gente. Eu vou cuspir nele.

MAMÃE Não faça isso, Eugênia. Os tempos mudaram e ele agora é uma criatura humana como nós.

BONEQUINHA Ah não mamãe, a gente é diferente.

MEMÃE Menina marota, o cisco não está mais no seu olho?

BONEQUINHA Era apenas uma poeirinha.

15. "O mundo é tão grande"

Na casa de Camille Desmoulin. A cena é iluminada apenas com velas. Camille tem os olhos vermelhos. Lucille tem os cabelos desarrumados.

CAMILLE Foi a indolência dele. "Eles não vão se atrever", pois sim Danton.

LUCILLE O quê?

CAMILLE Você ouviu o que eu disse?

LUCILLE Não, na verdade não.

CAMILLE O Comitê de Salvação Pública decretou...

LUCILLE Eu gosto tanto de te ouvir falar, Camille.

CAMILLE O Comitê de Salvação Pública decretou a prisão de Danton. Querem a cabeça dele. E talvez a minha também.

LUCILLE Isso é absurdo, não é?

CAMILLE Ainda há tempo.

LUCILLE Eu estou louca, não estou?

CAMILLE Fique calma, Danton e eu não somos um só.

LUCILLE O mundo é tão grande, existem tantas coisas sobre ele...

CAMILLE Ontem falei com Robespierre, ele foi amigável.

LUCILLE ...por que, então, justamente essa?

CAMILLE Só estamos todos um pouco tensos, só isso.

LUCILLE Quem quer tirá-la de mim?

CAMILLE Eu preciso ir atrás dele.

LUCILLE Então vá atrás dele.

CAMILLE Vou...

LUCILLE Então, vá. [*Grita.*] Vá! Espere, volte! Só isso. [*Beija o marido, que parece catatônico.*] Vá! Rápido!

Canção.

LUCILLE [*Ao público.*] Não entendo por que as pessoas não ficam paradas nas ruas, rindo umas nas caras das outras. Acho que elas deveriam rir das janelas e dos túmulos e o céu deveria estourar, e a terra deveria rolar de tanto rir.

Transição

Num quarto do casebre de Gauché.

CRISTININHA Gauché, Gauché, aonde você foi? Você está escondido? Deixou o quarto vazio, as janelas abertas, como se um morto tivesse deitado dentro. [*Canta.*]

Quarto de dormir de Robespierre.

ROBESPIERRE O pensamento sempre aponta com os dedos ensangüentados para cá. Posso envolver em quantos panos quiser, o sangue sempre atravessa. Será que uma parte de mim mente para outra?

16. O sonho de Danton

No quarto de dormir da casa de Danton e Julie. Ele acorda de um sonho, sobressaltado. Grita.

JULIE [*Tenta acordá-lo completamente.*] Georges! Georges!

DANTON Isso não vai acabar nunca? Por acaso não vai ficar nunca silencioso para que não ouçamos os pecados sórdidos uns dos outros? Setembro.

JULIE Georges! Você me conhece?

DANTON Não gritaram "Setembro", Julie? Você não disse uma coisa assim?

JULIE Você sonhou, acalme-se.

DANTON É, eu sonhei.

JULIE Gritou de medo e acordou.

DANTON Eu sonhei... o globo terrestre arfava em seu vôo, eu o tinha agarrado como a um cavalo selvagem, puxava sua crina, apertava sua costela, a cabeça para a frente, os cabelos esvoaçantes e pulamos num precipício. Setembro. O que a palavra quer dizer? Por que ela me estende as mãos assim, ensangüentadas? Não foi em Setembro, Julie?

JULIE Você salvou a França, Danton.

DANTON Não foi assassinato?

JULIE Foi legítima defesa.

DANTON A necessidade, Julie. Foi a praga da necessidade... O que é isso que em nós mente, prostitui, rouba e assassina? Somos todos bonecos, Julie, puxados por cordões de forças desconhecidas.

JULIE Não, nada. Somos nós mesmos.

DANTON Estou calmo agora.

JULIE Bem calmo, querido?

Transição

Atrizes e atores trocam de roupa. Vestem-se como deputados. De novo se abre a cortina. Desta vez eles atuam do palco, olhando para a platéia vazia, quase sempre de costas para os espectadores.

17. A Convenção Nacional

ATRIZ [*Anuncia.*] A Convenção Nacional. Com a palavra, o deputado Legendre.

LEGENDRE Quatro membros desta Convenção foram presos na noite passada, acusados de alta traição. Já se sabe que Danton está entre eles. Eu não quero atacar aqui nenhum membro do Comitê de Salvação Pública, mas é inaceitável que ódios e paixões pessoais tirem a liberdade daqueles que já lutaram muito por ela. O homem que em 1792, com sua energia, salvou a França, merece ser ouvido. Eu exijo que Danton e os demais acusados tenham voz nas barras desta Convenção.

Ruídos. Violenta movimentação dos deputados.

ST.-JUST Essa proposta sai da boca dos girondinos! Vocês querem privilégios? O machado da lei paira sobre todas as cabeças!

LEGENDRE Não podemos permitir que mandem os legisladores do asilo da lei à guilhotina!

ST.-JUST Só ladrões apelam ao direito de asilo!

LEGENDRE E só assassinos não o reconhecem!

Robespierre ergue o braço. Silêncio na Assembléia.

ROBESPIERRE A agitação desta Assembléia comprova que se trata de um grande tema. Hoje se decidirá se alguns homens sairão vitoriosos às custas da pátria. E eu lhes pergunto: por que a distinção em favor de alguns homens? Legendre parece não saber o nome dos acusados, mas a Convenção inteira sabe. Mencionou apenas Danton porque acha que a esse nome se ligam certos privilégios.

LEGENDRE Eu não disse...

ROBESPIERRE [*Grita.*] Não, nós não queremos privilégios! Não queremos ídolos! [*Aplausos.*] Também quiseram me assustar. Deram-me a entender que o perigo que ronda Danton também poderia me alcançar. Mas eu declaro que nada me deterá em minha paixão pela liberdade. Apenas algumas cabeças e a pátria estará salva. Eu exijo que a proposta de Legendre seja rejeitada! [*Mais ruídos.*]

ST.-JUST Algumas observações poderão nos convencer de que essa decisão não nos torna mais cruéis do que a natureza e o tempo. Uma alteração nos elementos do ar, uma epidemia, uma erupção vulcânica, esses fenômenos enterram milhares de pessoas. E eu pergunto: por que a natureza moral deve ter mais consideração em seus atos do que a natureza física? Que diferença faz se eles morrem de epidemia ou pela Revolução? Não é natural que num período em que a marcha da História é mais veloz, também mais homens percam o fôlego? A Revolução esquarteja a humanidade para rejuvenescê-la. Os homens que se erguerem do caldeirão de sangue terão membros fortes, como se fossem criados pela primeira vez! [*Movimentação intensa.*] Todos os inimigos da tirania estão conclamados a partilhar deste momento sublime! Nós não queremos mais nenhum opressor sobre o solo da França. Que o exemplo frutifique sobre toda a terra: "a felicidade é uma idéia nova na Europa".

Aclamação.

18. Ensaios de arte

O coletivo de atores se dirige diretamente aos espectadores. Alguns cantam, outros trocam de figurino, outros repetem gestos fundamentais de suas personagens. Num dos lados da cena se destacam as figuras de Danton e Camille. Do outro lado, destacam-se Robespierre e St.-Just. A movimentação coletiva tem algo de mecânica e coreográfica, mas existem dissonâncias e rupturas do padrão.

ATRIZ Pegue alguém um sentimentozinho...

DANTON Eu não quero continuar.

ATRIZ Pegue alguém um sentimentozinho, um conceito qualquer, e o vista com um casaco, uma calça.

DANTON É muito monótono ter sempre que pôr a camisa primeiro, um braço, depois o outro, tudo em dobro. É triste saber que milhões já fizeram isso e que milhões vão fazer isso, tudo de novo, do mesmo modo. E não há perspectiva nenhuma de que isso se modifique.

ATRIZ Ponha alguma maquiagem no rosto do seu sentimentozinho e o deixe agonizar por três atos. Até que, finalmente, ele se case, ou cometa suicídio. Eis um ideal.

CORO DE ATRIZES Chama-se arte.

ATOR QUE REPRESENTA CAMILLE Só não façam caretas tão heróicas e tão geniais. Poupem o esforço, nós já nos conhecemos.

ATOR QUE REPRESENTA ST.-JUST Eu desprezo a liberdade sem justiça, a inteligência sem bondade.

ATRIZ Mas tirem as pessoas do teatro e ponham-nas nas ruas: ah, a "realidade detestável."

DANTON Quem suportaria uma epopéia em sessenta cantos? A vida torna-se tolerável quando é uma cena breve, um epigrama. Ela não vale o trabalho que temos para preservá-la.

ATOR QUE REPRESENTA ST.-JUST De que serve a liberdade se os homens livres vivem entre os não-livres?

ATOR QUE REPRESENTA GAUCHÉ Do que me acusam? Digam o que eu fiz! Foi o açougueiro, não foi? Mas não fui só eu, tinha muita gente com fome. Tem um erro nisso tudo.

Restam em cena apenas Robespierre e St.-Just.

ROBESPIERRE Essa é a sua vida política: atacou a Convenção, tentou abortar o projeto revolucionário, e quando ministro deixou seus amigos roubarem o tesouro. Todos precisamos de um pouco de coragem e grandeza de espírito. Ele vai intimidar os jurados, precisamos escolher as pessoas certas. [*Grita.*] Não podemos ficar parados à frente da massa que avança. O castigo dos inimigos do povo é a morte.

ST.-JUST [*Irônico.*] Eu já posso ver as filas de patriotas cantando e dançando, cada qual à espera de sua parte. Todos os miseráveis da França dizendo seus nomes, idades, profissões, número de filhos, prontos para receber os bens dos inimigos da Revolução.

19. Danton conhece outros prisioneiros da Revolução

Caem as varas com bambolinas do alto do urdimento do teatro. Formam o espaço da prisão. Diversos prisioneiros são entrevistos pelos vãos. De alguns, vêem-se apenas as pernas. De outros, as cabeças. Os movimentos bruscos das bambolinas anunciam passagens de tempo entre um fragmento e outro.

A.

PRESO Ei, carcereiro, ô, carcereiro! Onde diabos se meteu esse homem?

GIRONDINO [*A um bicho imaginário.*] Ti, ti, ti! Vem minha franguinha, vem minha consciência.

O preso, irritado, pisa na mão do Girondino. O movimento da bambolina oculta os dois. Quando ela se ergue, a cela já tem mais prisioneiros. O preso da primeira cena lixa uma colher para transformá-la em arma. Produz um ruído incômodo.

B.

GIRONDINO [*Grita, desesperado.*] Carcereiro! Eu quero morrer!

GAUCHÉ [*Entra na cela; estende a mão para se apresentar a outro preso.*] Gauché.

BABEUF Má sorte, companheiro.

Movimento brusco da bambolina.

C.

GIRONDINO Carcereiro!

BUONAGENTI [*A Gauché.*] Ei, você não lutou em Setembro?

GAUCHÉ Eu? Não.

BUONAGENTI Como não? Você não estava lá quando invadimos as prisões e rasgamos a goela daqueles marqueses?

GAUCHÉ Eu? Não.

BUONAGENTI Como não? Não é você? Aquele cidadão heróico que me salvou? Eu estava de camisa vermelha, você rachou a cabeça do guarda na hora em que ele ia me apunhalar.

GAUCHÉ Parece que lembro disso.

BUONAGENTI [*Grita.*] Ele me salvou, ele me salvou.

GAUCHÉ É, não posso ver um companheiro em perigo.

BUONAGENTI Como é mesmo o seu nome?

GAUCHÉ Gauché.

BUONAGENTI Gauché, Gauché de Setembro. Que bom vê-lo aqui. Por que foi preso?

GAUCHÉ [*Grita.*] Eu não fiz nada.

BUONAGENTI [*Grita aos carcereiros.*] Ei, por que vocês prenderam Gauché?

GAUCHÉ Eu não fiz nada!

BUONAGENTI Como não fez nada, Gauché? Fez sim. [*Aos outros presos.*] Este homem cortou mais gargantas do que todos nós juntos.

Movimentação das bambolinas.

D.

GAUCHÉ Foi quando eu disse ao patife, você nunca mais vai explorar uma filha do povo, e "pá!", dei-lhe dois sopapos. Então chegaram três pelas minhas costas... que digo? Eram cinco. Eles tentaram me jogar no chão, mas com um só giro de braço derrubei seis deles. Os outros três correram de medo. E eis que eu tinha sete covardes caídos no chão implorando misericórdia. "Pá!" Isso foi por se aproveitar de uma inocente. "Tum!" Isso foi por maldizer a República. Quando cheguei ao oitavo, resolvi parar, ele estava todo cagado de medo. E, no fundo, detesto violência.

BUONAGENTI [*Entusiasmado.*] Este homem é um terror, um terror!

Movimentação das bambolinas. Ruídos dos carcereiros. Percebe-se que numa outra cela entrou mais uma leva de prisioneiros.

E.

BABEUF Ei, pegaram mais um.

BUONARROTI [*Grita à outra cela.*] *Bonjour*, companheiro. [*Silêncio.*] *Bonjour*.

DANTON *Bonjour*.

BUONARROTI [*Reconhece a voz.*] Danton, é você? Ei, não pensei que você viesse tão rápido.

DANTON Eu já sabia. Tinham me advertido.

BUONARROTI E você não fez nada?

DANTON Para quê? Um ataque súbito é a melhor morte. Ou você preferiria adoecer antes?

GAUCHÉ [*A Buonagenti.*] Essa voz é mesmo de Danton?

BABEUF [*Irônico, em voz alta.*] É! Danton! Aquele que beijou a bunda da liberdade.

CAMILLE [*Grita da outra cela.*] Calem a boca.

BUONAGENTI Ei, Camille Desmoulin, trouxe alguma moeda para subornar os guardas?

BABEUF Deixa ele, deixa ele porque é dono dos lábios que pronunciaram a palavra "misericórdia"!

CAMILLE [*Grita da outra cela.*] Como é que pode? Tantos infelizes com a alma tão miserável?

BUONAGENTI Ei, Gauché, fala alguma coisa.

GAUCHÉ [*Empolga-se e decide também ridicularizar Danton.*] Carcereiro, traga um rapazinho para o Danton, ele precisa violentar uma criança para se acalmar.

Silêncio. Os próprios colegas se assustam com a ofensa.

DANTON [*Da outra cela.*] Seu nome, cidadão.

BUONAGENTI [*Após uma pausa, em voz baixa.*] Diga seu nome, Gauché! [*Grita.*] É Gauché de Setembro.

GAUCHÉ É. O meu nome é Gauché.

DANTON Você lutou em Setembro? Eu não me lembro dessa vozinha.

BUONAGENTI Conta pra ele!

GAUCHÉ [*Engrossa a voz.*] Eram muitos homens.

DANTON Decerto um verme como você fazia parte da massa que eu comandei.

BABEUF Era uma massa de vermes, Danton?

DANTON A massa é sempre feita de vermes, imbecil. O único instinto da massa é rastejar e corroer, é de se deixar pisar. Vocês estão sempre farejando o cadáver de um líder para cavoucar depois.

BABEUF Você nunca foi líder, Danton. Só as putinhas do Palais Royal seguiam você.

GAUCHÉ E isso porque tinha moedas no bolso.

DANTON [*Aos gritos.*] Quem foi que no dia 10 de agosto acabou com a monarquia? Quem foi que deu audácia à multidão em Setembro? Quem criou o tribunal revolucionário que vai se atrever a me julgar? E tudo isso para quê? Estou farto! Cansei de servir de modelo para macacos. [*A Camille, em voz baixa.*] Por que nós homens não sentamos uns ao lado dos outros e ficamos em paz? Falta-nos alguma coisa. Eu não tenho nome, mas não vamos conseguir arrancar isso de nossas entranhas. Estamos sempre num teatro, ainda que no final sejamos apunhalados de verdade.

CAMILLE Robespierre vai nos sangrar lentamente, com todas as formalidades, até a hora de nos levar ao altar, pálidos, para o casamento com a Viúva de membros gelados.[1]

DANTON Se ao menos fosse uma batalha onde braços e membros se pegam. Mas não... Camille, não dou seis meses e arrasto Robespierre comigo. [*Pausa. Parece ganhar vida.*] Eu não vou morrer, eu não vou morrer. Eles vão ter que arrancar cada gota de vida dos meus membros. [*Grita alegre.*] Ei, carcereiro, e aquela garrafa de vinho? [*A Camille.*] Vamos exigir uma comissão. Eles vão nos ouvir. Minha voz já forjou armas para o povo. A História saberá como isso vai acabar.

Todas as bambolinas caem no chão do teatro.

1. "Viúva" era um dos apelidos da guilhotina nos tempos da Revolução Francesa.

20. O Tribunal Revolucionário

Danton faz sua defesa diante de três juízes, sentados no alto de uma plataforma. As bambolinas erguidas sugerem os diversos espaços do tribunal.

JUIZ 1 [*Ao público.*] O Tribunal Revolucionário.

JUIZ 2 Seu nome, cidadão?

DANTON Faz um ano que criei este Tribunal Revolucionário. Peço perdão a Deus e aos homens por isso.

JUIZ 2 Seu nome, cidadão.

DANTON A Revolução pronuncia meu nome.

JUIZ 2 O Comitê o acusa de corrupção, roubo, e de ter traído a Revolução por conspirar com girondinos, estrangeiros e adeptos da monarquia.

DANTON Onde é que estão os meus acusadores? Eu só responderei diante deles.

JUIZ 1 Danton, a audácia é própria do crime.

DANTON [*Grita.*] Apresentem-se os meus acusadores e eu os cobrirei de vergonha. [*O terceiro juiz toca um sino.*] Onde é que estão os desgraçados? Onde é que estão os corvos?

JUIZ 2 O senhor não ouve o sino? Um suspeito de crimes tão graves deve responder com calma.

DANTON [*Num tom mais baixo.*] Na verdade eu tenho que rir dessa história toda. É isso. Exigimos uma Comissão de Inquérito e ela nos foi negada. Os corvos do Comitê de Salvação Pública querem impedir que sejamos ouvidos pelo povo. Os direitos que conquistamos para proteger os homens da tirania agora perdem a validade. [*Volta a gritar.*] É uma ditadura que está crescendo sobre o solo dos nossos cadáveres. Mas a minha voz ainda é forte o bastante. Meteram a mão em toda a minha vida, agora ela se ergue para enfrentá-los. [*Mais sinos.*] Eu acuso Robespierre, Saint-Just e seus carrascos de alta traição ao ideal revolucionário. Vocês pedem pão e eles atiram cabeças. Vocês têm sede e só lhe resta lamber o sangue nos degraus da guilhotina. [*Perde o fôlego.*]

JUIZ 2 O senhor está muito exaltado. Despreza seu direito à defesa e agride o Tribunal com berros que já não convencem o povo. A sessão está encerrada.

DANTON Agora vocês sabem quem é Danton.

O teatro fica escuro. As bambolinas são erguidas com ruído intenso. Desce uma lâmpada do teto. De início, apenas seu filamento é visível. Com o aumento da energia a luz se intensifica. O coletivo de atores canta. Assume, quando se tornam visíveis, uma atitude de ensaio: alguns participam do coro musical, enquanto outros recitam trechos da Declaração de 1793.

21. O justo e útil à sociedade

ATOR "Artigo primeiro da Declaração de 1793: O objetivo da sociedade é a felicidade comum."

ATRIZ "O governo está instituído para garantir ao homem o desfrute de seus direitos naturais e imprescritíveis."

OUTRO ATOR "Artigo segundo: Esses direitos são a igualdade, a liberdade, a segurança, a propriedade."

OUTRA ATRIZ "Artigo terceiro: Todos os homens são iguais, por natureza e diante da lei."

TERCEIRO ATOR "Artigo quarto: A lei é a expressão livre e solene da vontade geral..."

QUARTO ATOR "Ela é a mesma para todos, seja a quem ela protege, seja a quem ela pune. Ela só pode ordenar o que é justo e útil à sociedade."

Os atores representam em planos distintos. Os espaços se confundem.

LUCILLE Camille, você me ouve? É bom revê-lo, meu passarinho, mesmo atrás dessas grades. Me mostra os braços, isso, meu Camille. Eu falei com eles, eles dizem que você tem que morrer. Fazem caras tão sérias. "Morrer", tenho que rir da cara deles. Diga, "morrer", que palavra é essa? Você me ouve, hein, meu amigo?

Numa cela.

CAMILLE Ah!

DANTON O que você tem, Camille?

CAMILLE Ah, Lucille! Lucille!

DANTON Durma, menino, durma! Amanhã você tem que estar bem disposto.

Numa sala, entre jacobinos.

JULIE Meu marido me proíbe de falar de política. Eu gosto de teatro, mas ele só me levava a passeio na casa de campo. Eu não sei o que se passa na cabeça dele. Nós mulheres somos muito solitárias. Vocês não vão me acusar de nada, vão? Tínhamos dinheiro para gastar, mas todo homem do governo tem muito dinheiro para gastar. A vida é curta, não cabe tudo o que sonhamos nela. Agora posso ir embora?

Aposento de Robespierre.

ROBESPIERRE [*Narra ao público.*] A noite ronca sobre a terra e dança em sonho desordenado. Robespierre acorda no meio do sono. Olha da janela para a rua vazia e relembra: uma carta sobre a escrivaninha, a assinatura interrompida pela metade, nas suas costas, um homem lhe dá a voz de prisão. Ele se vira e vê um velho desdentado que sorri com as gengivas expostas e fala com o hálito de queijo e arenque: "Quem mandou ameaçar os cofres da Europa, Robespierre? Quem mandou mexer nos cofres?".

Casebre de Marion. Ela está deitada sobre St.-Just.

MARION Você fala como uma criança.

ST.-JUST Eu adoro a sua boca, grande, caberia uma cidade aí dentro.

MARION Você é deputado, não é? Eu conheço a conversa doce.

ST.-JUST Representante do povo, eu sou, do povo que ainda não é, mas logo vai ser.

MARION Vai querer de quatro? Atrás custa mais caro.

Num corredor da prisão.

CRISTININHA Pode contar direitinho, aí tem metade. O resto eu dou quando ele sair. Conta mesmo. Cada moeda dessas foi uma esporrada que eu levei, às vezes dentro, às vezes fora, deu trabalho. Ainda bem que a Revolução não matou todos os ricos, sobram alguns para montar na gente. [*Refere-se a Gauché.*] Não vai se confundir: é Gauché, foi preso faz três dias, é um redondo, falador, me dá muito prejuízo, mas é o que eu tenho.

Numa cela.

CAMILLE Disso é que valeu o trabalho de nos alimentarmos e nos mantermos aquecidos. Trabalhamos para apodrecer na terra, dar comida aos vermes, virar estrume.

DANTON De um monte de merda a outro, que diferença faz? Somos todos enterrados vivos, em nossas casas, casacos, camisas. Durante cinqüenta anos arranhamos as tampas de nossos caixões. Não há esperança na morte. É só uma forma mais simples, e a vida uma forma mais complicada de putrefação. Essa é toda a diferença... Mas justo agora que eu já me acostumava a esta forma de apodrecer, sabe lá como vou me dar com a outra. É mesmo terrível ter que morrer. A morte imita o nascimento. Ao morrer, estamos tão desamparados e nus feito crianças recém-nascidas.

ATOR QUE REPRESENTA O CARCEREIRO [*Narra e realiza a ação.*] O carcereiro entra na cela e diz: "Senhores, está na hora."

Os atores se aproximam do público. Cada um se dirige a um espectador.

ATORES Senhores, está na hora!
OUTROS Podem nos acompanhar? Está na hora.

22. A cena final

Os espectadores são conduzidos pelos atores do palco até a platéia convencional do teatro. A última cena é a única em que se assiste ao espetáculo do ponto de vista da relação do palco à italiana. A cena é feita com pouquíssima luz, iluminada pelo lampião que está na mão do narrador. A sonoplastia dos atores sugere a praça cheia no dia da execução de Danton e seus companheiros. O narrador ocupa o centro do proscênio. Num extremo da boca de cena está Danton, no outro, Camille. Caminham lentamente ao encontro do narrador. Do fundo da cena surgem as figuras da praça.

NARRADOR A cena final. As carroças chegam e param diante da guilhotina. Homens e mulheres cantam e dançam a *Carmagnole*.
MULHER DO POVO [*Anuncia.*] Últimos lugares na primeira fila. Primeira fila.
NARRADOR Os prisioneiros entoam a *Marselhesa*.
UM VENDEDOR Lista dos condenados, lista dos condenados a 50 centavos.
NARRADOR Uma mulher com o filho no colo diz:
MULHER COM FILHO NO COLO Saiam, saiam! As crianças estão gritando, elas têm fome. Elas têm que assistir a isso para se divertirem. Saiam do caminho.
NARRADOR Uma outra mulher grita para Danton:
PROSTITUTA VELHA Ei, Danton, você agora pode fornicar com os vermes.

PROSTITUTA JOVEM Ei, Camille Desmoulins, vou fazer uma peruca dos teus lindos cachos.

CAMILLE [*Grita.*] Bruxas malditas.

DANTON Quieto, menino, você já ficou rouco de tanto gritar.

NARRADOR Um vendedor aproveita o dia de festa.

VENDEDOR DE CASTANHAS Castanhas, castanhas assadas, castanhas portuguesas. Preços para a ocasião.

NARRADOR Philipeau, um companheiro de Danton, é levado pelo carrasco à guilhotina. Antes de morrer diz:

PHILIPEAU Eu os perdôo e desejo que a última hora de vocês não seja tão amarga quanto a minha.

UM VELHO [*Grita.*] Que monótono, já ouvimos isso antes.

NARRADOR Danton olha para Philipeau e diz:

DANTON *Adieu* meu amigo. A guilhotina é o melhor médico.

NARRADOR Uma prostituta:

MARION E agora, Danton? Vou sentir falta das tuas moedas.

OUTRO VELHO É bem bom que a morte tenha se tornado tão pública. Pelo menos é alguma diversão.

ALGUÉM Viva a morte.

CORO Viva a morte.

A praça silencia.

CAMILLE Essas frases são para a posteridade. Não são, Danton? Na verdade não nos dizem respeito.

NARRADOR Danton abraça Camille sobre o cadafalso.

DANTON Alegre-se, meu menino.

CAMILLE Já não consigo fazer nenhuma graça. Está na hora.

NARRADOR O carrasco os separa: "Vamos, que eu não tenho toda a eternidade." Danton olha para o carrasco e antes de ser amarrado à prancha, diz:

DANTON Erga a minha cabeça bem alto, é uma coisa bonita de se ver.

O narrador se afasta do centro da cena. Com ele saem Danton e Camille. Sinos. Restam visíveis no palco Cristininha e Gauché.

GAUCHÉ Para eles as coisas mudam depressa. Para nós é mais devagar.

CRISTININHA Quem vai morrer agora?

GAUCHÉ Robespierre. Quer subir para ver? [*Ela se senta sobre os ombros de Gauché.*]

CRISTININHA Aquele é o Robespierre?

GAUCHÉ Quem podia dizer que veríamos isso? [*Grita.*] Ei, Robespierre, quem mandou mexer com os ricos?

CRISTININHA Cala a boca, Gauché. Se prenderem você de novo, é por sua conta.

GAUCHÉ Eu sou um homem livre, um cidadão.

CRISTININHA Livre, muito livre, livre mesmo, não é Gauché? Livre para andar para lá, para cá, livre para fazer montes de coisas. Podia me comprar um sapato. Eu queria tanto um vermelho...

GAUCHÉ Cristininha, o carrasco fez o sinal, vai ser agora!

ATOR QUE REPRESENTA ROBESPIERRE "Artigo último da declaração do Direito do Homem e do Cidadão de 1793: Quando o governo viola os direitos do povo, a revolta é para o povo, e para cada parte do povo, o mais sagrado dos direitos e o mais indispensável dos deveres."

O ruído indica a queda da lâmina. Cristininha fecha os olhos. Depois ergue a cabeça.

CRISTININHA Viva a República!

Luz intensa.

NOTA

Ensaio para Danton se baseia em *A morte de Danton*, de Büchner, em tradução de Christine Röhrig e Marcos Renaux. Foram consultados documentos e imagens da Revolução Francesa nos livros de Jacques Godechot (org.), *La pensée revolutionaire: 1780-1799* (Paris: Armand Colin, 1964); Jean-François Fayard, *La justice revolutionaire: chronique de la terreur* (Paris: Robert Laffont, 1987); Furet e Ozouf, *Acteurs: dictionaire critique de la Révolution Française* (Paris: Flammarion, 1992); e no clássico de Restif de la Bretonne, *As noites revolucionárias* (São Paulo: Estação Liberdade, 1989). A primeira versão da peça foi também inspirada na série de entrevistas de Jean-Paul Sartre, *A esperança agora* (Rio de Janeiro: Nova Fronteira, 1992).

Texto
Márcio Marciano, Sérgio de Carvalho, Marina Henrique e Helena Albergaria, a partir das entrevistas de Heiner Müller e do filme *Terra em transe*, de Glauber Rocha

Colaboradores
Ney Piacentini, Emerson Rossini, Heitor Goldflus, Izabel Lima

Equívocos colecionados estreou no Instituto Goethe de São Paulo, em 22 de abril de 2004, pela Companhia do Latão, com direção de Sérgio de Carvalho e Márcio Marciano, direção musical de Martin Eikmeier, figurinos de Helena Albergaria, iluminação de Paulo Heise, assistência de direção de Marina Henrique, sendo o elenco composto por Emerson Rossini, Heitor Goldflus, Helena Albergaria, Izabel Lima, Marina Henrique (depois Alessandra Fernandez) e Ney Piacentini.

PERSONAGENS

Assistente do juiz
Juiz dos mortos
Ex-estudante, engajada nos anos 1960 e freqüentadora de shoppings nos anos 1980
Ex-intelectual, leitor do *Capital* e cineasta nos anos 1960, publicitário nos anos 1980
Ex-artista popular, dançarina e cantora nos anos 1960, prostituta nos anos 1980
Ex-operário, operário e líder sindical nos anos 1960, emigrante e técnico em construção civil nos anos 1980
Hamlet-pianista
Fausto-iluminador
Mortos

Prólogo no saguão

A Assistente do Juiz dos mortos abre as portas do teatro e faz um gesto para que o público a acompanhe.

ASSISTENTE DO JUIZ [*Aos espectadores.*] Ao transpor o limiar, "abandonai toda esperança."

Prólogo no teatro

Três silvos prolongados. A Assistente indica os assentos ao público em silêncio, com uma lanterna. A platéia se divide em duas filas ou se dispõe numa semi-arena, no centro da qual ocorre a ação. Enquanto os espectadores sentam-se, perambulam pelo palco vazio três atores que representam o juiz dos mortos, o Hamlet-pianista e o Fausto-iluminador. Alguns tapetes com peles de animais no chão. O Juiz enfim senta-se no seu trono, que está num canto oposto ao do piano. A Assistente se aproxima com a lanterna de Hamlet-pianista e Fausto-iluminador, e joga o facho de luz no rosto de ambos.

ASSISTENTE DO JUIZ [*A Hamlet-pianista e Fausto-iluminador.*] Os senhores?

HAMLET-PIANISTA *I was a good Hamlet.*

FAUSTO-ILUMINADOR *Ich was been Fausto.*

ASSISTENTE DO JUIZ [*Indica.*] Setor dos aristocratas, por favor.

Música. Sentados lado a lado nas cadeiras de uma pequena platéia superior, quatro personagens olham para o vazio. Com o início da música, procuram comunicar-se através de rictus e posturas corporais grotescas, transmitidas de um para outro. São eles os réus defuntos que aguardam julgamento: a Ex-estudante, o Ex-intelectual, a Ex-artista popular e o Ex-operário. O Juiz, em seu trono, chora e ri convulsivamente. Este ensimesmamento emocional cessará com a aproximação da Assistente, que lhe entrega uma bengala e põe em sua boca um charuto.

ASSISTENTE DO JUIZ [*Aos réus.*] Os senhores tomem os seus lugares, por favor.

Os réus descem da platéia superior e posicionam-se ao lado do piano. O Juiz ordena com um gesto de bengala que se acomodem sob a cauda do instrumento. Agem como mortos-vivos, como se as juntas estivessem petrificadas, assustadiços. Abrigam-se, por fim, debaixo do piano.

ASSISTENTE DO JUIZ Quem é o cadáver da história
Por quem tanto se chora
E tanto se triunfa?
O cadáver é de um velho samba-enredo.
Trama, projeto, o povo no tempo.
[*Falado.*] No retrocesso de sua marcha, o desfile das catástrofes.
[*Cantado.*] O cortejo rasgado, confetes, para depois da quarta-feira.

JUIZ [*Cita.*] Do ponto de vista da morte, a vida é a produção do cadáver.

ASSISTENTE DO JUIZ [*Anuncia ao público.*] Primeiro movimento: "Necrofilia é amor ao futuro." [*Apresenta os réus com ironia.*] Essas caras com nostalgia da vida esperam a sua vez. Querem ouvi-lo explodir metáforas como fogos de artifício.

JUIZ [*Assente com sarcasmo e bonomia.*] Hum, hum.

ASSISTENTE DO JUIZ [*Torna-se mais agressiva e enfim melancólica.*] Sua bufonaria dialética, seu julgamento. Eu não agüento mais acender esse charuto. [*Vira-se aos réus.*] Algum dos condenados pode me alegrar?

EX-ESTUDANTE Nós não estamos aqui para isso.

EX-ARTISTA POPULAR [*Levanta-se de debaixo do piano com coragem.*] Um fá, por favor. Também um mi. [*Ao som do piano, canta e dança lânguida e tristemente. Faz um gesto ao iluminador.*] Hamlet, um pouco mais de luz, por favor.

A Assistente aproxima-se para ver o depoimento. Tenta com seu corpo reproduzir os gestos e intenções da Ex-artista popular, num esforço de compreensão.

EX-ARTISTA POPULAR Por que comigo? Se eu pudesse ter escolhido, meu nome seria Desireé, a desejada das gentes. Mansidão... Mansidão. [*Grita.*] Meu lugar não é este, nada tenho a ver com eles.

Ela mostra os outros réus.

EX-ARTISTA POPULAR Eu era uma mulher do povo
A rainha passista artista da raça
E tinha orgulho de minhas ancas.
Eu, a mulher-exportação, filha das carnes da África
Nos porões das cargas-cloacas.
Eu, filha do açúcar e do ouro, dos cantos de fé e de resistência
De gozo e trabalho.
A prova cabal da alegria que faz girar o fuso da necessidade.
Eu fui a grande mãe da fartura e do desperdício
Nos tempos de antes
Da exclusão.

A Assistente do juiz, como um ponto de teatro, sopra um texto à Ex-artista popular para que esta complemente sua defesa. A Ex-estudante repete, como um eco, as últimas frases.

ASSISTENTE DO JUIZ e EX-ARTISTA POPULAR Onde estão meus carrascos colonizadores? Quem levou as armas ao Congo? Os diamantes de Serra Leoa? O sol de Ruanda?

EX-ESTUDANTE Por que vestem a couraça da guerra contra meu corpo pelado?

EX-ARTISTA POPULAR [*Clama ao Juiz.*] Meu lugar não é este.

EX-ESTUDANTE [*Cita.*] "Quando Roma se viu sozinha no mundo, concentrou toda sua atenção nos bárbaros."

O Ex-operário e o Ex-intelectual levantam-se como bonecos articulados. Os dois mecanicamente, em moto-contínuo, repetem a frase: "Meu lugar não é este. Meu lugar não é este". O Juiz invade a cena e fala à Assistente.

JUIZ É isso o que temos? Como você resolve essa questão?

ASSISTENTE DO JUIZ Eles pensam que vivem na história.

JUIZ [*Esclarece ao público.*] O que está em jogo não é uma história mais ou menos épica.

O Ex-intelectual, ao perceber a hesitação do Juiz, aproxima-se dele e adianta sua defesa.

EX-INTELECTUAL Eu tinha uma idéia na cabeça, por isso estou aqui. Eu tinha uma idéia na cabeça e as mãos limpas, sem sangue...

ASSISTENTE DO JUIZ O senhor não está inscrito. Apresente-se e aguarde sua vez.

JUIZ Deixe-o. Essa gente fala aos borbotões, é a marca de uma geração.

O Ex-intelectual anuncia o "Segundo Movimento" do experimento cênico ao público, como abertura de seu depoimento:

EX-INTELECTUAL "Segundo movimento: ovos quebrados."

Ele afasta as mulheres da frente do Juiz, puxando-as pelos braços.

EX-INTELECTUAL Eu tinha uma idéia na cabeça e as mãos limpas, sem sangue, não devia estar aqui.

Eu tinha uma idéia na cabeça e o sangue vertia, não por minha omissão.

Eu andava pelas ruas e a minha voz era um hino de revoltas.
Andava pelas ruas e os meus olhos eram um plano-seqüência.
Eu andava pelas ruas e atrás de mim uma multidão.

A Ex-estudante como porta-bandeira, o Ex-operário como mestre-sala, a Ex-artista popular de pandeiro na mão fazem coreografia em "câmera lenta" de um desfile de escola de samba.

EX-INTELECTUAL Minha língua era uma língua de fogo e meu coração uma bomba-relógio.
JUIZ Hum, hum.

O movimento lento dos mortos dá lugar a um batuque intenso, espasmódico, intermitente, entremeado por silêncios ou murmúrios líricos.

EX-INTELECTUAL O que fizeram os outros cadáveres daquele tempo?
Com quem perfilam os sobreviventes?
A selva cobre as covas rasas
As paredes congelam o grito inocente
E das mães já não há memória.
De seus filhos pálidos em paus-de-arara
A inteligência mija de medo.
Onde estão as pelejas, os combates, os transes contra os dragões da maldade?
Para quem trabalham os sobreviventes?
Para quem trabalham os malditos sobreviventes?

O Juiz, que se move ao som do samba, faz um gesto de interrupção ao Ex-intelectual, como se o dirigisse no teatro.

JUIZ Seja menos sentimental, por favor.
ASSISTENTE DO JUIZ Ele está indo muito bem. Mais direto impossível.

A Ex-estudante invade a cena e abraça o Ex-inteletual. Cai aos pés dele, como se desistisse de interferir. Ele rebola ao som de vozes que murmuram a palavra "dinheiro." Ouvem-se dedos que tamborilam. O Ex-operário e a Ex-artista popular se juntam ao coro.

CORO [*Sussurra.*] Dinheiro, dinheiro, dinheiro...

O Ex-intelectual segue sua defesa e manipula a ex-estudante através de sopros. Ela se sacode como se fosse uma boneca inflável sendo cheia de ar. Suas feições tornam-se grotescas. O Ex-intelectual chega a se ajoelhar diante dela, agarrar sua mão e assoprar nos dedos. O corpo da Ex-estudante tremula de modo assustador.

EX-INTELECTUAL O meu tempo era o futuro pretérito.
Meu verbo incondicional.
Eu faria, tenho certeza.
Eu poria nos gonzos a porta do mundo.
Mas não se conjuga o verbo medo no tempo da Revolução
No tempo da Revolução, no tempo da Revolução...

O Juiz cospe o charuto e parece se irritar com o Ex-intelectual.

JUIZ Cuidado, rapaz, não entorne a sopinha do bom senso no tapete da sala.

A Assistente pega com a boca o charuto e o devolve ao juiz. A atriz que representa a Ex-estudante desfaz a imagem da boneca inflável. O Ex-intelectual se prostra no chão. A Ex-estudante toma a frente da cena e ironiza o Ex-intelectual.

EX-ESTUDANTE Agora teu tempo, ó grande intelectual, é o presente perpétuo. Te seduzem as formas vassalas, o rebaixamento. De agora em diante só pode ir em frente fazendo nada, abrindo as pernas, no eterno, eterno, gerúndio.

A Ex-artista popular e a Assistente se juntam a ela num coro. O Ex-intelectual, ainda deitado, é humilhado pelas palavras da canção.

Fazendo nada
Abrindo as pernas
Gozando a contradição
Num eterno gerúndio.

EX-ESTUDANTE [*Sentencia.*] Até que meu cu arrebente!
JUIZ Hum, hum.

A Ex-estudante dirige-se ao Juiz e passa a se defender.

EX-ESTUDANTE Mas eu não entendo. Por que também comigo? Eu, que na luta de classes escolhi o lado certo. Eu, de quem todos gostam, que me aproximo de todos sem nojo, que não amo uma pessoa em particular, mas amo a todos. Eu, que amo qualquer um. Eu, que traí a minha classe. Que caminhei e cantei em passeatas.
JUIZ Hum, hum.
EX-ESTUDANTE A estrada da vida tem trechos de céu e paisagens infernais.

Transição cênica. O Juiz se aproxima da Ex-estudante. Parece querer estudá-la, como faz um botânico fascinado por uma espécie vegetal há muito não vista. Ela foge em direção ao pianista. Já debaixo do instrumento, ela parece ganhar coragem para seguir seu "depoimento."

EX-ESTUDANTE [*Ao pianista.*] Sol maior.

O ator que representa o Ex-intelectual levanta-se do chão e simula ser um manequim numa vitrine. Ele parece realizar uma imagem da defesa da Ex-estudante. Ela se ergue para examiná-lo e encenar a lembrança .

JUIZ Esse zumbi me parece subjetivamente livre.

Ela parece tatear uma vitrine. O Ex-intelectual convertido em manequim se modifica conforme o olhar da compradora. Sons de alto-falantes saem das bocas dos outros mortos, numa polifonia de vozes de shopping center.

Vozes de shopping-center

Atenção proprietário do carro placa RDA1989, favor entrar em contato com a segurança.
Não é permitido transitar com animais nas dependências do shopping.
Promoção! Promoção! E para mocinha também.
Criança acompanhada pelos pais, não acredite em luta armada.
Cães, gatos e revolucionários deverão ser deixados em casa.
Amanhã será um lindo dia.
Rosquinhas da esperança na praça de alimentação.

EX-ESTUDANTE Eu queria me desculpar. Certamente eu não colaborei para que as coisas ficassem mais claras. Mas também nunca pude ser cínica. Não fiz parte da maioria risonha. Na verdade, eu não tive graça nenhuma. Somos todos cadáveres presos a urnas de vidro, à espera da tranqüila decomposição. [*Clama ao Juiz.*] Eu exijo ser julgada por minhas intenções. Já não me lembro dos meus atos.
JUIZ Hum, hum.
EX-ESTUDANTE No entanto nós nos movemos, nos movemos.

Ajoelha-se aos pés do manequim e chora. O Juiz se utiliza de um microfone.

JUIZ Tudo isso é completamente desinteressante. Registrar fatos, expressar sensações. Falta o sentido da segunda dimensão. São processos superficiais, atrás dos quais, nada, nada acontece. [*Chama a atenção da Ex-estudante.*] Psiu! Psiu! Ô! [*Mostra-lhe a língua.*] . Isso é novo: a substância está gasta.

O Juiz atrita sua língua com o microfone, numa lambida grotesca. Então, faz sinal para a Assistente dar continuidade ao processo.

ASSISTENTE DO JUIZ [*Cumpre o ritual, altissonante, protocolar.*] Eu vou entoar o aboio dos mortos e dar início ao processo.

Transição cênica. Com as batidas de bengala e o grito da Assistente parece surgir um vendaval. Os mortos são arrastados pelo "tufão" de volta à platéia superior, local do julgamento. O Ex-operário tenta resistir. Segura-se no piano, mas por pouco tempo. De passagem, agarra-se às pernas da Assistente.

ASSISTENTE DO JUIZ [*Grita durante o vendaval.*] Desfraldam-se as mortalhas
Descarnam-se as caveiras
Trila o apito do Juízo Final.
Entra em campo o time da morte
E seu espetáculo de horrores.
Eeeeh! Eeeeeh!
Tumba! Tumba! Tumba!

Quando ela percebe o Ex-operário agarrado em suas pernas, faz cessar o vento.

EX-OPERÁRIO Eu era o operário acorrentado à luta de classes.

JUIZ O que tem a dizer?

EX-OPERÁRIO Eu era o operário estrangeiro nos andaimes. Esgueirava-me pelos shoppings da Europa.

JUIZ Hum, hum.

EX-OPERÁRIO Mão-de-obra exilada e muda na Babel ibérica ouvindo castanholas.

JUIZ Hum, hum.

EX-OPERÁRIO Eu era um menos um, eu não era.

Do palco superior, as mulheres tentam interferir. É a Ex-artista quem toma a palavra.

EX-ARTISTA [*Ao Juiz.*] De quem é a culpa quando a bomba explode e o trem descarrila?

De quem é a culpa quando o corpo espedaça e a mulher não recebe cartas porque não sabe ler?

EX-OPERÁRIO Eu era o operário duas vezes fantasma e arrastava as correntes da História. Explodi num atentado terrorista.

JUIZ Hum, hum.

EX-ARTISTA Agora és o código genético, o cadáver embalsamado da putrefação evitada, o ilustre reconstituído.

EX-OPERÁRIO Sou um corpo acordado pela morte.

EX-ARTISTA O corpo que rei de Espanha visitou. O operário técnico do terceiro mundo a serviço do Imperador.

O Ex-operário mostra a posição cadavérica quando seu corpo foi levado da Espanha para o Brasil.

EX-OPERÁRIO [*Cita.*] "Quero repousar no túmulo, como uma sentinela na cova. Até que um dia eu ouça a gritaria dos canhões. Daí, meu Imperador passará sobre minha cova."

JUIZ Hum, hum.

EX-OPERÁRIO [*Ao Hamlet-iluminador.*] Uma luz dramática, Hamlet. [*Ao músico Fausto.*] Fausto, um fá maior, e um sol também.

A canção do Imperador[1]

O Imperador! O Imperador! O Imperador!
Assim quero repousar e ouvir quieto
Como uma sentinela na cova
Até que um dia ouça a gritaria dos canhões
E o galope de cavalos relinchantes.
Então, o Imperador passará
Sobre minha cova.
A dor impera, a dor impera, a dor impera.
Ao tilintar e reluzir de muitas
Espadas.
Aí surgirei armado de dentro da cova.
Para proteger.
O Imperador! O Imperador! O Imperador!
A dor impera. A dor impera. A dor impera.

Durante a canção, a assistente representa um coveiro com a pá na mão a exumar cadáveres. As cabeças dos atores que representam os réus são retiradas das covas. Eles usam máscaras vitorianas.

JUIZ Terceiro movimento: "Para sempre em Holywood."

Transição Cênica. A luz cai completamente, só restando a lanterna da Assistente. Ouve-se a trilha sonora do filme Terra em transe, *de Glauber Rocha. A Assistente, agora como "lanterninha" de cinema, auxilia casais a se acomodarem na platéia superior para assistir ao filme.*

Dois casais mascarados assistem ao filme Terra em transe. *Ouvem-se trechos das seguintes falas: "Qual o sentido da coerência, dizem que é prudente*

1. Texto inspirado no poema "Die Grenadiere", de Heinrich Heine.

observar a História sem sofrer, até que um dia pela consciência a massa tome o poder. Ando pelas ruas e vejo o povo magro, apático, abatido. Esse povo não pode acreditar em nenhum partido, esse povo alquebrado, com sangue sem vigor, esse povo precisa da morte mais do que se possa supor...." Um dos casais é composto pelo Ex-intelectual, mascarado como bom senhor burguês. Ele sente-se oprimido e deixa a sala de projeção para ir ao banheiro. Sua namorada, a Ex-estudante, mascarada como boa senhora burguesa, entedia-se com o filme cerebral e flerta com o rapaz na fileira de cima. O rapaz, o Ex-operário sob a máscara do pequeno-burguês, faz com que sua namorada vá comprar pipocas e pula na poltrona ao lado da Ex-estudante. Entre o beijo e o sexo oral transcorrem alguns instantes em que outras falas do filme Terra em transe *são ouvidas com nitidez: "Por que você mergulha nessa desordem? Que desordem? Veja, Vieira não pode falar. E por mais de um século ninguém conseguirá. Você lançou Vieira no abismo. Eu? O abismo está aí, aberto. Todos nós marchamos para ele. Mas a culpa não é do povo. A culpa não é do povo. A culpa não é do povo...". Com o retorno dos parceiros ausentes, tem início a cena clássica do flagrante passional. Gritos e violência. Alguns gestos dão o tom desse quadro sem palavras: o assassino desfere, compulsivo, as facadas, chora e comete suicídio; a vítima, antes de agonizar, retira dos dentes os fios de pelo da genitália alheia; todos morrem.*

Transição cênica. A iluminação desfaz a imagem do cinema. A Assistente, diante dos cadáveres mascarados, começa a tremer. Pronuncia palavras e sons desconexos, ao mesmo tempo em que canta La cucaracha, *entremeando os versos com a frase famosa de Gramsci: "O otimismo da ação, o pessimismo da razão". O Juiz, vendo o comportamento inesperado de sua Assistente, senta-se no seu trono.*

JUIZ Parece loucura, mas tem lá o seu método. [*Anuncia ao público.*] "A parábola do sapo."

Sou um sapo. [*Sopra um balão verde de borracha.*] Sou jogado numa panela de água fervente. Minha pele queima. Imediatamente pulo fora. Se a água está fervendo, o sapo pula fora. [*Solta o balão, este é impelido pelo ar que se desprende até esvaziar e repousar no chão.*] Mas posso ser um sapo barbudo lançado numa panela de água morna. [*Sopra outro balão de borracha, este vermelho.*] A temperatura amena me parece agradável. [*Enche o balão até o máximo possível.*] Quando dou por mim, fui cozido. [*Com um isqueiro, estoura o segundo balão.*]

Na platéia superior, a Ex-estudante se ergue, agressiva. Desce para o palco de baixo.

EX-ESTUDANTE [*Interpela o Juiz.*] Encontrar prazer no declínio da vida! É isso, seu porco? Está a seu gosto? A esperança não se concretizou.

De forma desabridamente grotesca, a Ex-estudante dança e cantarola em falsete o "bife" com a seguinte letra: "É bom, é bom, é bom/ é bom não lembrar/ do pobre bichinho/ um dia o destino, destino me disse / come teu bifinho/ e esquece o bichinho".

EX-ESTUDANTE [*Aos mortos e aos espectadores.*] Esqueceram o texto? Eu sopro: rebelião! Rebelião! Na platéia, cadáveres empalhados não mexem mão alguma. Em algum lugar, longe daqui, uma barriga foi aberta para que eu desejasse não pensar em nada. Esqueceram o texto? Eu sopro: "Rebelião!".

JUIZ Hum, hum.

A Assistente, que desconfia cada vez mais do Juiz, se junta ao grupo dos réus, na platéia superior.

EX-INTELECTUAL [*De longe à Ex-estudante, tentando demovê-la de mais essa rebeldia.*] Como marxista você devia saber que "a Revolução não tem a menor chance de acontecer antes que a Coca-Cola saia brotando da orelha do povo".

EX-ESTUDANTE Eu estava no olho da tormenta porque acreditava na luta. No meio da praça apanhando dos cavalos.

A Ex-estudante vai até a platéia superior e puxa para perto de si a Ex-artista. O Ex-intelectual segue com suas provocações.

EX-INTELECTUAL Rescende a violeta e tem pernas de alabastro, mas não vou pensar nisto.

EX-ESTUDANTE Eu reneguei minha classe sem nojo ou piedade. Traição!

EX-INTELECTUAL A luta de classes acabou *baby*, só nos resta o fetiche da mercadoria.

EX-ESTUDANTE [*Visualiza.*] Eu abro meu peito de encontro às espadas e fuzis, o olho vidrado no branco do olho da história.

EX-INTELECTUAL Eu não sou porta-voz dos oprimidos, só posso falar por mim mesmo.

EX-ESTUDANTE Me arrastam para longe dos cascos: uma bomba de gás, gritos, coquetel molotov.

EX-INTELECTUAL A cara na parede, os peitos erguidos, o sexo aberto.

EX-ESTUDANTE A multidão é dispersa, ele põe em minha boca um cigarro amassado. Acende. Choro, telefonema, família.

EX-INTELECTUAL O avanço da História, *honey baby*, depende da margarina, da gasolina, da vaselina sair brotando das orelhas do povo.

JUIZ [*Interfere no debate.*] Hum, hum.

EX-ESTUDANTE A energia necessária para se fazer a revolução é a mesma que pode destruí-la. Lênin sempre dizia: "O movimento vem da província." E a mulher é a província do homem.

A Ex-artista e a Assistente se juntam à Ex-estudante. Elas se alinham. Cada uma do trio gira enquanto o canto "das Ofélias" veicula o ponto de vista da Ex-estudante. Há a sugestão visual de que são mulheres que trabalham numa espécie de peep show. *Em face disso, o Ex-intelectual e o Ex-operário deitam-se e fazem gestos alusivos ao ato de se masturbar diante de imagens apenas entrevistas.*

Canção das ofélias[2]

"Nego os homens que amei
E que não se serviram de mim.
Toco fogo na minha gaiola.
Atiro minhas plumagens.
Exumo do meu peito
O relógio incompleto."

EX-ARTISTA [*Ao Ex-operário, durante a canção.*] Ei, não desperdice sua porra desse jeito. O único jeito de você entrar para a História é a superpopulação.

EX-ESTUDANTE [*Durante a canção.*] O pior dos horrores é a mulher na sua loucura. Ai se ela for solta.

Cantam.

"Vou pras ruas vestida de sim.
Fonte impura, praça da Sé
Estou só com meus seios, meu ventre.

EX-ESTUDANTE [*Durante a canção.*] Eu sopro: "Rebelião!".

2. Excerto de *Hamlet-máquina*, de Heiner Müller.

Cantam.

"Meu dom de parir nos becos."

EX-ARTISTA [*Durante a canção.*] *Do you want eat pussy? Do you want eat pussy?*

Cantam.

"O gozo de mil homens
Clandestinos, engrenagens."

Desfaz-se a imagem.

JUIZ [*Provocativo.*] Hum, hum.
ASSISTENTE DO JUIZ Quarto movimento: "Julgai! Julgai!".

Os réus se agrupam atrás da Assistente.

CORO DOS RÉUS Apressai a sentença. Apressai a sentença.
JUIZ [*Toma o microfone, interessado na súbita coragem dos mortos.*] Preleção aos réus, com ilustração. [*Ao pianista.*] Um ré mixolídio, por favor. "Uma velha virgem de oitenta anos está tendo sua primeira relação sexual com um rapazote de dezessete anos. [*O juiz faz a mímica da velha.*] No calor daquela adiada primeira vez, a velha interrompe a cópula, olha para trás e pergunta: 'Meu jovem, decida-se, afinal você está querendo sair ou entrar? Esse eterno vai-e-vem está me dando nos nervos'".

Pausa.

CORO DOS RÉUS [*Ironizam o Juiz.*] Hum, hum.

ASSISTENTE [*Agressiva.*] Hum, hum.

JUIZ [*Dá a moral da piada.*] "O pequeno-burguês só suporta o Estado. O pequeno-burguês não tolera a mudança."

Os réus, tensos com o adiamento da sentença, tentam chamar a atenção do Juiz. Clamam por uma absolvição da acusação de "pequeno-burguês."

EX-ARTISTA Cantava e dançava. Eu era a rainha da cultura popular.

EX-INTELECTUAL Intelectual de esquerda, leitor de *O capital*, o semblante preocupado.

EX-ESTUDANTE Militante estudantil. Voluntariado.

EX-OPERÁRIO Mão-de-obra espedaçada.

A assistente se compadece do grupo.

ASSISTENTE DO JUIZ O pouquinho de acerto que eles tiveram não chega a ser um erro.

Transição cênica e musical. Os réus rodeiam o Juiz. O pianista toca com muita força.

Agitado pelo medo[3]

Agitado pelo medo e pelo desprezo
Vejo-me na multidão que se aproxima.
Minha boca espumando, sou meu próprio prisioneiro
Agitando o meu punho contra mim mesmo.
Sou o homem destroçado sangrando na multidão
Respirando aliviado atrás da porta.

3. A primeira parte da canção se inspira em *Hamlet-máquina*.

Pelas mentiras em que se acredita: nojeira
Dos mentirosos e as minhas também: asco.
Pelas lutas perdidas
Mortos, contas erradas
Um mandato contra mim, um assassino.
[*O Juiz se anima e dança no estilo de Chaplin.*]
Um palhaço endiabrado que faísca com suas graças
Dança sobre seus patins, indiferente
A risada destrutiva, maldade vermelha
Das idéias libertado pelo corpo.
Despertado do meu sono
Velo aquela multidão
Uma história contra mim, esse palhaço.

JUIZ O pequeno-burguês ainda vai nos dar muito trabalho neste século.
ASSISTENTE DO JUIZ [*Cada vez mais agressiva, encara o Juiz.*] Hum, hum.

Todos os réus parecem desnorteados. O Ex-intelectual tenta salvar a própria pele. Explica-se de novo ao Juiz, em tom grandiloqüente.

EX-INTELECTUAL Eu teria sido um grande líder, realista, pragmático. Teria entendido a máquina cega do capital. Eu não sou um sapo, teria sido um príncipe no poder. Um príncipe.

A Ex-estudante sobe numa cadeira. Imita Marilyn Monroe e canta Happy birthday Mr. President *para o Ex-intelectual e o Juiz. Seus gestos, durante a canção, convertem-se nos de Carmem Miranda, com os trinados característicos da cantora aplicados à frase* Happy birthday to you. *Em meio ao número, ela sussurra a frase "Quando Roma se viu sozinha no mundo, então concentrou toda a atenção nos bárbaros".*

JUIZ [*Grita.*] Apoteose! [*Samba desenfreado. Batuques. O Juiz canta.*] Ao eterno pequeno-burguês! Ao eterno *petit-bourgeois*!

O apito do Juiz rege o samba infernal que domina toda a cena. Entra em off *a música de* Terra em transe.

JUIZ "Ele tem os dentes apertados. Ele é um homem-cebola: só tem casca, não tem miolo. A ideologia da ascensão social. O pequeno-burguês quer ser o novo Napoleão. E um dia, o novo César."

ASSISTENTE DO JUIZ Pergunto ao senhor três vezes: de quem é o cadáver do enredo?

O Juiz apita e comanda os pandeiros. Os mortos e a própria Assistente resistem a entrar no ritmo, mas enfim seus corpos parecem ser dominados, como numa possessão. A única que lutará até o fim é a Ex-estudante.

ASSISTENTE DO JUIZ [*Grita possuída, como um locutor de futebol.*] Em nome do traidor. [*Ao microfone.*] Desfraldam-se as mortalhas, descarnam-se as caveiras, trila o apito do Juízo Final. Gol!

A Ex-estudante cantarola a canção Insensatez, *de Tom Jobim e Vinícius de Moraes, para o Ex-intelectual. O batuque se interrompe temporariamente. O Ex-intelectual passa a citar as falas da personagem Paulo Martins em* Terra em transe.

EX-INTELECTUAL [*Emocionado, cita o filme.*] "Qual o sentido da coerência? Olhar a História sem sofrer? Esse povo precisa da morte mais do que se possa supor. O sangue que estimula no irmão a dor. O sentimento do nada que gera o amor. A morte como fé, não como temor."

EX-ESTUDANTE [*Utiliza também as falas do filme.*] "Por quê? Por que você mergulha nessa desordem?"

EX-INTELECTUAL "Que desordem?"

A Ex-estudante rompe a atmosfera de evocação do filme e se dirige aos brados ao Juiz

EX-ESTUDANTE Apressai a sentença, diabo! [*Ao Ex-intelectual.*] Você também tem culpa de atirar o povo nesse abismo.

Forma-se um coro festivo de mortos que canta um samba escatológico.

Vai atrás! Vai atrás!
Assim, na frente, eu continuo virgem!
Vai atrás! Vai atrás!
Assim, na frente, eu continuo virgem!
Vai atrás! Vai atrás!
Assim, na frente, eu continuo virgem!

EX-INTELECTUAL O povo não compareceu. As cadeiras estão vazias. O abismo está aberto bem na nossa frente e todos nós caminhamos para ele.

EX-ESTUDANTE Mas a culpa não é do povo, a culpa não é do povo.

EX-INTELECTUAL Mas o povo sai correndo atrás do primeiro que lhe acena. Uma espada! Uma cruz!

A Ex-estudante se desespera e tenta argumentar.

EX-ESTUDANTE O povo foi aquele operário. [*Puxa o Ex-operário do coro.*] Fala. Fala.

Silêncio.

JUIZ Não tenha medo, meu filho, fale. Se você foi mesmo do povo, fale.

EX-OPERÁRIO Eu era um homem pobre, presidente do meu sindicato. Acho que está tudo errado... eu não sei mesmo o que dizer. O país está numa grande crise, e não há mais tempo para a esperança.

O ator que representa o Ex-intelectual simula uma lente de câmera e, através dela, começa a observar o desempenho do Ex-operário. Diante da suposta câmera, este muda o tom.

EX-OPERÁRIO Mas uma voz me impele para o sim. Eu acredito na vocação nacional. Um dia eu terei trabalho, e meus filhos uma vida melhor que a minha. E os anjos trarão a fome atrelada a seus corcéis de fogo. E a fome libertará. A fome libertará!

EX-INTELECTUAL [*Tapa a boca do Ex-operário. A fala da personagem Paulo Martins em* Terra em transe, *ouvida fora de cena, se sobrepõe à fala do Ex-intelectual.*] É isso que é o povo? Um imbecil. Um analfabeto. Um despolitizado. Já imaginaram um operário no poder?

O Ex-operário pega o pandeiro e retoma o batuque freneticamente. A Ex-artista popular, inesperadamente, rompe com o samba infernal que mal se inicia e exige a palavra.

EX-ARTISTA Eu vou falar agora. O povo sou eu. Eu que carreguei baldes melados de porra enquanto os Dr.es discutiam o fetichismo da mercadoria. O povo sou eu.

EX-INTELECTUAL Extremista! Extremista!

A Assistente segue o impulso da Ex-artista e tenta acusar o Juiz.

ASSISTENTE DO JUIZ [*Ao Juiz.*] Traidor! O pequeno-burguês é você. Traidor!

O Juiz apita novamente. O samba se torna mais abrangente. Atinge a todos em seu sincopado mecânico e sem vida. Antes de sucumbir, o Ex-intelectual convida a Ex-estudante à resignação.

EX-INTELECTUAL Não há nada a fazer. "Dentro da massa existe o homem e o homem é muito mais difícil de se dominar do que a massa."

O samba torna-se agressivo. Os passistas cercam a Ex-estudante exigindo que ela se integre à massa. Ela foge. Toda vez que pára, em meio aos silêncios, seu corpo samba de modo excessivo e descontrolado, num desacordo entre os membros. Ainda encontra energia para gritar.

EX-ESTUDANTE A culpa não é do povo! A culpa não é do povo! A culpa não é do povo!

Depois de diversas fugas e danças descontroladas, o samba se interrompe. A Ex-estudante nega sempre a culpa do povo. No limite de suas forças, lança um apelo final ao grupo de mortos. Encara-os um a um. Tem as mãos espalmadas.

EX-ESTUDANTE Olhem bem nos nossos olhos. A mão violenta é revolucionária, mesmo sem intenção. [*Ao Juiz.*] Julgai.
ASSISTENTE DO JUIZ De quem é o cadáver do enredo?
CORO DOS RÉUS Julgai. Julgai.

Longa pausa.

JUIZ O que devo fazer? Eu hesito. "No teatro, esse é o momento do ser humano."

NOTA

Este experimento cênico é baseado nas entrevistas de Heiner Müller reunidas sob o título *Equívocos colecionados* e na peça *Hamlet-máquina*, parafraseada por Márcio Marciano no texto *A máquina-Lula*. Aqui são citadas, especialmente, as entrevistas "Necrofilia é amor ao futuro" e "Para sempre em Hollywood", dadas por Müller a Frank M. Raddatz (*Vintém*, nº 5, 2004). O material serviu de base para a improvisação dos atores, a partir do qual foi reescrito. As personagens são citações do filme *Terra em transe*, de Glauber Rocha. O estudo prático da coletânea *Equívocos colecionados* de Heiner Müller nasceu de uma sugestão feita pelo teórico alemão Hans-Thies Lehmann, durante uma oficina pedagógica com a Companhia do Latão, no Instituto Goethe de São Paulo. O trabalho contou com a colaboração da pesquisadora Uta Atzpodien.

SOBRE A COMPANHIA DO LATÃO

A Companhia do Latão é um grupo teatral de São Paulo interessado na reflexão crítica sobre a sociedade atual. Seu trabalho inclui espetáculos, atividades pedagógicas, a edição da revista *Vintém*, bem como uma série de experimentos artísticos.

A origem do grupo está ligada à montagem de *Ensaio para Danton* (1996), livre adaptação do texto *A morte de Danton*, de Georg Büchner, com direção de Sérgio de Carvalho. No ano seguinte, o diretor reúne uma equipe em torno do projeto Pesquisa em Teatro Dialético, para a ocupação do Teatro de Arena Eugênio Kusnet, em São Paulo, momento em que se forma efetivamente o grupo de pesquisa teatral, que passa a ser co-dirigido por Márcio Marciano. Nos dois anos de residência naquele espaço se realiza um estudo da obra teórica de Bertolt Brecht como um modelo para o teatro épico-dialético no Brasil. A abertura pública do projeto ocorreu com a leitura do texto *A Santa Joana dos matadouros,* de Brecht, seguida de uma palestra de Roberto Schwarz, em 03 de julho de 1997. Nos meses seguintes, o grupo trabalha sobre o conjunto de escritos teóricos de *A compra do latão*, procurando confrontar a teoria de Brecht com observações realizadas nas ruas de São Paulo. A experiência deu origem ao espetáculo *Ensaio sobre o latão* (1997). Em 1998, a leitura de *Santa Joana* se converte numa encenação de grande repercussão que aproxima a Companhia do Latão de espectadores ligados a movimentos sociais e universitários. Mesmo trabalhando com uma dramaturgia pré-existente, as primeiras montagens da Companhia do Latão apresentam um caráter de releitura processual, espetáculos ensaísticos no sentido de uma recusa a se inserir no sistema produtivo como um "produto acabado". As regras do jogo teatral são como que expostas, em encenações desprovidas de maiores efeitos cenográficos, centradas nos atores e música, em que o espaço da ficção surge da colaboração imaginária do espectador. Ainda no Teatro de Arena Eugênio Kusnet, o grupo dá início a uma produção de dramaturgia própria, realizada na sala de ensaios de modo coletivizado, com base em improvisações dos atores e conjugada a uma pesquisa musical épica conduzida por Lincoln Antonio e Walter Garcia.

O nome do sujeito, de outubro de 1998, é uma peça de feições históricas, que se passa em Recife, na segunda metade do século XIX. No seu movimento crítico existe a representação de aspectos do projeto de modernização do Estado na perspectiva neoliberal empreendido pelo governo brasileiro do fim dos anos 1990. A coletivização da escrita se radicaliza no espetáculo seguinte, *A comédia do trabalho*, que nasce de um processo de ensaios abertos, integrado a diversas oficinas teatrais e estréia no ano 2000. Concebida como peça de intervenção, em estilo de farsa de *agit-prop*, tem pré-estréias em escolas e num assentamento do MST. A montagem amplia o intercâmbio do grupo com setores politizados do país, sendo apresentada também em sindicatos, encontros estudantis e fóruns sociais. É mantida em repertório por anos, atingindo mais de setenta mil espectadores.

Entre 2001 e 2003, a Companhia do Latão retorna ao Teatro Cacilda Becker, no bairro da Lapa, em São Paulo, onde tinha ocorrido sua pré-história com *Ensaio para Danton*. Ali o grupo produz suas encenações mais experimentais, também baseadas em textos próprios. *Auto dos bons tratos* (2002) se baseia num episódio histórico do século XVI, relativo ao processo inquisitorial do capitão Pero do Campo Tourinho. A forma jurídico-processual da cena atualiza a perspectiva da peça didática. A peça é apresentada em Portugal, no Festival Internacional de Teatro de Expressão Ibérica, juntamente com *A comédia do trabalho*.

A reflexão sobre formas de desmontagem ideológica, capazes de perturbar a confiança na narrativa cênica, marca a dramaturgia do período, influenciada também pela leitura de Machado de Assis. Em torno dos processos de manipulação e alienação da indústria cultural se constrói a forma teatral de *O mercado do gozo* (2003), sobreposta ao tema da prostituição, dos paraísos artificiais e do aburguesamento da cidade de São Paulo no início do século XX.

Em paralelo às grandes montagens, a Companhia do Latão realiza uma série de experimentos mais curtos, às vezes na forma de leituras cênicas, em ocasiões comemorativas: *Lorca, Dalí, Buñuel* (apresentado no centenário de nascimento de García Lorca, 1998), *Homenagem aos trabalhadores de Eldorado dos Carajás* (Exposição Êxodos, de Sebastião Salgado, 2000), *Ensaio da Comuna* (150 anos da Comuna de Paris, 2001), *O grande circo da ideologia* (Fórum Social Mundial, 2001 e 2003), entre outros.

Alguns desses experimentos se tornam encenações de maior repercussão, sendo reapresentados diversas vezes. *João Fausto* (1999), baseado no libreto de Hanns Eisler, feito a convite do Instituto Goethe de São Paulo, é uma sátira aos intelectuais com passado de esquerda realizada na forma de uma peça-conferência. *Valor de troca* (2002), baseado numa notícia de jornal em que uma moça é estuprada por policiais é um experimento musical que reflete sobre o discurso da Justiça e suas categorias ideais. Seria depois exibido na televisão, numa reescritura de 2007.

Com o apoio do Instituto Goethe, a Companhia do Latão realiza alguns importantes intercâmbios com artistas alemães, entre os quais Peter Palitzsch, colaborador de Brecht no Berliner Ensemble e Alexandre Stillmark, também oriundo do movimento teatral da Alemanha Oriental. Um desses trabalhos, ocorrido com o ensaísta Hans-Thies Lehman, tem como tema a obra do dramaturgo Heiner Müller. Dá origem a *Equívocos colecionados* (2004), exercício de ruptura da fábula e de "diálogo com os mortos" da cultura brasileira, composto a partir de entrevistas de Müller e de temas do filme *Terra em transe*, de Glauber Rocha.

No mesmo ano, o grupo estréia *Visões siamesas*, um de seus textos mais complexos, que tem como ponto de partida um conto de Machado de Assis. A peça examina o processo social e psicológico de produção de imagens compensatórias em relação ao fracasso da experiência histórica.

As viagens da Companhia do Latão por todo o país em 2005, com um repertório de quatro espetáculos (o que não ocorria desde 1999) encerra um ciclo de trabalho do grupo. Os novos integrantes aliados a Helena Albergaria, Ney Piacentini, Martin Eikmeier e Sérgio de Carvalho, dedicam-se no ano seguinte ao *Projeto Companhia do Latão 10 anos*, cujo objetivo é o resgate do acervo literário, iconográfico e videográfico.

A estréia em agosto de 2006 de *O círculo de giz caucasiano*, com direção de Sérgio de Carvalho e artistas oriundos de vários grupos de pesquisa, é mais que um retorno a Brecht. Inaugura um procedimento de cooperações e uma intensa produção de experimentos audiovisuais. O reconhecimento internacional se amplia com o convite a Sérgio de Carvalho para uma conferência na Casa Brecht de Berlim sobre a experiência em teatro dialético da Companhia do Latão. *O círculo de giz caucasiano* é apresentado em Havana onde obtém o prêmio Villanueva, como melhor espetáculo estrangeiro de 2007, concedido pela União dos Escritores e Artistas de Cuba. O Estúdio do Latão é inaugurado em julho do mesmo ano e passa a sediar oficinas e abrigar uma pesquisa teatral e audiovisual intitulada Ópera dos vivos, que se desdobra entre 2008 e 2009.

PROJETO COMPANHIA DO LATÃO 10 ANOS

O projeto *Companhia do Latão 10 anos* que, dentre outras atividades, reuniu documentos literários e iconográficos para a realização deste livro, conta atualmente com os seguintes integrantes:

Atores ANA CRISTINA PETTA, HELENA ALBERGARIA, NEY PIACENTINI E RODRIGO BOLZAN
Área musical MARTIN EIKMEIER
Cenografia BRUNO ANSELMO
Criação audiovisual DIOGO NOVENTA E LUIZ GUSTAVO CRUZ
Iluminação MELISSA GUIMARÃES
Pesquisa e documentação LIA URBINI
Produção JOÃO PISSARRA
Direção e dramaturgia SÉRGIO DE CARVALHO

Entre os colaboradores regulares do grupo estão os artistas Márcio Marciano, Walter Garcia, Alessandra Fernandez, Deborah Lobo, Pedro Penafiel e Fernando Vilella. Para o projeto *Companhia do Latão 10 anos* também colaboraram os cineastas Caetano Gotardo e Marco Dutra. A Companhia do Latão é filiada à Cooperativa Paulista de Teatro. O Projeto Companhia do Latão 10 anos foi realizado com recursos do Programa Municipal de Fomento ao Teatro para a Cidade de São Paulo. Contou também com o apoio do Prêmio Myriam Muniz da FUNARTE. Sua finalização e circulação são viabilizadas pelo suporte da PETROBRAS, atual patrocinadora da Companhia do Latão.

www.companhiadolatao.com.br latao.teatro@uol.com.br

BR PETROBRAS | LEI DE INCENTIVO À CULTURA MINISTÉRIO DA CULTURA | Ministério da Cultura BRASIL UM PAÍS DE TODOS GOVERNO FEDERAL | PROGRAMA MUNICIPAL DE FOMENTO TEATRO | FUNDAÇÃO NACIONAL DE ARTES funarte MINISTÉRIO DA CULTURA

CAPA Fernando Vilela, gravura para o programa da montagem de *O círculo de giz caucasiano*, de Bertolt Brecht, pela Companhia do Latão em 2006. PP. 8-9 João Maria, foto da montagem de *A Santa Joana dos matadouros*, de Bertolt Brecht, pela Companhia do Latão, São Paulo, 1997 © Arquivo Companhia do Latão. P. 12 Guilherme Mohallem, foto para o programa da montagem de *A comédia do trabalho*, São Paulo, 2000 © Arquivo Companhia do Latão. PP. 30-31 Sérgio de Carvalho, foto da montagem de *O círculo de giz caucasiano*, de Bertolt Brecht, pela Companhia do Latão em 2007 © Arquivo Companhia do Latão. PP. 34-35 Hans Ürick, foto da montagem de *O nome do sujeito*, São Paulo, 1998 © Arquivo Companhia do Latão. P. 44 Belfort & Rodrigues, fotos da montagem de *O nome do sujeito*, São Paulo, 1998 © Arquivo Companhia do Latão. P. 66 João Maria, foto da montagem de *O nome do sujeito*, São Paulo, 1998 © Arquivo Companhia do Latão. PP. 86-87 Stela Guedes Caputo, foto da montagem de *A comédia do trabalho*, São Paulo, 2000 © Arquivo Companhia do Latão. PP. 120 e 136 Luiz de Oliveira, fotos da montagem de *A comédia do trabalho*, São Paulo, 2000 © Arquivo Companhia do Latão. PP. 144-45, 160 e 196 Lenise Pinheiro, fotos da montagem de *Auto dos bons tratos*, São Paulo, 2002 © Arquivo Companhia do Latão. PP. 204-05, 218 e 234 Lenise Pinheiro, fotos da montagem de *O mercado do gozo*, São Paulo, 2003 © Arquivo Companhia do Latão. PP. 264-65, 292 e 314 Lenise Pinheiro, fotos da montagem de *Visões siamesas*, São Paulo, 2004 © Arquivo Companhia do Latão. PP. 330-31, 352 e 366 João Caldas, fotos da montagem de *Ensaio para Danton*, São Paulo, 1996 © Arquivo Companhia do Latão. PP. 376-77 e 390 Lenise Pinheiro, fotos da montagem de *Equívocos colecionados*, São Paulo, 2004 © Arquivo Companhia do Latão. PP. 404-05 Sérgio de Carvalho, foto da montagem de *O círculo de giz caucasiano*, São Paulo, 2008 © Arquivo Companhia do Latão. P. 411 Companhia do Latão em 2008 © Arquivo Companhia do Latão. PP. 412-13 Denis Rodrigues, foto da montagem de *Ensaio para Danton*, São Paulo, 1999 © Arquivo Companhia do Latão.

COLEÇÃO DRAMÁTICA

[Urfaust] Fausto Zero J.W. GOEHTE

O declínio do egoísta Johann Fatzer B. BRECHT

Auto da sibila Cassandra GIL VICENTE

Companhia do Latão 7 peças SÉRGIO CARVALHO e MÁRCIO MARCIANO

Coleção DRAMÁTICA

Coordenação editorial AUGUSTO MASSI e MILTON OHATA

Projeto gráfico da coleção RAUL LOUREIRO

Adaptação do projeto gráfico MARIANA BERND

Revisão IURI PEREIRA e MARIA HELENA ARRIGUCCI

Dados Internacionais de Catalogação na Publicação (CIP)
(Câmara Brasileira do Livro, SP, Brasil)

Carvalho, Sérgio de [1967-], Marciano, Márcio [1962-]
Companhia do Latão 7 peças:
Sérgio de Carvalho, Márcio Marciano
Prefácio: Iná Camargo Costa
São Paulo: Cosac Naify, 2008
416 pp. 38 ilustrações

Vários colaboradores
ISBN 978-85-7503-728-7

1. Peças de teatro 2. Teatro brasileiro I. Carvalho, Sérgio de.
II. Marciano, Márcio. III. Costa, Iná Camargo.

08-06858 CDD-869.92

Índices para catálogo sistemático:
1. Peças teatrais: Literatura brasileira 869.92
2. Teatro: Literatura brasileira 869.92

COSAC NAIFY
Rua General Jardim, 770, 2º andar
01223-010 São Paulo SP
Tel [55 11] 3218 1444
Fax [55 11] 3257 8164
www.cosacnaify.com.br

Atendimento ao professor [55 11] 3218 1473

FONTE Walbaum PAPEL Chamois Fine Dunas 80 g/m² IMPRESSÃO RR Donnelley TIRAGEM 3.000